新农村经济发展与管理实务研究

XINNONGCUN JINGJI FAZHAN YU GUANLI SHIWU YANJIU

鲁俊辉 著

东北林业大学出版社
Northeast Forestry University Press

·哈尔滨·

版权专有　侵权必究

举报电话：0451－82113295

图书在版编目(CIP)数据

新农村经济发展与管理实务研究 / 鲁俊辉著. —哈尔滨：东北林业大学出版社，2023.4

ISBN 978-7-5674-3127-0

Ⅰ. ①新… Ⅱ. ①鲁… Ⅲ. ①农村经济发展－研究－中国 Ⅳ. ①F323

中国国家版本馆 CIP 数据核字(2023)第 069608 号

责任编辑：卢　伟
封面设计：豫燕川
出版发行：东北林业大学出版社
　　　　　（哈尔滨市香坊区哈平六道街6号　邮编：150040）
印　　装：北京银祥印刷有限公司
开　　本：787mm×1092mm　1/16
印　　张：11.5
字　　数：236 千字
版　　次：2023 年 4 月第 1 版
印　　次：2024 年 1 月第 2 次印刷
书　　号：ISBN 978-7-5674-3127-0
定　　价：46.00 元

如发现印装质量问题，请与出版社联系调换。（电话：0451－82113296　82191620）

前　言

随着经济发展方式的转变、经济结构的调整,以工业带动农业、以城市带动农村,已经成为中国经济实现可持续发展的关键所在。当前,统筹城乡发展,稳步推进城镇化和新农村建设,大力发展农村经济,是关系党和国家事业发展的大事,对于我国全面建成小康社会具有重要意义。因此,中央和地方政府需加大对农村地区的扶持力度和资金投入力度,促进农村更好、更快地发展。

随着我国经济的快速发展,农村经济发展受到了社会的高度关注,如何加快农村经济的发展进程成了社会关注的主要问题。目前,我国农村经济发展还存在许多问题,例如,缺乏完善的基础设施、经济结构不完善、缺少人才培养机制、经济发展带来的收益较低等。

本书是一本关于新农村经济发展与管理实务方面研究的著作。全书首先对农村经济管理的基础概念与发展趋势进行简要概述,介绍了农村经济管理的内涵、农村产业结构、农村产业生产布局、农村生产要素管理及农村经济组织经营管理等内容;然后对农村经济发展提升的相关问题进行梳理和分析,包括农村经济发展的金融支持、新农村经济产业的融合发展、新农村建设资金配置效率的提升等方面;最后对新农村经济发展中电子商务的建设与应用进行了探讨。本书论述严谨,结构合理,条理清晰,能为当前的新农村经济发展与管理实务相关理论的深入研究提供借鉴。

本书在撰写过程中,参考和借鉴了有关书籍,吸收了同行专家的研究成果,在此,一并向他们表示衷心的感谢。由于作者水平有限,不足之处在所难免,希望同行专家和广大读者批评指正。

作　者

2022 年 12 月

目 录

第一章　农村经济管理概述 ··· 1
　第一节　农村经济管理的内涵 ··· 1
　第二节　农村产业结构 ·· 10
　第三节　农村产业生产布局 ··· 18
　第四节　现代农村经济管理中的生产要素管理 ··· 21

第二章　农村经济组织管理 ·· 32
　第一节　农村经济组织概述 ··· 32
　第二节　农村经济组织经营管理 ··· 40
　第三节　农村经济组织革新管理 ··· 56
　第四节　农村经济组织危机管理 ··· 66

第三章　农村经济发展的金融支持 ··· 80
　第一节　农村金融支持农村经济发展的作用机理 ·· 80
　第二节　我国农村金融组织体系的构建与完善 ··· 88
　第三节　发展农村金融的对策建议 ··· 96

第四章　新农村经济产业的融合发展 ··· 104
　第一节　融合发展的机制 ·· 104
　第二节　融合发展的服务支撑 ··· 108

第五章　新农村建设资金配置效率的提升 ·· 117
　第一节　完善新农村建设财政资金的整合机制 ·· 117
　第二节　加强专业合作社与新农村培训建设 ··· 120
　第三节　优化支农补贴措施，改善政策效果 ·· 124
　第四节　注重特色农业与农村生态保护 ·· 127
　第五节　健全金融支农体系，多渠道拓展资金来源 ·· 131

第六章 新农村经济发展中电子商务的建设与应用 ………………………………… 135
　第一节 新农村电子商务建设的内涵与外延 ……………………………………… 135
　第二节 以区域为核心的农村电子商务模式 ……………………………………… 142
　第三节 电子商务与现代农村经济社会转型 ……………………………………… 147
　第四节 新农村建设中电子商务的具体应用 ……………………………………… 152

参考文献 ………………………………………………………………………………… 175

第一章　农村经济管理概述

第一节　农村经济管理的内涵

俗话说："民以食为天。"农业是第一产业,是国民经济的基础产业。在农耕时期,农业是人们赖以生存的产业,也是增强国家实力的重要因素。21世纪,工业和服务业发展迅速,给人民生活带来了很多便利。但是,农业依旧是各国发展不可忽视的产业。时代的变迁已经让农业发展变得更加多元化,面临各种挑战和机遇,农业需要不断适应这个时代。

一、农业与农村的含义及特点

农业是人类社会最古老、最基本的物质生产方式,农业生产是人类利用动植物生长的性能,把外界环境中的物质和能量转化为生物产品,以满足社会需要的一种经济活动。农业的生产对象是动植物和微生物等有机体,其生长、繁殖依赖于一定的环境条件,并遵循一定的客观规律。农业是一个复杂的生态和经济系统,我们可以根据不同的标准对农业进行分类。根据劳动对象的生物学性质,农业可以分为种植业和养殖业。而根据生产类型和学科属性相结合的原则,农业可以划分为以粮、棉、油为主的大田作物生产,以果树、蔬菜和花卉为主的园艺生产,以猪、牛、羊、禽为主的畜牧业生产以及以捕捞和养殖为主的渔业生产。在生产实践和经济管理中,各国主要把种植业和畜牧业作为农业的主体。而我国现行的统计口径则将农业(大农业)划分为农业(小农业)、林业、牧业、渔业四个部门。

农业生产最本质的特征是经济再生产与自然再生产相互交织,具有社会性和生物性的双重特点。这种双重特点具体表现在:①土地是农业生产最基本的不可替代的生产资料。在一些非农业农村部门里,土地仅仅作为劳动的场所,不直接参与劳动生产过程。而在农业农村部门中,土地不仅仅是劳动场所,更是劳动对象和劳动手段,直接参与劳动生产过程。②农业生产受自然环境影响大,具有地域性和波动性。农业生产主要在广阔的田野上进行,受自然环境的影响很大。不同地区的气候、地形、土壤和植被等自然条件不同,而不同的动植物对环境的要求也不同,因此不同动植物在不同地区的分布情况不同,呈现明显的地域性。在同一地区,自然条件也不是一成不变的,自然条件的突变对农业生产的影响很大。③农业生产周期长,具有连续性和季节性。农业的生产周期主要取决于动植物的生长发育周期,而整个生长发育周期是连续性的。但动植物并不是一年四季都在成长,这就表现了其强烈的季节性。④农产品既是消费资料,又是生产资料,具有双重性。农产品既可以用于人们生活消费,是人类的基本生活资料,又可以作为生产资料,是纺织、食品加工的重要原料来源,农作物种子又是下一个农业再生产的物质条件。

农村也被称为乡村,是以从事农业生产为主的农业人口居住地区。农村较好地保留了大自然原有的景观,具有特定的社会经济条件,其特点是:①人口较稀少,居民点分散在农业生产环境中,形成田园风光;②家族聚居现象较明显;③工、商、金融、文教、卫生事业发展水平较低。

农村经济作为一种经济现象是不断变动的,由于农村演化进程的不平衡,我国农村经济存在着3种不同的类型:一是古代型,即主要以传统方式从事农村产业生产,由于缺乏资金、技术和人才,生产落后,人们生活贫困;二是近代型,即在农村产业经济发展的基础上,乡镇企业、商业、运输业、服务业开始起步,商品经济发展较快;三是现代型,即现代工业和第三产业发展迅速,在农村社会总产值中,工业所占比重较大,并成为农民的主要收入来源。当今时代,农村经济管理变得日趋复杂。

二、农村经济的内容及特点

农村经济是指农村中的各项经济活动及由此产生的经济关系,包括农业、农村工业和手工业、交通运输业、商业、信贷、生产和生活服务等部门经济。

当前,我国农村经济以集体经济为主要内容,具有如下特点:①精耕细作的优良传统与现代农业技术相结合;②以种植业为中心,农牧结合、综合经营的广大农区与以游牧为主的广大牧区同时并存和相互补充;③各地区农村经济发展不平衡。

传统农村经济是指区域性农村劳动群众共同占有生产资料的一种公有制经济形式,是农民按照自愿互利原则组织起来,基本生产资料公有,在生产与交换过程中实行某种程度的合作经营,在分配上实行一定程度的按劳分配的集体所有制经济。

现在,农村经济已转变为农民按照一定区域或自愿互利原则组织起来,基本生产资料共有或按股份所有,在生产与交换过程中实行某种程度的合作经营,按劳分配和按生产要素分配相结合的所有制经济。农村经济的实现形式也呈多样化发展趋势,主要有以下三种。

(一)统分结合的农村集体经济

农村改革后,在传统集体经济内部实行土地集体所有,所有权与使用权分离,建立以家庭承包经营为基础、统分结合的双层经营体制,亦称农村社区集体经济。

(二)农村股份合作制经济

由3户以上农民,以资金、实物、技术、劳力等作为股份,自愿组织起来从事生产经营活动,实行民主管理,以按劳分配为主,又有一定比例的股金分红,有公共积累,能独立承担民事责任。

（三）农村专业合作经济

由从事同类农产品生产经营的农民、经济组织和其他人员自愿组织起来，在技术、资金、信息、购销、加工、储运等环节实行自我合作、自我服务、自我管理、自我发展，以达到提高市场竞争能力、增加成员收入的目的。

三、我国农村的经济制度

我国农村的经济制度是选择计划经济还是市场经济，在相当程度上是与我国的国民经济发展战略联系在一起的。

计划经济是指以国家指令性计划来配置资源的经济形式。计划经济原先被当作社会主义制度的本质特征，是由传统社会主义经济理论造成的。中华人民共和国成立后在相当长一段时期实行的是计划经济。计划经济的主要特征有：①国有制居主导地位，②经济决策权高度集中，③生产单位从属于行政级别制度，④市场在经济运行中的作用被抑制到最低程度，⑤国家通过计划手段协调经济活动。受我国经济社会发展水平的限制，资本原始积累（农民是提供这种积累的主体）不仅存在于计划经济时代，还存在于计划经济体制向社会主义市场经济体制转变的全过程中。而城乡二元结构体制又是资本原始积累和计划经济体制赖以运行的基础。要破除城乡二元结构体制，既取决于国家改革的力度，又取决于国家发展的程度，而且改革的力度又不能超越发展的程度。统筹城乡发展是解决我国"三农"问题的重要途径。

市场经济是通过市场供给和需求配置资源的经济，是一种通过市场配置社会资源的经济形式。简单来说，市场就是商品或劳务交换的场所或接触点。市场可以是有形的，也可以是无形的。在市场上从事各种交易活动的组织和人，被称为市场主体。现代市场经济具有以下共同特点：①资源配置市场化，②经济行为主体的权、责、利界定分明，③经济运行的基础是市场竞争，④实行必要的、有效的宏观调控，⑤经济关系国际化。

我国农村先后实行两种不同的体制：新中国成立前30年基本上实行计划经济体制，改革开放后则处在从计划经济体制向市场经济体制转变并逐渐完善的阶段。

我国农村经济体制改革，在很大程度上表现为自下而上的改革。从长远看，我国的经济体制改革不仅会给农村群众带来物质利益，也会给城市职工带来物质利益。但就经济体制改革的某一个阶段而言，情况则不完全是这样的。我国经济体制改革之所以率先从农村突破，并迅速打开局面，是不能单纯从政府的意愿和行为角度来解释的，它同广大农村群众表现出来的自发的改革积极性有很大的关系。我国农村经济体制改革的起步阶段，往往具有超前的性质，即农民群众自发构造的制度安排，在某个时期内是超过政府设置的制度供给范围的。

四、农村经济管理的内涵及特点

管理,从字义上讲,是管辖、治理的意思。但作为一个科学的概念,管理最基本的含义应当是:人们在认识事物内部条件和外部环境及其相互关系的基础上确定管理目标,并通过对人力、物力、财力和各个活动环节的计划、组织、指挥、协调、控制等,达到预期目标的一种自觉的、有组织的活动。管理包括各种各样的管理,在政治、经济、文化、科学、教育、卫生、体育等各个领域都存在着管理。经济管理只是其庞大系统中的一个组成部分。

内容广泛的农村经济管理,是根据市场需求和国家对经济手段运用情况等外部环境和本地区的内部条件,确定经济发展目标,并对再生产过程中的生产、分配、交换、消费等环节和人、财、物、信息等生产要素进行决策、计划、组织、指挥、协调、控制,以达到预期目标的一种自觉的、有组织的活动。在我国,农村经济发展道路的选择是农村经济管理研究的一个重要内容:我国农村经济是走单纯经营农村产业的道路,还是不顾各地不同的条件,片面强调发展农村工业,或是从当地实际出发,走三大产业协调发展的道路。实践表明:单纯经营农村产业,只能导致长期贫困、就业困难、城乡差距拉大;片面强调发展农村工业,能带来一时繁荣,但容易引起粮食、原料、资金、能源紧张,生态失调;只有协调发展才符合我国农村的实际。

我国农村经济管理主要呈现以下几个特点。

(一)经济结构的综合性特征

中国农村经济管理是以中国农村社区为主要对象,对农村区域范围的一切经济活动的管理。这种农村经济管理综合性的表现如下。

(1)以合作经济为主体,多种经济成分共存的新体制得到确立和发展。经过农村改革,国家合作的、个体的、混合的经济成分同时出现,并与不同层次的承包、租赁、合伙、股份的经营方式交融,已经或正在形成各种模式。

(2)产业结构的综合性。我国农村目前已经由比较单一的种植业向农、林、牧、渔全面发展,向农、工、商、运、服综合经营的方向发展。农村产业结构已不再是单一的农业生产结构,而是拥有包括第一、二、三产业全部内容的综合结构。面对这样一个庞大的地域经济系统的经济管理,就不只是对某个产业或某几个行业的管理,而是需要对包括生产、交换、分配、消费在内的经济活动全部过程进行全面管理,调节农村经济包含的全部内容和全部经济行为的运行功能,使农村经济系统始终处于优化状态。

(二)经济发展的阶段性特征

(1)农村经济目标模式的选择不能超越社会主义初级阶段的总界限去寻求新的发展途径,只能是在这个阶段去寻找实现总体阶段目标所适用的各种具体目标模式及管理方式。中华人民共和国成立以来,我国农村经济虽有大的发展,但农民的生活水平和农村经济状况还相对较差。在这种情况下，我国农村经济管理应该遵循管理阶段性这一基本特征，针对不同阶段农村经济发展的具体状况，采取具体的管理措施。只有这样，才能使农村经济获得良性的发展。

(2)正如国民经济的发展目标与发展的阶段性要相一致，农村经济目标和模式必须融于农村经济发展阶段之中。农村经济发展的阶段性是指农村经济在其发展过程中的不同情况和条件下，相对时间限额内的差异性，它决定了农村经济的总体目标是通过各个具体目标的阶段性控制来实现的。比如，改革开放之初，农村改革和发展的目标是实现温饱，我国在农村实行了家庭联产承包责任制，促进了农村生产的发展，出现了劳动力和产品的剩余，进而对农村产业结构进行调整，以推动农村商品经济的发展。在目前我国市场经济条件下，产业化经营又进一步推动了农村经济的发展，农村经济管理必须适应新的经济发展形势而做出调整。

(三)农村区域性特征

农村经济管理的地域是农村。在农村这个行政区域里，除县城和少数城镇外，绝大部分是农村。农村不同于城市的特点是，农村以合作经济为主体，多种产业并存。农村地域辽阔，但交通运输条件差，信息闭塞，生产活动受自然条件影响大，劳动力资源丰富，但素质偏低，同时农村的科技水平不高，农民的小生产观念根深蒂固。

(1)不同区域范围的农村在自然、地理、经济环境、生产条件、技术水平、劳动者的素质等方面不同，农村经济的发展地域间存在着明显的时间差异和空间差异。例如，我国东部沿海地区农村与西部边远地区农村相比，经济发展上存在着显著的差异，这就造成人均劳动力创造的产值也较为悬殊。因此，在农村经济管理中，要利用地域之间的差异，调配不同地区的生产要素的最佳比例，使不同地区的农村经济得到稳步发展。

(2)农村经济管理的主要对象是农村产业。农村产业是人们利用生物机体的生命力，把外界环境中的物质和能量转化为各种动植物产品的生产活动。正因为农村产业是以生物机体为对象，受各种自然因素制约，所以其表现出明显的地域性。

(3)农村经济管理的主体是农民。相对来说，我国农民的素质偏低，在文化水平、经营知识、思想观念等方面与城市相比有明显差距。这也决定了我国农村经济管理具有复杂性和艰巨性。

经济管理是在物质资料的再生产过程中进行的。由于社会再生产过程既是人与自然结合的过程，又是人与人结合的过程，它具有两重性，因而决定着管理的两重性。这两重性包括自然属性和社会属性。

管理的社会属性，是指管理是生产力发展和社会分工发展的结果，它反映劳动和社会化大生产的客观要求，表现为生产指挥、组织和协调过程中各种活动的职能，处理再生产过程中人与物、物与物的关系，即生产力的组织。

管理的自然属性,是指由于物质资料的生产是在特定的国家和特定的生产关系下进行的,它的管理必然要涉及生产关系性质方面的问题,同时要和一定的政治经济体制及意识形态产生联系。其中生产关系问题包括各部门、各环节、各地区、各企业之间以及它们同国家之间和它们内部人与人之间的关系。此外,管理者还要适时采取某些措施调整上层建筑。

五、农村经济管理的职能

管理的职能,即管理活动应有的作用和功能。管理职能是管理原则、管理方法的体现。农村经济管理是管理主体及农民对农村经济活动过程施加的影响,是自始至终贯彻在管理过程中并起决定作用的管理活动。

农村经济管理的职能是由农村经济管理的任务和性质所决定的。目前,我国农村经济管理的职能可以概括为决策、计划、指导、服务、协调、控制、组织、指挥和激励等。

（一）管理的决策职能

决策就是对经济活动中的一些重大问题,如发展方向、经营项目以及实现这些目标所应采取的重大措施等做出选择和决定。在当今市场经济高速发展、科学技术发展日新月异、市场需求瞬息万变的情况下,搞好经济决策,对经济的发展有决定性作用。所以,西方最新管理理论特别强调决策的重要性,一些经济学家认为"管理就是决策""管理的关键在于决策",或者说"决策是高度重要的管理职能"。因此,决策应当是农村经济管理的首要职能。

（二）管理的计划职能

计划就是对未来的活动进行规定和安排。"凡事预则立,不预则废。"国家经济管理机关对农村经济活动要有计划地进行管理,一个县的经济和整个国民经济一样,有农、林、牧、渔,农、工、商、交通运输等各部门,有生产、交换、分配、消费各个环节,有乡村和城镇的经济类型,内容繁多,管理复杂。因此,必须有长期计划、中期计划和短期计划,对决策目标和方案在时间上和空间上进行安排,这样才能使各部门、各环节、各地区、各生产经营单位的工作协调配合、互相促进,避免盲目性管理,保证农村经济健康发展。同时,计划还是衡量经济效益和管理效率的标准。特别是农村产业实行联产承包责任制,以农户经营为主,企业自主权扩大,经济状况透明度降低,这就更需要加强宏观管理。而"计划是宏观管理的主要依据",如果没有明确的计划,任何经济活动都会紊乱,活动结果也没有评价的标准。所以,农村经济管理的计划职能是十分重要的。

（三）管理的指导与服务职能

指导与服务是指国家经济管理机关和合作经济组织为生产经营单位的生产经营活动创造必要的条件。指导、服务是农村经济管理职能的一个重要方面。

为了避免生产经营活动的盲目性,满足农村经济适应市场经济的需要,国家经济管理机关和经济合作组织还必须根据单位的需要提供产前（主要是原材料等生产资料）、产后（主要是产品的贮藏加工运输、销售等）以及必要的产中（机耕、制种、植保等）服务,为生产经营单位的生产经营活动创造条件。

（四）管理的协调职能

协调也称调节，是指国家各级经济管理机关运用经济手段，特别是价格、税收、信贷、补贴、奖励等经济杠杆来影响生产经营单位对生产经营活动的决策，使其符合宏观经济发展目标和指导性计划的要求。微观调节，就是调整和处理企业再生产过程中各部门、各环节的相互关系，解决它们之间出现的一些矛盾和分歧，以便加强相互间的配合能力，达到同步发展的管理效果。按调节对象的范围，协调可分为调节企业内部各部门、各环节的对内协调和调节各单位之间关系的对外协调。对内协调又可分为对本企业内部上下级关系的纵向（垂直）协调和对本企业内部各部门、各单位之间关系的横向（水平）协调。按调节问题的性质，可以将协调分为生产力要素的协调和生产关系的协调。生产力要素的协调是指在生产过程中对生产力要素的适当配合的协调，生产关系的协调是指对各部门、各单位之间的经济利益进行协调。

（五）管理的控制职能

控制也称监督，是指国家经济管理机关或企业为了保证实际工作与原定的目标、计划一致，对经济活动的执行情况进行检查、监督和调节的活动。经济活动是一种由各种要素有机组成，并有着极其复杂的内部联系和外部联系的活动，因此经济活动的组织实施状况与计划的要求会产生不同程度的偏差。为了保证经济管理目标、计划的顺利实现，就必须进行控制。

农村经济管理的宏观控制主要是指国家经济管理机关对生产经营单位执行党和国家的方针、政策、法律、法规、条例以及日常的生产经营活动所进行的督促和检查。其主要形式如下。

(1)行政监督，即政府有关行政机关和业务主管部门对生产经营单位的生产经营活动进行的监督。例如，市场监督管理部门对生产经营单位经济合同的鉴证，审计部门对生产经营单位财务状况的检查等。

(2)经济监督，即银行通过信贷活动对生产经营单位的生产经营活动进行监督。

(3)法律监督，即政法机关对企业、生产单位执行国家法律、法规、条例和方针政策等进行监督。

（六）管理的组织职能

组织是指生产经营单位对经济活动中的各个要素及生产过程的各个环节，从时间和空间上进行组织，形成有机的活动系统，它使人、财、物得到最合理的利用。组织职能是各项职能的基础，是实现经济管理目标和计划的保证。经济活动的计划任务是由许多人的共同劳动完成的，要把这些任务落实到不同的时间和空间中，落实到不同集体和个人身上，都必须依靠组织来完成。可见,组织职能对于提高管理效率、劳动效率和经济效益是十分重要的。

农村经济管理的组织职能内容十分广泛,它包括:

(1)研究和决定农村经济管理体制,包括机构的设置、职责的分工、管理权限的划分;

(2)确定经济活动的形式,如部门的、地区的、生产经营单位的组织形式;

(3)确定经济活动管理的模式,如权力集中与分散的程度和方式;

(4)确定经济活动的领导方式,是以行政型为主,还是以指导服务型为主;

(5)落实任务,建立责任制;

(6)进行人员的安排调配,组织人员的培训,对经济活动中所存在的目标利益关系和行动的一致性进行协调;

(7)对各级、各类人员的活动进行指挥和指导。

(七)管理的指挥职能

指挥是指领导者依靠权威,以下达命令、指示等方式,指挥下级从事某种活动。在农村经济活动中,需要统一的指挥和正确的调度,以保证所有的下属步调一致,协同工作,使农村经济活动得以正常运转。俗话说:"人无头不走,鸟无头不飞。"任何活动都需要一个指挥者,而指挥者行使的职能就是指挥职能。指挥职能是最能体现管理活动特征的职能,甚至可以说,管理就是指挥。

(八)管理的激励职能

激励是调整和激发经济活动参与者的主动性、创造性的一种活动。只有充分调动管理者和劳动者的积极性,才能使财和物的作用得到有效的发挥,保证经济管理目标和计划的实现。因此,激励是经济管理中必不可少的重要职能,而且应当贯穿于计划、组织、协调、控制等各种职能之中,它不仅能保证这些职能的有效实施,而且具有这些职能所不能代替的作用。

激励职能的内容包括鼓励和惩罚两个方面。鼓励用于激发劳动者的积极性,惩罚用于抑制劳动者的消极因素。

上述各种管理职能是一个完整的体系,各种职能既有各自的含义和作用,又相互联系、密切配合,形成一个完整的经济管理职能体系。其中任何一种职能不能正常发挥作用都会影响经济活动的进行,影响经济活动的效益。因此,只有全面综合地运用各种职能,才能使农村经济管理工作卓有成效。

六、农村经济的发展趋势

(一)农村人口向非农产业转移的趋势

随着农村人口的自然增长和农村产业劳动生产率的不断提高,农村人口必然出现剩余。

农业人口向非农产业转移、乡村人口向城镇人口转移是历史的必然,也是国外发达国家工业化过程中出现的一个共同现象。

(二)农村生态环境由恶性循环转向良性循环

城市工业和乡镇工业的发展,以及化肥农药的大量施用导致农村环境污染加剧,森林过度采伐带来水土流失加剧,农村生态环境恶化的情况已引起人们高度重视。随着生态农村产业的发展和多种环境保护措施的贯彻落实,农村生态环境必定会逐渐改善。

(三)科技进步对促进农村经济发展的作用日趋加强

过去,我国农村产业发展主要依靠传统技术、手工劳动的粗放经营方式。随着科学技术的发展和市场竞争的日益激烈,今后农村经济发展必然更多地依靠科学技术进步,逐步由粗放型经营向集约化经营转变。

(四)经济管理体制从以行政管理为主转向以经济手段管理为主

过去,我国农村经济管理一直是以行政管理为主,政府用非经济的手段直接指挥农村的经济活动,具有直接性、强制性和无偿性的特点。但这种方法容易造成人为的经济分割和经济封锁,忽视地区和生产经营单位的经济利益,不利于农村商品经济的发展。因此,今后我国的农村经济管理必然向以经济手段为主转变,重视发挥经济杠杆的作用,如价格、成本、工资、奖金、利润、财政、信贷、税收、奖罚等。经济方法也有某些局限,所以还必须辅以其他手段,如法律手段、思想教育手段等。

七、农村产业经济管理发展趋势分析

伴随世界经济全球化进程的不断推进,各国经济紧密地联系在一起,我国作为以农村产业经济为基础的大国,备受世界瞩目。且作为世界经济的重要组成部分,我国经济的发展对世界经济的发展起到重要作用。农村产业经济在我国国民经济中处于基础地位,因此,农村产业经济的发展直接关系我国经济的整体发展,农村产业经济管理是保证农村产业经济合理发展的关键,国家必须加大对农村产业经济的管理力度,提高农村产业经济的产值。

(一)管理信息化

伴随我国信息技术的快速发展,信息技术已应用到了各个领域中,大大提高了各个行业的工作效率。在农村产业经济的未来发展中,农村产业经济管理也正朝着信息化方向发展,从而提高管理效率,促进我国农村产业经济的发展。现阶段,我国农村产业经济已经逐渐向信息化转变,在农村产业经济发展中起到了很重要的作用。信息化的农村产业技术对农村产业科技成果向农村产业生产力转变有推动作用。农村产业经济管理信息化极大地提高了农村产业管理水平,因此,要使管理人员不断认识到信息化管理的重要性,提高管理效率。农村产业经济管理信息化就是对农村产业生产、农村产业管理及科研成果的相关信息进行收集和处理,为农村产业经济决策奠定基础。农村产业经济管理信息化的建设,不但能提高管理水平,提高工作效率,而且可以促进农村产业经济的发展。

(二)管理产业化

我国农村产业化的全面推进,不仅促进了农村产业经济发展,而且加快了农产品基地的建设。我国出台了一系列农村产业合作政策,农村产业经济合作组织逐渐建立起来,随之成立了许多服务中介组织。基于利益政策,农村产业经济产业化进程也在不断推进,促进了农村产业市场化。农产品基地逐渐增多,生产变得标准化,提高了农产品的质量,有更多的农民加入企业中,不但促进了农村产业经济的发展,而且提高了农民的收入。

(三)管理体制的不断创新

为适应我国农村产业现代化的建设需求,不断创新农村产业经济管理体制是其必要条件。农村产业现代化要跟上时代以及社会的发展,扫清农村产业经济发展道路上的障碍,促进我国农村产业经济的平稳发展。因此,要加强农村产业经济管理体制改革,同时要充分发挥政府宏观调控的职能,加大对农村产业经济发展的扶持力度。要不断开发先进的农村产业技术,适当调整农村产业经济结构,增强管理人员的综合素质,等等,最终逐步实现农村产业现代化,推动我国经济的发展。

第二节 农村产业结构

科学地认识和弄清农村产业生产内部的比例及其相互关系,是保证农村产业健康发展的重要问题。合理的农村产业结构,有利于发挥农村产业内部各部门之间相互促进的关系;有利于保持农村产业生态系统各要素之间的相对协调和稳定,充分合理地利用自然资源和经济资源;有利于满足国民经济对农产品的需求。

一、农村产业结构的概念和特点

(一)农村产业结构的概念

农村产业结构是指在农村这个特定经济区域内,各个经济部门及其所属各门类、各生产项目的比例关系、结合形式、地位、作用和运行规律等。它包括三层含义:①在一定的农村区域中,农村经济是由哪些产业部门组成的;②这些产业部门是按什么方式组合在一起的;③各个产业部门在总体中的地位,即各占多少比例。

农村产业结构一般包括三大产业:第一产业,包括产品直接取自自然界的生产部门,主要是有生命的物质生产部门,如种植业、林业、牧业、渔业等,基本上是传统的农村产业生产部门;第二产业,包括工业、建筑业等,主要是指加工业的物质生产部门;第三产业,包括为生产和生活服务的交通运输业、邮电通信业、商业、金融服务业、科学技术、文教卫生以及其他公用事业等服务业部门。

(二)农业产业结构的概念

农业产业结构是指农村产业中各生产部门或各产业类型所占的比重及其相互关系,亦称农村产业生产结构,是农村产业经济总体结构中的主要组成部分。

从广义上来讲,农村产业结构应包括以下两个方面。

1. 横向结构

农业产业的横向结构,是指农、林、牧、渔业及其内部的组合比例和相互关系,具体包括以下6个方面。

(1)农、林、牧、渔各业的比重,主要是指种植业、林业、牧业、渔业所占的比重。

(2)各业内部的各类生产要素之间的比重,如农业内部谷物生产和经济作物生产的比重、牧业内部牲畜养殖和活畜禽产品的比重等。

(3)农产品的产品结构,即不同农产品在同类产品中各自所占的比重。

(4)同一农产品的品种结构,即同一种农产品中不同品种所占的比重,如小麦的不同品种构成、绵羊的不同品种构成等。

(5)同一品种农产品的品质结构,如红富士苹果中优质产品所占比重等。

(6)同一农产品的上市时间结构。

2. 纵向结构

农业产业的纵向结构,是指农产品生产加工、流通之间的比例关系。农村产业作为一个完整的产业,应当是由生产、加工、流通等环节紧密联系在一起所形成的产业体系。在农村产业发达的国家,农村产业早已不是单纯的农产品生产,而是包括农产品加工和流通在内的完整产业体系。

(三)农村产业结构的特征

1. 农村产业结构的整体性

在农村产业结构中,各种自然再生产过程和经济再生产过程相互交织,尽管农村产业结构也可以适应各种需要而分解为许多侧面和层次,但仍然是一个有机整体。孤立研究某个侧面只会获得局部的片面结果,农村产业结构的整体性,要求从整体观念出发,加强对农村产业结构进行系统性的研究。

2. 农村产业结构的多层次性

农村产业的内部结构总体上可从狭义和广义两个层次来研究。开展这两个层次的结构研究,对于促进农村产业经济发展具有十分重要的实际意义。农村产业结构的多层次性研究,对于充分利用多种多样的自然资源和经济资源,发挥地区优势,合理利用各业的中间产品和副产品,提高劳动生产率和土地生产率以及提高经济效益都有重要意义。

3. 农村产业结构的路径依赖性

某一时段、特定地区的农村产业结构的形成不是一蹴而就的,也不会转瞬即逝。农村产业结构是在长时间的自然(温度、湿度、自然灾害等气候变化)、经济、社会、文化、习俗等变化基础上形成的,并随着这些外部环境的变化而出现调整、优化。因此,特定的农村产业结构都是在内外部环境综合作用下经过一定历史积淀形成的。按照新制度经济学的观点,一个国家或地区的经济发展与其原有经济基础、制度环境、社会结构和技术特点密切相关,具有类似于物理学中的惯性的特点,即对既有路径产生依赖,容易沿着既定的好的或者坏的方向不断"自我强化"。依据路径依赖理论,农村产业结构具有较强的历史性,在未来的农村产业结构调整中,一定要立足实际、结合历史,充分意识到路径依赖的存在,不仅要考虑将要采取的决策的直接效果,还要研究其长远影响;要随时研究改革是否走在正确的轨道上,如果发现了路径有偏差,要尽快采取措施加以纠正,使它回到正确的轨道上来,以避免出现积重难返的情况。事实上,目前已经出现了很多对无效率制度的路径依赖问题,这主要是因为前期改革不规范,改革措施不彻底。

4. 农村产业结构的动态性

农村产业结构受一定的时间、空间条件的影响,随着时间、空间条件的变化,农村产业结构也时刻在发生变化,一成不变的农村产业结构是不存在的,研究农村产业结构的动态规律是农村产业经济学的基本任务之一。但是,农村产业结构总是具有一定的合理性和相对稳定性,它的形成和发展与当时的各种经济因素、自然环境因素有着直接关系。因此,调整农村产业结构,要从实际出发,因势利导,既要注意农村产业结构的整体性、多层次性、动态性,又要保持农村产业结构的相对稳定性,只有这样才能使农村产业结构进入良性状态之中。一般来说,随着经济的发展和人民生活水平的提高,农村产业生产的横向结构中,畜牧业的发展会快于种植业,但是,畜牧业和种植业内部结构变动都将趋向于使居民生活质量得到提升和国民消费习惯发生变化;农村产业生产的纵向结构中加工、流通环节所占的比例会逐渐上升,生产环节所占的比例会适当下降。

二、农村产业生产结构的影响

研究农村产业生产结构,与确定农村产业发展的方针和道路有密切关系。例如,一个地区或一个国家,在农村产业发展方针上是以种植业为主,还是以畜牧业为主,这关系农村产业生产结构的形成与变革的问题。一般来说,种植业、畜牧业与林业的比例,是农村产业生产结构的基本问题,但某些农作物生产种类结构的调整,也可以成为关系整个国民经济发展的重要问题。农村产业生产结构的形成与变革受多种因素制约。

(一)自然资源条件是农村产业结构演变的客观基础

农村产业生产本质上属于一种资源型产业,它的主要对象是有生命的动植物,它与自然资源条件的关系极为密切。首先,农村产业生产对自然环境条件有着一定的要求。如没有水资源,就难以发展渔业和种植业;没有牧草场,牧业的发展就会受到制约。因此,农村产结构总是同一定的自然资源联系在一起的。其次,一个国家或地区的人口、劳动力、地理位置、经济发展水平、资本等条件也在一定程度上制约和影响着农村产业结构的形成和发展。

(二)社会需要是农村产业结构演变的导向

社会需求对一个国家或地区的农村产业结构有一定的诱导作用。古典经济学家亚当·斯密(Adam Smith)曾指出,不是因为市场上有许多酒店,我们社会上才有饮酒的风尚,而是由于社会上种种原因而产生了好饮酒的风尚,才使市场上有许多酒店。

农产品是用来满足人们基本生理需要的,这一特性决定的人口数量和消费构成均对农村产业结构产生重要影响。

一般来说,在同等条件下,人口越多对粮食的需求量就越大,为了解决吃饭问题,就容易形成以粮食为主的农村产业结构。消费构成是居民生活需求水平的重要表现和习惯。在居民收入水平不断提高的情况下,居民的消费构成由以食物消费为主转向其他,食物支出比重降低。农村产业是国民经济的基础产业,也是出口创汇的重要产业,随着工业结构的调整和国际贸易规模的扩大,对农副产品的种类和数量需求也在不断变化,相应的农村产业结构也随之发生变化。

(三)科学技术进步和生产力发展水平提高是农村产业结构演变的决定性力量

首先,科学技术的发展,可以开发新的农村产业资源,拓宽自然资源的利用范围,使新的产业或产品生产可以突破原有资源的制约而得以更好地发展;其次,科学技术的进步,可以为农村产业内部有限发展的产业提供先进的技术与设施,使其得以更快发展;再次,农村产业科学技术可以不断地为农村产业提供新的优良品种和先进的种植技术,从而不断推动农村内部结构、产品结构、品种结构、品质结构以及产品上市时间结构的优化;最后,我国农村产业结构的变化,在相当程度上受粮食生产水平的制约,而粮食生产水平的提高,最终取决于农村产业科学技术水平的提高。

另外,农村产业结构的形成和发展以及合理化程度主要是由社会生产力发展水平决定的,因为自然资源条件可以在先进的生产力水平下得到更合理的利用。同时,社会生产力发展水平又是构成生产力的一个物质要素;社会需求状况同样也取决于生产力的发达程度;社会经济制度和政府经济行为,也必须适应生产力发展状况和依据生产力发展的要求来调控。因此,在影响和作用于农村产业结构的众多因素中,决定因素是生产力发展水平。实践证明,生产力发达的国家和地区能充分合理地利用资源优势,形成良性循环的农村产业结构。而生产力不发达的国家和地区农村产业一般比较落后,农村产业结构基本上是单一的或"小而全"的。

(四)政府的经济行为是农村产业结构演变的政策保障

在既定的社会经济制度下,作为国家主体的代表——政府,将会根据经济发展的规律性,通过自身的行为,利用经济、法律、行政手段来调控农村产业生产过程,以实现其既定的经济发展目标。比如,当农产品和价格政策有利于生猪生产时,受比较利益的诱导,农民就会把有限的资源转移到养猪业上,生猪的产量就会上升,所占比重就会增加,农村产业结构就会发生变化。政府的产业政策及其相关决策是国家对农村产业结构进行宏观调控的重要手段。国家为落实既定的产业政策和相关决策,可以通过财政、信贷、税收等经济手段和行政手段按照产业政策的要求,促进或抑制农村产业内部某一产业或某种产品的发展,从而使农村产业结构向合理的方向发展,实现农村产业结构的优化和升级。

综合来看,农村产业生产是利用植物和动物的生物学特性进行生产的,自然条件对于农村产业生产结构的形成具有重要的制约作用。同时,社会经济条件变化,特别是工业发展也会引起社会对农产品需求的变化。一个国家的社会经济发展战略,特别是农村产业发展的长远方针与农村产业政策,往往都要求适当调整农村产业生产结构,但是这些要求都只是影响着农村产业生产结构的变化。农村产业生产结构的重大改变主要取决于科学技术的进步和生产力发展水平的提高。

三、农村产业结构的评价

农村产业结构的合理程度是农村经济发展水平的标志之一。实现农村产业结构的合理化、科学化,无论是在"量"的方面,还是在"质"的方面,都必须遵循其客观规律,把握住农村产业结构的内在特性。

(一)建立合理农村产业结构的重要意义

1.影响着农村产业自然资源的合理利用

任何一个国家或地区的农村产业自然资源都是多种多样的,不同的资源所适应的产业部门和项目也是不同的,所以农村产业结构只有同资源的特点相适应,才能提高农村产业的经济效益,促进农村产业的发展。

2.影响着农村产业内部各个生产部门和生产项目之间物质能量的相互转化

农村产业结构合理与否关系着能否充分发挥农村产业多个生产部门、生产项目之间物质能量的相互转化、相互利用关系。合理的农村产业结构可以促进这种关系,从而有利于农村产业生产的发展。

3.影响着能否充分利用农村中的劳动力资源

农村产业劳动力资源能否被充分利用同农村产业结构的状况密切相关。因为不同的农村产业生产部门、不同的农村产业生产项目能够容纳的劳动力数量是不同的。

4.影响着国民经济的发展是否能按比例满足各种农产品的需求

国民经济的发展需要农村产业按比例提供各种农产品,农村产业生产能够满足这些需求,就能推动社会生产力的发展。而农村产业能否做到这点,以及能在多大程度上做到这一点,都同农村产业结构是否合理有着密切联系。

由此可见，农村产业结构合理与否，对于农村产业的发展和整个国民经济的发展都具有十分重要的意义。

(二)农村产业结构合理化的评价标准

农村产业生产结构的形成及其发展趋势受多方面因素的制约，衡量农村产业生产部门结构合理与否，需要从全局、多方面进行定性与定量分析。具体来说，需要从以下几方面做出判断。

1. 农村产业资源利用情况

农村产业生产结构是否合理要通过分析农村产业资源利用是否合理来判断，农村产业资源利用情况主要包括各类土地资源、生物资源、水资源及其他自然资源的利用率、劳动力利用率、农村产业副产品利用率等。从以上指标可以看出资源利用的深度和广度。农村产业自然资源、经济资源对农村产业生产中物质和能量的变换影响很大。如何充分而合理地利用有限的农村产业资源是发展农村产业生产特别重要的一个问题，如果资源利用不充分，浪费很大，农村产业生产部门的结构自然就不合理。

2. 生态环境状况

对包括森林覆盖率、自然灾害发生率、土壤有机质含量、土质水质中有害物质含量等指标的考核，可以反映农村是不是进行了掠夺式经营，农村产业再生产能否呈良性循环状态。农村产业生产直接影响生态系统，合理的农村产业生产结构能够保持生态平衡，使生态系统呈良性循环状态，农村产业生产中物质和能量变换也就比较顺利；反之，如果破坏了生态平衡，生态系统呈恶性循环状态，农村产业生产中物质和能量变换受阻，农村产业生产结构肯定不合理。因此，生态环境状况是评价农村产业生产结构合理性的一条重要标准。

3. 经济效益大小

经济效益是衡量农村产业生产结构的重要指标之一，主要包括农村产业劳动生产率、单位农产品成本、投入产出比、单位投资收益率、单位面积净产值、人均纯收入等。合理的农村产业生产结构，农村产业内部之间的比例协调，农村产业生产中物质和能量转换的效率必然较高，经济效益也必然较大。

4. 满足社会需要的程度

农产品是否满足社会需要是衡量农村产业生产结构是否合理的重要指标，包括主要农产品人均占有量、农产品商品率、农产品商品量、农产品商品总值、主要农产品人均消费水平等。通过以上指标，不仅可以看出农村产业中商品经济的发展程度，农村产业生产的专业化水平，各地的优势是否得以发挥，还可以从中分析农村产业生产结构是否符合国民经济发展的要求，在多大程度上满足了社会对农产品的需要。随着国民经济的发展和人民生活水平的提高，社会对农产品的需求不断增长，对各种农产品需求的数量和比例还会发生变化。在一定的农村产业生产水平下，合理的农村产业生产结构对于满足社会对农产品的需求具有重要作用。

5. 农村产业各部门协调发展情况

合理的农村产业结构应是农村产业各部门协调发展的结构。只有遵循农村产业各部门间相互促进、相互补充的原则，才能实现相互间的协调发展。例如，林业能对其他各生产部门的正常生产提供保护，但这种保护只有当森林覆盖率达到一定比例时才能真正有效。因此，任何破坏农村产业各部门之间有机联系的行为，均将导致农村产业结构趋向不合理。

以上评价和衡量农村产业结构的标准是相互联系、相互制约的，在评价农村产业结构时，应该从以上几个方面进行综合考察。同时，评价一个地区农村产业生产部门结构的合理性，不能只看其微观经济效果，而要把这个地区放在全局中考察，看看它给宏观经济带来了什么影响，只有这样才能得出正确的结论。

（三）农村产业结构合理化的评价方法

衡量农村产业结构是否合理，通常有四种方法：比重法、类比法、速度法和协调法。

1. 比重法

比重法是根据各个产业产值在产业结构中的百分比确定其合理程度。

2. 类比法

我们通常用一个地区的产业结构同另一个地区相比，来说明这个地区产业结构的合理程度。

用类比法在条件大体相同的国家和地区之间进行比较是可行的。但是，产业结构是由许多因素促成的，既有自然因素，也有社会因素，还有历史因素。因此，类比法有一定的局限性。

3. 速度法

速度法即一个部门的发展速度同另一个部门的发展速度比较，或者用一个部门现在的速度同过去的速度比较，以此说明结构是否合理。速度法也有局限性，因为速度快慢只反映结构在一定时期的发展状态，并不能确切说明产业结构的合理化程度。因此单一地用发展速度说明农村产业结构是不全面的。

4. 协调法

协调法就是从系统的观点出发，研究农村产业结构运动的内在规律，综合考察产生部门之间在一定时期的合理比例关系，使产业结构在生产、分配、流通、消费各个环节不受阻碍地和谐进行。

要做到这一点，就要对产业部门的内部因素和外部环境做深入细致的研究。在研究方法上吸收比重法、类比法和速度法等方法的优点，进行综合研究。

（四）农村产业结构评价指标体系

1. 反映农村产业结构状况的指标

综合来看，衡量和评价农村产业结构的指标主要有以下三类。

(1)产出结构指标。

①价值量结构,即产值结构,它是以货币形式表现的农村产业生产成果中各产业(部门)或各类产品所占的比重,可用来衡量和评价横向结构中第一、第二层次的结构和纵向的农村产业结构。

②实物量结构,它是以实物计算的某类或某种农村产业产出中某种或某类农产品所占的比重,来衡量和评价农村产业内部各业的产品结构、品种结构。

(2)投入结构指标。

①农村产业劳动力就业结构,是指在全部农村产业从业人员中,农村产业内部各产业或某类、某种农产品生产经营所占用劳动力的比重,这是衡量和评价农村产业结构的另一个重要视角。

②农村产业生产用地的使用结构,主要是指各类、各种农作物播种面积比重,各类、各种林木的生产用地比重等结构指标,主要用于衡量与评价种植业与林业的生产结构状况。

③资产结构,通常以农村产业内部各业(部门)的固定资产存量比重和固定资产投资比重来反映,主要用于衡量和评价农村产业内部各产业(部门)的结构状况。

④科技投入结构,主要包括不同文化水平的劳动力投入农村产业内部各产业(部门)的比重、农村产业技术人员投入农村产业内部各产业(部门)的比重、科技投资在农村产业内部各产业(部门)间的分配比重、科技成果推广项目在农村产业内部不同产业(部门)的实施比重。

(3)结构变化值指标。

前述的结构指标都是说明农村产业结构的静态指标,农村产业结构变化值指标则是反映农村产业结构变化程度的动态指标。

①结构变化总值,是指一定时期内农村产业内部结构变化的总量,可用来说明农村产业结构总的变化程度。

②结构变化平均值,是指农村产业结构变化总值与计算期长度的比值,反映一定时期内农村产业结构的平均变化程度。

应该指出,结构变化值指标只能综合表明农村产业结构变动的程度,从其数值大小不能判断变动趋向及其合理与否。因此,在实际应用中需要把这个指标同结构变化的具体方向结合起来,并根据上述标准和原则进行分析,才能得出正确的结论。

2. 反映经济效益的指标

反映经济效益的指标主要包括单位面积产量(产值、净产值、纯收入)、劳动生产率、单位产品成本、资金投入产出率(如投资利润率、成本利润率)等。

3. 反映社会效益的指标

反映社会效益的指标主要包括农产品商品量及其构成、农产品商品率、主要农产品的人均消费水平等。

4. 反映生态效益的指标

反映生态效益的指标主要包括森林覆盖率、自然灾害发生率、土壤有机质含量、土壤和水中有害物质含量等。

第三节 农村产业生产布局

一、农村产业生产布局的概念

农村产业生产布局是农村产业生产发展的一个重要侧面,是农村产业生产发展的一种地域表现形式,是人类社会自出现农村产业生产活动以来即存在的社会经济现象,是指各国各地区的农村产业各部门(农、林、牧、渔)及其各个生产门类、项目(农耕业中的粮食作物与经济作物,粮食作物中的水稻、小麦、玉米、高粱、薯类等,经济作物中的棉花、麻类、甘蔗、甜菜、油料等)的地域分布,以及农村产业各部门及其各门类、项目的生产在一定地域范围的组合,又称农村产业配置。它包括农村产业各部门在地区内的分工和在一个地区内农村产业各部门的结合。前者反映农村产业生产的区间关系,表现为不同地区农村产业生产的专业化;后者反映一个地区的农村产业结构。

任何社会只要存在农村产业生产,就会形成一定的农村产业生产布局。封建社会因生产力水平低下,利用、改造自然的能力很弱,故农村产业布局表现为分散性和自给自足性。资本主义社会时期,随着社会生产力的提高,人们利用、改造自然的能力大大增强,交通运输能力发达,农村产业布局往往表现为农村产业生产的地域化、专业化和商品化。在社会主义条件下,通过国家计划和市场调节,农村产业布局趋向各地区的合理分工和农村产业各部门的合理结合,并逐步由自给、半自给性生产转向较大规模的商品性生产,由单一农村产业经营转向农、工、商相结合的综合经营。现代农村产业生产布局的重要任务是适应国民经济发展对农村产业提出的要求,研究地区的自然、经济和技术条件,根据农村产业生产部门或某一项目对生产条件所提出的特殊要求,遵循客观规律,因地制宜地安排农村产业生产,在提高经济和社会效益的基础上,实现合理的地域分工,使中国农村产业生产逐步实现区域化、专业化、社会化和现代化。

二、农村产业生产布局的基本内容

(一)农村产业生产条件评价

影响农村产业生产的条件主要有农村产业自然条件、农村产业自然资源与技术条件等方面。缺少对这些条件的评价,就无所谓安排农村产业生产、进行农村产业布局。因此,分析、评价农村产业生产条件对农村产业布局的影响是研究农村产业生产布局的一个重要方面。

(二)农村产业部门布局

农村产业部门布局是在分析农村产业现状的基础上从各农村产业部门的生产特点出发,根据它们所需要的环境,结合各地区的生产条件,选择适宜区,并通过研究各部门的分布状况、发展变化特点和存在问题,确定农村产业各部门的发展方向、规模、水平、分布与增产途径的布局方案。

(三)农村产业地区布局

农村产业地区布局的方式是充分发挥各地的区域比较优势,进一步调整区域农村产业结构和生产力,根据国内国际形势发展的需要,按照当地竞争力,满足经济、社会发展和人们生存需要,提高农产品质量,降低生产成本,提高农村产业的整体发展水平和实现农村产业现代化。

农村产业的合理布局能促进农村产业发展,意义在于:①可以按照国民经济有计划地按比例发展,充分利用当地的农村产业资源以最少的投入达到产出的要求,在全国范围内实现地区的分工协作。②可以逐步实现农村产业生产的专业化和区域化,提高土地生产率和农产品商品率,提高科学技术和经营管理水平,提高设备利用率。③可以促进工业更快发展,从而加快农村产业现代化的进程,通过产业相互协调,减少和消除不合理的运输,降低成本。④可以协调经济发展和生态环境的平衡。⑤可以促进全国各地区经济的平衡发展,增进民族团结。⑥可以使各地区农村产业生产有明确的发展方向和奋斗目标,从而有利于充分发挥各地区、各单位的积极性和主动精神,推进农村产业更快发展。

三、农村产业生产布局的原则

农村产业生产是在广阔的空间中进行的,由于农村产业生产的经济再生产与自然再生产交织在一起,农村产业生产与自然环境的密切联系决定了农村产业生产具有强烈的地域差异。然而,自然条件是农村产业合理布局的自然因素或自然基础。对农村产业生产布局起决定性作用的另一个因素是社会分工。因为社会分工促进了商品经济的发展,商品经济的发展促进了农村产业的专业化和地域化分工。农村产业生产布局是自然环境、地理位置和社会分工共同作用的结果。因此,在具体的农村产业生产布局中要考虑以下几个基本原则。

(一)充分合理利用自然资源和经济资源的原则

充分合理地利用自然资源和经济资源,是农村产业生产合理布局的首要原则。农村产业生产的劳动对象是生物体,它们都有着自然生长和繁育的规律,因此,农村产业生产的配置离不开对地域特征与自然环境特征的研究和开发。只有因地制宜,才能趋利避害,建立合理的生态系统,提高自然资源的利用率和生产率,也才能提高劳动的社会生产率。在既定的自然条件下,经济条件对农村产业生产布局起着重要的影响作用。农村产业生产的合理布局是一个不断发展的过程,它以自然条件为基础,受到经济条件和技术条件的制约。经济的发展和科学技术的进步,使人们对开发自然资源、确定合理布局不断产生新的认识,不断调整布局,在经济不断发展的同时使自然资源布局相对合理化。

(二)市场需求牵动原则

社会经济联系的整体性决定农村产业生产布局不能仅从农村产业部门发展出发,还必须考虑一定时期的市场需求,特别是一定地区的城市需求,即非农村产业的需求。农工商一体化的思想、城乡一体化的思想对于农村产业生产的布局是很重要的。在当前经济全球化趋势越来越明显的国际条件下,农产品市场越来越广阔,国际、国内市场需求的牵动使农村产业生产布局越来越市场化。生活消费品市场、生产资料需求市场、交通运输条件的共同作用,使农村产业生产布局更具农工商一体化、城乡一体化特色。国际市场和国内市场联动,以城市和市场为中心已成为市场经济条件下农村产业布局的鲜明特点。

(三)地区均衡布局原则

农村产业生产要突出地区特色,也要均衡布局,要实现全国农村产业生产的平衡发展。积极开发边远地区和贫困地区的农村产业资源既是一个农村产业经济问题,也是一个国民经济发展的战略问题。特别是山区民族地区、边远地区农村产业的发展,既涉及经济发展,也涉及政治稳定和国家安定。这些地区虽然人口不多,但地域广阔、资源丰富,只是交通等生产条件较差,从国民经济发展战略高度认识这些地区的农村产业发展问题,从资金、人才、技术等方面支持其农村产业生产和商品经济的发展是一件大事。

四、农村产业生产布局的影响因素

(一)自然因素对农村产业生产布局的影响

1. 自然环境

自然环境直接影响农村产业生产布局的选择。在各种自然条件中,降水、气温、日照等要素,往往能够决定某种农产品的布局区域。例如,棉花生产对日照的要求很高,日照时数低的地区就无法种植;茶叶对气温的要求很高,气温达不到的地方基本上无法种植。热带作物、亚热带作物和温带作物在生产地域上的区别等,都反映了自然条件是寻找合适种植地域要考虑的最主要的因素。在农村产业区划中进行农作物适宜区选择时,主要依据的也就是这几种自然条件的情况。

2. 自然资源

农村产业生产的产品直接取自自然资源,它的分布必须与自然资源完全一致。农村产业的发展主要取决于土地的情况。但是,这并不意味着资源对人类的重要性在减弱,而是恰恰相反。由于人口的增长,生产总规模的不断扩大,人类所消耗的自然资源的总量与日俱增,而资源存量又十分有限,许多种类的资源正面临枯竭。因此,农村产业生产的合理布局,应充分体现资源的合理利用和合理配置。

(二)社会经济因素对农村产业生产布局的影响

任何一个国家或地区的农村产业结构都不是一成不变的,影响农村产业结构发展变化的因素有自然条件、人口及其消费习惯、粮食供应情况、社会经济制度、交通运输和商品交换的发展、农村产业科学技术的发展应用等。有时这一因素起支配作用,有时另外一些因素起决定作用。从这一点来看,社会生产力发展在农村产业结构发展中起决定作用。人们不可能脱离生产力的发展来推动农村产业生产的发展,或者阻碍农村产业生产的发展。由于生产力是经常发展变化的,而农村产业结构一经形成就会有一种惯性,因而常常会出现农村产业结构不适应农村产业生产发展要求的现象。于是人们根据生产力发展的要求,需要经常注意去调整、改革过时的农村产业结构。这也就是我们之所以要研究农村产业结构问题的重要意义所在。

在进行农村产业生产布局时,一般在符合国家或地区的经济发展需要的前提下以农村产业区划为依据,充分考虑下列原则:①扬长避短、因地制宜,根据国家需要和不同地区的自然和社会经济条件,部署最适宜的农村产业生产部门。②生产同原料来源和产品的加工、消费地区相结合,农村产业布局同工业相结合。如建立为工业和城市服务的工业原料、商品粮和副食品供应基地;在原材料产地建立相应规模的农产品加工工业体系等,以利于农村产业的专业化和商品化。③促进农村产业生产地区间的平衡发展,在农村产业发达和较发达地区发展生产的同时,扶持不发达地区的农村产业,使之尽快赶上生产水平较高的地区。

五、农村产业生产布局的分析与评价

为了使农村产业生产布局合理化,常需对原有的布局进行分析、评价。其方法除通过定性的分析、研究来揭示原有生产布局中的矛盾,提出改进建议外,还常借助定量分析。其他常用的方法还有投入产出法、线性规划法、系统动态分析法以及与之相适应的各种数学模型,如计量经济模型、投入产出模型、数学规划模型、系统动态学模型等。评价农村产业生产布局方案合理性的指标则包括产量指标(单位土地面积产量、总产量、商品产量)、产值指标(总产值、单位土地面积产值、商品产值)、成本指标(单位土地面积成本和单位产品成本)、劳动生产率指标等。此外,还要考虑生态效益与社会效益等方面的指标。

第四节 现代农村经济管理中的生产要素管理

一、人力资源管理

国内外学术界从不同层面对"人力资源管理"进行了界定。我们从课程分类层面看,可

以把人力资源管理分为宏观管理和微观管理。从宏观管理角度来说,人力资源管理是对整个社会的人力资源进行计划、组织、控制,从而调整和改善人力资源状况,使之适应社会再生产的要求,保证社会经济的运行和发展;从微观管理角度来说,人力资源管理是通过对企业、事业组织的人和事的管理,处理人与人之间的关系,人与事之间的合理安排,并充分发挥人的潜能,对人的各种活动予以计划、组织、指挥和控制,以实现组织的目标。由此,我们可以把人力资源管理阐释为:运用科学方法,协调人与事的关系,处理人与人的矛盾,充分发挥人的潜能,使人尽其才、事得其人、人事相宜,以实现组织目标的过程。

（一）农村人力资源状况

我国从20世纪70年代末开始,在人口与经济、社会、资源、环境之间的矛盾影响下,把实行计划生育、控制人口数量、提高人口素质确定为一项基本国策,并在《中华人民共和国宪法》中做了明确规定,但是农村人口增长速度还是居高不下。农村人口的急剧增长和农村经济的发展,使人类与自然关系逐渐变得不和谐。为了处理好人与自然的关系,针对农村人力资源的开发,农村人力资源管理应运而生。农业在进入可持续发展阶段后,农村人力资源管理是其发展的内在动力。

根据国家统计局相关调查,农村劳动力文化素质高低与生产要素的投入、占有、使用及经营效益呈正相关,农村人口受教育程度与经济收入有最为直接的关系。农村人口素质对消除目前在分配上存在的"脑体倒挂"现象,使收入分配趋于合理也有着重要的影响。所以加强教育,开展技术培训,大力提高农村人力资源水平刻不容缓,提高人力资源水平是消除农村贫困、增加农民收入、推进农业可持续发展的内在动力。乡村振兴既不是就农村而谈农村,也不是简单的"城市反哺农村""将农村城市化",而是要把城市和农村对接融合,达到共同发展的目标。要遵循乡村自身的发展规律,走特色发展的道路,补短板、扬长处,注重内外兼修,使人尽其才、事得其人、人事相宜,共同促进农村生态、产业、文化等方面的发展。

乡村振兴,人才为先。农村建设的一个重要原则就是"以人为本",实现乡村经济、社会、文化等的发展,需要"有文化、懂技术、会经营"的高素质人才积极参与,要靠人才推动。只有实行有效的人力资源管理,才能够让各类人才在农村大显身手、各展其能。农村人力资源管理既可以满足农村产业结构调整升级的需要、农业可持续发展的需要,又可以满足农村劳动力返乡创业的需要,所以加强农村人力资源的管理在当前是非常必要的。

（二）农村农业劳动力利用率

农业劳动力利用率是投入农业生产经营活动的劳动力数量与拥有农业劳动力总量的比值。一般情况下,其比值越大,农业劳动力的利用程度就越高。对于农业劳动力利用率问题,从社会经济发展的角度看,应使社会总劳动量在城乡各经济部门的分布趋于合理,使社会总劳动量获得有效的利用;从农业内部看,应首先将种植业的多余劳动力向林、牧、渔业转移,使农业内部的劳动力分布处于较好的利用状态。

中华人民共和国成立以来,人口增长过快,农村剩余劳动力过多,长时期缺乏有效的政策措施推进农村劳动分工,应及时而迅速地将多余劳动力向其他产业部门转移,使大量过剩劳动力得到合理安排。

(三)优化人力资源管理

人力资源优化是根据农村总体战略目标,科学地计划、预测农村经济在变化的环境中人力供给和需求的情况,从而制定必要的政策和措施,以保证农村经济在需要的时间和需要的岗位上获得需要的人力,为实现农村经济发展战略目标提供服务。制定规划既可以保证人力资源管理活动与农村经济发展战略方向目标一致,又可以保证人力资源管理活动的各个环节相互协调,避免不必要的冲突。与此同时,在实施农村经济发展战略规划时,还必须在法律和道德观念方面创造一种公平的就业环境。切实做到将人力计划、人力增补和人员培训三者相结合,合理规划人力资源发展;合理改善人力资源分配不平衡的状况,促使人力资源合理运用;适时、适量、适质地配合组织发展的需要以及通过人力资源效能的充分发挥,降低用人成本。

我们在对人力资源进行优化管理的时候要注意的内容主要包括以下几个方面。

1. 预测和规划本组织未来人力资源的供给状况

对本组织内现有的所有人员的年龄、性别、有关技能、职业方向等方面的信息资料进行预测。分析组织内人力资源流动、调动的情况,相关部门工作岗位设置的情况、人数需求的情况以及人员培训的情况等。

2. 对人力资源的需求进行预测

在预测和规划本组织未来人力资源的供给状况的基础上,根据农村经济发展的战略目标预测本组织在未来一段时间需要什么样的人才,对所需要人才的数量、质量、层次都要进行充分的预测。

3. 进行人力资源供需方面的分析比较

进行人力资源供需方面的分析比较,可以预测出未来一段时间内人员的短缺或过剩的情况,还可以了解每个岗位上人员余缺的情况,预测需要具有哪一方面知识、技能的人员,这样就可以有针对性地挖掘、培养相关方面的人才,并为组织制定有关人力资源的政策和措施提供依据。

4. 制定有关人力资源供需方面的政策

制定有关人力资源供需方面的政策是人力资源总体规划目标实现的重要保证。通过人力资源供给测算和需求预测比较,组织应制定相应的政策和措施,并在有关的政策和措施审批后具体实施。例如,与人力资源开发有关的员工职业技能的培训、专业人才的培养、人员接替轮换方案以及员工职业生涯规划等。

5. 评估人力资源优化的效益

在进行农村人力资源规划时,人力资源管理工作的重要部分直接影响各种人员的配置问题。在一个长期发展的阶段,农村人力资源状况始终与农村产业化需求保持一致。优化人力资源,需要进行实时动态的管理,顺应农村产业化发展的需求,对管理过程和结果不断进行监督、调整、控制、考核与评价,并重视信息的反馈,使不断优化的管理方式更加切合实际,更好地促进组织目标的实现,切实做到上承战略,下接人才。

二、农村资金管理

目前农村经济的发展主要以农业中小企业的发展为主,这些农业中小企业已经成为我国国民经济中重要的组成部分,是推动我国经济发展的重要力量。但是相对于一般工业企业来说,农业中小企业属于弱势企业,其受到最大的限制就是融资渠道受限。要解决这一问题,首先要明白资金在农村集体资产中的地位,了解当前的农村资金管理政策;其次要了解适应农业中小企业筹资的新品种并科学地选择融资渠道。

(一)农村资金的概念及分类

农村集体资产的管理主要是对资产、资源和资金的"三资管理"。农村集体资产主要包括村民委员会依法拥有的各种财产、债权和其他权利,要按照国家和省、市、区有关规定清产核资、明晰产权、登记造册,确认其所有权和使用权,核发证书;农村集体资源包括一切可被村民委员会开发和利用的物质、能量和信息资源,比如土地、林木、荒地、水利等,其经营方式必须经村民会议讨论决定,采取公开招投标交易的形式有偿转让其经营使用权;农村集体资金包括农业再生产过程中物质资料的货币形态,主要分为流动资金和固定资金,比如现金、银行存款、短期投资、内部往来、应收账款等。要严格执行国家《现金管理暂行条例》,建立健全现金内部控制制度。从企业发展角度来说,"三资管理"中首先需要考虑的必然是资金的筹集。

资金筹集是指通过各种方式进行资金的筹措以满足企业生产经营过程中所需要的货币资金。都说"巧妇难为无米之炊",资金筹集是企业资金运动的起点,筹资活动是企业生存和发展的基本前提,如果资金链条断裂,那么企业将难以生存,更不可能谈发展,所以资金筹集对企业的生存和发展尤为重要,企业应科学合理地进行筹资活动。

然而,这些资金的来源与筹集方式不同,所带来的筹资成本和筹资风险也不同。所以,企业在进行筹资的过程中,需要考虑哪些来源与方式才是对企业筹资最有利的,如何使筹资成本和筹资风险降到最低。

(二)农村筹资管理

农业经济是我国重要的经济组成部分,农业中小企业在稳定农业经济发展、吸收农村就业人员和提供社会服务等方面发挥着重要的作用,有利于经济的发展和社会稳定,有助于推动经济增长。

1.农业中小企业筹资的财务指标分析

财务指标一般包括偿债能力指标、获利能力指标以及资产管理指标。

农业中小企业偿债能力的分析包括短期偿债能力和长期偿债能力的分析。分析中小企业短期偿债能力的指标包括"流动比率""速动比率";分析长期偿债能力的指标包括"资产负债率""产权比率""利息周转倍数"等。其中需要重点考虑的是:流动比率＝流动资产/流动负债,表明短期内偿还流动负债的能力;资产负债率＝负债总额/资产总额,表明负债融资占总资产的比重,能够分析在清算时保护债权人利益的程度。

分析中小企业获利能力的指标主要包括"销售毛利率""销售净利率""投资报酬率""所有者权益报酬率"。其中重点要考虑的是:销售净利率＝净利润/主营业务收入,表明企业每一元的收入所带来的净利润。

分析中小企业资产管理能力的指标是各项资产管理比率(即营运效率比率),主要以周转次数和天数来表示。其中流动资产管理能力分析的指标主要包括"应收账款周转率""存货周转率""流动资产周转率"。其中重点考虑的是:应收账款周转率＝(期初应收账款＋期末应收账款)/2,表明应收账款的流动速度;流动资产周转率＝主营业务收入/流动资产,表明流动资产的利用程度;总资产周转率＝主营业务收入/平均资产总额,表明企业总资产的管理能力。

2.筹资方式的选择

目前,我国的筹资方式很多,但是农村中小企业基本上以农业中小企业为主。由于农业产业的弱质性,使农村中小企业面临着极大的风险,所以筹资方式比较单一,基本上还是以银行贷款和农村村级范围内筹资及民间借贷为主。农村村级范围内筹资主要用于本村范围内农田水利基本建设、植树造林、修建村级道路等集体生产、公益事业。

当然,这些方式的选择也存在一定的问题,特别是银行贷款和民间借贷。例如,通过银行贷款无论是贷款程序、信用评价标准还是贷款额度都受到极大的限制;民间借贷从办理手续、利息等方面也会产生一些不利于社会稳定的因素。从农村农业中小企业筹资方式的选择来看,应从以下四个方面进行改进。

(1)完善农村农业中小企业融资的政策。

完善政府对金融机构支持科技型、成长型的农村农业中小企业融资实行减税、贴现、补贴等优惠政策,以调动金融机构为农村农业中小企业融资的积极性。针对农村农业中小企业面广、布局分散的特点,政府可以实行分类指导、鼓励优胜劣汰的竞争措施,对有销路、市场前景广阔、技术创新能力强、效益好的农村农业中小企业进行重点扶持,实行扶优扶强,最后以强带弱,带动农村整体经济的发展。

(2)建立健全中小企业信用贷款服务体系。

认真贯彻货币信贷政策的要求,发挥国有商业银行中小企业信贷部门的经营作用,通过改革信贷管理程序、完善信用评价标准,扩大授信范围。要下放信贷权限,提高基层分支行营销积极性;与此同时,要健全中小金融机构组织体系,鼓励非公有资本参股商业银行和信用社,引导农民、个体工商户和小企业入股农村信用社,以改善股权结构,创办区域性股份制中小银行和合作性金融机构。另外,可以利用税收优惠、利率补贴、再贷款、再贴现等政策,鼓励银行提高农村农业中小企业贷款比例。

(3)规范民间借贷市场。

民间主题的融资活动在办理手续、利息等方面也会产生一些不利于社会稳定的因素,但是不能简单禁止,而是要用地方性法规明确融资双方的权利和义务,将其纳入正规的金融体系。

(4)拓宽农村农业中小企业的融资渠道。

为保证我国证券市场的健康发展,国家应该尽快完善我国证券市场体系,可以大胆尝试股权和债券融资,为农村农业中小企业直接融资提供可能。创业板的推出是我国中小企业融资发展的一个大胆尝试,各个农村农业中小企业应该抓住机会,积极争取通过在资本市场上获得更多的资金来加快企业发展速度,提高技术创新能力。

(三)农村人口投资管理

随着我国经济不断发展,人们手中的闲钱越来越多,农民的投资理财有待优化完善。在当今中国城乡经济高速发展的过程中,绝大部分的中国农民通过走出乡村、创办企业、发展特色经济等多种途径已经摆脱了贫困,特别是近年来城镇化的高速发展使部分地区的农户由于拆迁,在落实货币经济补偿机制的同时得到了高额的补偿款,此举使他们的家底快速厚实起来。被占地农户手中短时间内就聚集了丰厚的资金,他们的生活状况也由原来的温饱型向消费型转变。不仅如此,随着城市化进程的不断提升,农民生活消费类型也在悄悄地发生着改变。

农村人口用于食品等生存型消费的比重下降,在衣着修饰、文化教育等发展和享受型消费中的支出大幅增加。在短短的几年时间里,农民生活消费水平发生了质的变化,农民的生活已经从生存型步入发展型的轨道。随着农民各项收入的不断提高和家庭财富积累的不断增加,农民渴望财富增值的愿望日益强烈。在满足了居住条件不断提高、子女教育投入不断加大、生活条件不断得到改善的前提下,面对手中尚余的或多或少的财富,如何理财已经成为当前农民不得不面对的一个现实问题。

相比于城镇居民,文化差异、受教育程度、地域经济发展的不平衡性等诸多因素影响,直接造成当前农村理财理念单一的现象。除了平日的生活必须开销外,剩下的钱几乎就是存进信用社,极少的农村家庭会投资理财。老百姓对金融投资的理解,仅限于银行的"存、汇、兑"业务以及储蓄业务可以获得除本金外的利息。由于老百姓只放心把钱存到银行的观念已经固定,并没有获取投资理财的信息来源,导致农村的"闲钱"直接成为"死钱",农民没有机会也没有意识去享受商业银行的"大众化服务"。随着我国经济的发展和政府对农业的扶持,农村经济发展迅速,农民生活水平提高,很多老百姓在吃饱穿暖的基础上,手中还持有很多闲钱,相对于把钱存入银行,很多农民具有了购买理财产品的经济基础和理念。在政府创新理财产品的基础上,农民购买适合自己家庭情况的理财产品,在可以承受的风险范围之内获得最大的利益,有利于在短时间内提高农民的生活水平,也为实现我国宏观经济管理目标做出贡献。所以说,改善当前农民理财结构,无论是对于老百姓来说,还是对于我国宏观经济的发展来说,都是非常必要的。

改善农村人口投资理财结构应该具体做到以下几个方面。

1. 改善农民理财理念,完善农民投资理财知识

"低消费,高储蓄"是目前我国农村比较普遍的理财现象,在大多数的老百姓眼里,投资理财等于银行储蓄。这种落后和不健全的理财理念是不符合现代社会发展的。为了建设新农村,使农民更加顺应社会发展,政府应为当地农民创造更多的学习机会,以乡镇或者村为单位进行定期的投资理财知识讲座,鼓励老百姓将手中的闲钱转化为资本,来增加农民除了耕种养殖以外的产业性收入。

在加强老百姓投资理财知识教育方面,主要有以下几个重要手段:第一,应向农民传输个人或家庭理财、生命周期理财规划等观念,打破"一心挣钱,专心攒钱"的陈旧观念,讲授并使其意识到适当的投资理财方法可以实现家庭净资产增加与生活质量得以提高的双重目标,让其对科学的投资理财理念和方法有更多的了解,从思想上改变农民不懂理财乱理财的状况。第二,政府应进一步推进"三下乡"活动的开展,尤其要真正实现"科技下乡"和"文化下乡"以加快改善农村的落后状况。虽然各种媒体尤其是网络上充斥着各种理财知识和技能培训信息,但农民对这类来源的信息信任度一般不高。下乡人员是由政府委派的,而且属于专业性人才,具有权威性,由他们进行理财知识的宣传和技能的培训,农民群众会更愿意相信和接受,效果会比较好。第三,充分利用当地媒体,积极推出适合老百姓的理财服务栏目,并开通服务热线,老百姓在接收到新理念的同时,遇到不明白、不清楚的地方可以随时拨打电话进行咨询,得到具体的指导,学会相关的理财软件的业务操作;利用报刊和宣传图册等媒介,让投资理财信息走进每个家庭,使老百姓在茶余饭后可以随时拿起来阅读并和家人邻居探讨,时间久了,耳濡目染,老百姓就会主动去了解、学习。第四,定期或不定期安排专家讲座,进行投资理财知识培训,为了提高村民的参与积极性,可以设置奖品派送环节,提高老百姓的兴趣;尤其对于新青年,可以适当地开设关于投资理财的课程,让农村最年轻的一代摆脱传统理财观念的束缚,接受合理的符合当代潮流的理财理念,通过年轻一代带动老一辈达到理财理念的转变。

2. 建立健全市场化的社会保障制度

由于农村社会保障体系还不完善,很多保障项目不能满足农村社会发展的需要,在很多地区并未实现与本地相适应的社会救助、优抚安置和社会福利等机制,严重阻碍了农村投资理财的发展。凯恩斯主义经济学理论中就明确地指出生产和就业的水平决定了总需求的水

平。总需求是整个经济系统里对商品和服务的需求总量。之所以存在百姓对投资理财的有效需求不足的情况,原因主要在于"三个基本心理因素",即心理上的消费倾向、心理上的偏好以及心理上对资本未来收益的预期值。所以,只有建立健全百姓投资理财的保障制度,解决农民的后顾之忧,提高农民经济生活质量,才能激发老百姓的投资理财欲望。

3. 发展乡镇金融市场

乡镇金融市场的逐步发展和优化,可以进一步拓宽农民投资的渠道,更新农民的理财理念。农村金融理财市场潜力很大,但真正可以深入其中的金融机构却不多,比如说,证券公司的主要市场和客户是大城市和从事与之相关工作内容的人,在农村几乎看不到证券公司。相对于城市里遍布街巷的银行网点和ATM机来说,在农村只有地理位置较为优越的村庄会安置银行网点,并仍然以农村合作银行、农村信用社和邮政储蓄银行为主,基金、股票和债券等投资方式几乎没有发展市场,严重阻碍了农村银行理财服务推广工作的进行,也不利于老百姓了解和购买理财产品。为了改变这种现状,有关部门应大力发展乡镇金融市场,加快基金、股票、债券等金融产品的推广,进一步优化农村的理财环境。

三、农村土地经营管理

土地流转和适度规模经营是发展现代农业的必由之路,有利于优化土地资源配置和提高劳动生产率,有利于保障粮食安全和主要农产品供给,有利于促进农业技术推广应用和农业增效、农民增收。开展土地流转和适度规模经营应从我国人多地少、农村情况千差万别的实际出发,积极稳妥地推进。为引导农村土地(指承包耕地)经营权有序流转、发展农业适度规模经营,首先要做到全面理解、准确把握中央关于全面深化农村改革的精神。按照加快构建以农户家庭经营为基础、合作与联合为纽带、社会化服务为支撑的立体式复合型现代农业经营体系和走生产技术先进、经营规模适度、市场竞争力强、生态环境可持续的中国特色新型农业现代化道路的要求,以保障国家粮食安全、促进农业增效和农民增收为目标,坚持农村土地集体所有,实现所有权、承包权、经营权三权分置,引导土地经营权有序流转,坚持家庭经营的基础性地位,积极培育新型经营主体,发展多种形式的适度规模经营,巩固和完善农村基本经营制度。

首先,改革的方向要明,步子要稳,既要加大政策扶持力度,加强典型示范引导,鼓励创新农业经营体制,又要因地制宜、循序渐进,不能搞强迫命令,不能搞行政瞎指挥,要使农业适度规模经营发展与城镇化进程和农村劳动力转移规模相适应,与农业科技进步和生产手段改进程度相适应,与农业社会化服务水平提高相适应,让农民成为土地流转和规模经营的积极参与者和真正受益者,避免走弯路。其次,要坚持基本原则,坚持农村土地集体所有权,稳定农户承包权,放活土地经营权,以家庭承包经营为基础,推进家庭经营、集体经营、合作经营、企业经营等多种经营方式共同发展;坚持以改革为动力,充分发挥农民首创精神,鼓励创新,支持基层先行先试,靠改革破解发展难题;坚持依法、自愿、有偿的原则,以农民为主体,政府扶持引导,市场配置资源,土地经营权流转不得违背承包农户意愿,不得损害农民权益,不得改变土地用途,不得破坏农业综合生产能力和农业生态环境;坚持经营规模适度,既要注重提升土地经营规模,又要防止土地过度集中,兼顾效率与公平,不断提高劳动生产率、土地产出率和资源利用率,确保农地农用,重点支持发展粮食规模化生产。

  农村土地承包经营权流转应当在坚持农户家庭承包经营制度和稳定农村土地承包关系的基础上,遵循平等协商、依法、自愿、有偿的原则。农村土地承包经营权流转不得改变承包土地的农业用途,流转期限不得超过承包期的剩余期限,不得损害利害关系人和农村集体经济组织的合法权益。农村土地承包经营权流转应当规范有序,依法形成的流转关系应当受到保护。县级以上人民政府农业行政主管(或农村经营管理)部门依照同级人民政府规定的职责负责本行政区域内的农村土地承包经营权流转及合同管理的指导。

  为规范农村土地承包经营权流转行为,维护流转双方当事人合法权益,促进农业和农村经济发展,农业农村部根据《中华人民共和国农村土地承包法》及有关规定制定了《农村土地承包经营权流转管理办法》,其中明确了流转当事人的具体权利和义务、流转的方式、流转合同的相关要求等内容,具体指出承包方依法取得的农村土地承包经营权,可以采取转包、出租、互换、转让或者其他符合有关法律和国家政策规定的方式流转。承包方依法采取转包、出租、入股方式将农村土地承包经营权部分或者全部流转,承包方与发包方的承包关系不变,双方享有的权利和承担的义务不变。同一集体经济组织的承包方之间自愿将土地承包经营权进行互换,双方对互换土地原享有的承包权利和承担的义务也相应互换,当事人可以要求办理农村土地承包经营权证变更登记手续。承包方采取转让方式流转农村土地承包经营权的,经发包方同意后,当事人可以要求及时办理农村土地承包经营权证变更、注销或重发手续。承包方之间可以自愿将承包土地入股发展农业合作生产,但股份合作解散时入股土地应当退回原承包农户。通过转让、互换方式取得的土地承包经营权,经依法登记获得土地承包经营权证后,可以依法采取转包、出租、互换、转让或者其他符合法律和国家政策规定的方式流转。

  土地问题涉及亿万农民的切身利益,事关全局。各级党委和政府要充分认识到农村土地经营权有序流转、发展农业适度规模经营的重要性、复杂性和长期性,切实加强组织领导,严格按照中央政策和国家法律法规办事,及时查处违纪违法行为。坚持从实际出发,加强调查研究,搞好分类指导,充分利用农村改革试验区、现代农业示范区等开展试点试验,认真总结基层和农民群众创造的好经验、好做法。加大政策宣传力度,牢固树立政策观念,准确把握政策要求,营造良好的改革发展环境。加强农村经营管理体系建设,明确相应机构承担的农村经济管理工作职责,确保事有人干、责有人负。各有关部门要按照职责分工,抓紧修订完善相关法律法规,建立工作指导和检查监督制度,健全齐抓共管的工作机制,引导农村土地经营权有序流转,促进农业适度规模经营和农村经济健康发展。

(一)农村土地流转模式

国家政策规定的流转模式主要有互换土地、交租、入股、"宅基地换住房,承包地换社保"和"股份+合作"五种。

1. 互换土地

互换土地模式是农村集体经济组织内部的农户为方便耕种和各自的需要,对各自土地的承包经营权进行的简单交换,是促进农村规模化、产业化、集约化经营的必由之路。多年前,中国农村实行土地联产承包责任制,农民分到了土地。但由于土地"肥瘦"不一,大块的土地被分割成条条块块。划分土地时留下的种种弊病严重制约着生产力的发展和规模化经营。为了让土地集中连片,实现规模化、集约化经营,于是互换这种最为原始的交易方式进入农民的视野。

2. 交租

交租模式是在市场利益驱动和政府引导下,农民将其承包土地经营权出租给大户、业主或企业法人等承租方,出租的期限和租金支付方式由双方自行约定,承租方获得一定期限的土地经营权,出租方按年度以实物或货币的形式获得土地经营权租金。其中,有大户承租型、公司租赁型、反租倒包型等。

3. 入股

入股即"股田制"或股份合作经营。这种模式是指在坚持承包户自愿的基础上,将承包土地经营权作价入股,建立股份公司。在土地入股过程中,实行农村土地经营的双向选择(农民将土地入股给公司后,既可继续参与土地经营,也可不参与土地经营),农民凭借土地承包权可拥有公司股份,并可按股分红。该模式的最大优点在于产权清晰、利益直接,以价值形式把农户的土地承包经营权长期确定下来,农民既是公司经营的参与者,也是利益的所有者,是当前农村土地使用权流转机制的新突破。

4. "宅基地换住房,承包地换社保"

"宅基地换住房,承包地换社保"的模式是农民放弃农村宅基地,宅基地被置换为城市发展用地,农民在城里获得一套住房。农民放弃农村土地承包经营权,享受城市社保,建立城乡统一的公共服务体制。

5. "股份+合作"

"股份+合作"模式是农户以土地经营权为股份共同组建合作社。村里按照"群众自愿、土地入股、集约经营、收益分红、利益保障"的原则,引导农户以土地承包经营权入股。合作社按照民主原则对土地统一管理,不再由农民分散经营。合作社挂靠龙头企业进行生产经营。合作社实行按土地保底收益和按收益分红的方式,年度分配时,首先支付社员土地保底收益每股(亩)定额,留足公积公益金、风险金,然后再按股进行二次分红。

(二)农村土地规模经营

1. 以农业产业化龙头企业带动发展土地规模经营

在农村经济结构中,只有少数企业处于市场前沿,他们掌握着较多的市场信息并且擅长经营。争先效仿的小农户出现"难卖"的情况,致使小农户在激烈的竞争中处于下风,甚至被淘汰。为了避免这种情况的发生,农村经济结构的调整必须考虑合理地将现有的资源优化配置,进行整合,形成规模经营、共同发展。这个时候就可由农业产业化龙头企业直接实行土地规模经营,带动农户发展土地规模经营,现实地解决小生产与大市场的矛盾。

2. 以农村土地股份合作社为主的经营模式

农民专业合作社是目前中国农业发展的主流经济组织,以农村土地股份合作社为主的经营模式是发展土地规模经营的有效形式。其以土地承包经营权或资金入股,组建阶段的技术人员和务工人员可用工资入股,农民既可以获得务工收入,又可以按股分红。

第二章　农村经济组织管理

第一节　农村经济组织概述

一、农村经济组织的概念

（一）家庭农场的概念

家庭农场，一个起源于欧美的舶来名词，在中国，它类似于种养大户的升级版。其通常定义为：以家庭成员为主要劳动力，从事农业规模化、集约化、商品化生产经营，并以农业收入为家庭主要收入来源的新型农业经营主体。

（二）农民专业合作社的概念

农民专业合作社是以农村家庭承包经营为基础，通过提供农产品的销售、加工、运输、贮藏以及与农业生产经营有关的技术、信息等服务来实现成员互助目的的组织，从成立开始就具有经济互助性，拥有一定组织架构，成员享有一定权利，同时负有一定责任。

（三）农业企业的概念

农业企业是指使用一定的劳动资料，独立经营、自负盈亏，从事商品型农业生产以及与农产品直接相关活动的经济组织。

（四）农业科技园区的概念

所谓农业科技园区，就是以调整农业生产结构、增加农民收入、展示现代农业科技为主要目标，在农业科技力量较雄厚、具有一定产业优势、经济相对较发达的城郊和农村划出一定区域，以农业科研、教育和技术推广单位作为技术依托，由政府、集体经济组织、民营企业、农户、外商投资，对农业新产品和新技术集中开发，形成集农业、林业、水利、农机、工程等高新技术设施，国内外优良品种和高新技术于一体的农业高新技术开发基地、中试基地和生产基地。

二、农村经济组织的类型

（一）家庭农场的类型

1. 从生产的内容划分

从生产的内容划分，家庭农场可以分为：

(1)专业家庭农场；
(2)兼营家庭农场；
(3)综合家庭农场。

所谓专业家庭农场是指专门从事某类动、植物以及其他副业生产的农场。专业家庭农场从其产品的性质看，还可以分为家庭种植场、家庭渔场、家庭畜牧场、家庭林场以及家庭小工厂、小作坊等。兼营家庭农场是指以一业为主，兼营其他一些生产项目的农场。综合家庭农场是指农林牧渔以及工副业混合经营的农场。据统计分析，各类家庭农场在各场所所占的比重不等，一般来说，前两类占家庭农场数量的80%～90%。

2. 从经营的形式划分

从经营的形式划分，家庭农场可以分为：

(1)以家庭为单位承包，并以家庭成员的劳动力进行生产和经营的家庭农场，这类农场约占67%。

(2)联户家庭农场。联户家庭农场一般是以血缘关系的父子、兄弟、妯娌等组合的居多，有些则是由好友组合的。

(3)挂户家庭农场。所谓挂户家庭农场是以家庭为主，其他单身职工自愿参加所办的农场。

(4)以家庭为单位，请帮工生产的家庭农场。这类农场所占的比例较小。

3. 从经营的性质划分

从经营的性质划分，家庭农场可分为两大类：一类是生产性的家庭农场，包括农林牧副渔业生产；另一类是服务性的家庭农场，包括产前、产中和产后各种以服务性为主的农场以及家庭托儿所、家庭食堂等。目前，在这两类家庭农场中，前者占95%以上。

(二)农民专业合作社的类型

1. 按照领办主体分

(1)乡村精英领导型。

这种类型的农村专业合作组织一般由多年从事生产、运销、技术推广和村镇管理的乡村专业大户、经纪人、技术员和村干部等精英牵头，联合从事同种专业生产的农民自发创立。这些乡村精英多数在技术上有专长，善经营、会管理，有丰富的种养经验或营销经验，并有一定的社会资源和社会影响。其具体有：专业大户引领型、技术能手领办型、运销大户或经纪人领办型、乡村干部带动型。

(2)龙头企业带动型。

一般采取"企业＋专业合作社＋农户"的生产经营模式，由农户负责农业生产，专业合作社侧重联系和服务，公司侧重产品营销和加工。农村专业合作社与龙头企业之间通过合同关系或股份合作关系保持稳定的业务联系和利益联结。

在农业产业化经营过程中,由于加工流通企业的拉动效应,常被相关的研究者和政策制定者称为"产加销""农工贸"一体化经营的"龙头"。高度发达的现代加工流通企业,特别是具有规模化生产和销售市场的食品加工企业,亟须建立质量稳定的原材料批量供应基地和组织,这就为龙头企业主动引导农户创建专业合作社提供了动力。

(3)集体经济依托或改制型。

集体经济依托或改制型由乡村集体经济改制形成。依托村或乡镇、社区组织优势,以社区组织的人力、物力为后盾,吸收本村及周围农村从事同一专业生产的农民建立合作社,发展专业化生产,实行社会化服务和企业化管理。这种类型具有一定的区域性,多是村集体延伸兴办服务组织,各村经联社干部指导农民生产,组织集中销售,使农民增收。如乡镇供销合作社转制形成"支部+协会"型。

(4)政府部门引导型。

政府部门引导型的农村专业合作社通常是指政府相关部门为了贯彻农业发展战略,利用政府行为号召农民联合起来,并具体指导和帮助农民组建形成具有合作性质的农村经济组织的一种模式。这类专业合作组织的组织体系都是在政府主导推动下形成的,或多或少地带有官办的色彩。

2.按照生产、再生产环节分

(1)生产合作社。从事种植、采集、养殖、渔猎、牧养、加工、建筑等生产活动的各类合作社,如农业生产合作社、手工业生产合作社、建筑合作社等。

(2)流通合作社。从事推销、购买、运输等流通领域服务业务的合作社,如供销合作社、运输合作社、消费合作社、购买合作社等。

(3)信用合作社。接受社员存款,贷款给社员的合作社,如农村信用合作社、城市信用合作社等。

(4)服务合作社。通过各种劳务、服务等方式,提供给社员生产生活一定便利条件的合作社,如租赁合作社、劳务合作社、医疗合作社、保险合作社等。

3.按照专业范围分

按照专业范围分,农民专业合作社可分为:

(1)种植合作社。

(2)养殖合作社。

(3)加工合作社。

(三)农业企业的类型

根据不同的分类标准可以把农业企业做多角度的分类,一般可做如下划分:

(1)按照农业生产经营的范围划分,农业企业可以分为种植业生产企业(如粮食生产、棉花生产和油料生产等)、林业企业、畜牧业企业和渔业企业等。

(2)根据要素集约化差别和程度划分,农业企业可以分为劳动密集型农业企业、资金密集型农业企业和技术密集型农业企业等。通常情况下,农业生产环节的企业多半是劳动密集型企业。

(3)按照在农业产业链中经营的内容和重点划分,农业企业可以分为农业生产资料供应或技术服务企业、农业生产企业、农产品加工企业与销售服务企业等。有些企业涉及的经营领域覆盖了农业产业循环过程中的两个以上环节,可以叫作涉农公司。组织化程度较高的可以叫作农工商一体化企业。

(4)根据农业企业的融资渠道划分,农业企业可以划分为独资企业、合资企业和股份制企业。

随着我国经济体制改革的深化和农业产业化经营的推进,农业企业的具体形式将呈现多样化、高级化的发展趋势,在此不一一赘述。

(四)农业科技园区的类型

综观我国各地兴办的各类现代农业科技园区,从项目、经营方式、生态类型和科技示范目的等角度可以划分为以下类型。

1. 按国家和地方项目划分

按国家和地方项目划分,农业科技园区可分为:

(1)国家级农业高新技术开发区。

(2)工厂化高效农业示范区。

(3)持续高效农业示范区。

(4)现代农业示范区。

(5)国家农业综合开发高新科技示范区。

(6)省、市级农业科技园区。

2. 按经营主体划分

(1)政府兴办型。

通常以社会效益、生态效益为主的生态保护园区或关系国计民生的重要农业科技园区均采用政府兴办型。这类园区一般是由中央和地方政府及有关职能部门直接投资建设和管理,通常以农业科技示范项目的形式安排,政府负责园区建设主要资金的筹措,出资额一般在50%以上。如国家农业综合开发办设立的高新科技示范项目,投资的构成是中央财政600万元、地方财政600万元、银行贷款600万元、企业自筹300万元,其比例为1∶1∶1∶0.5。

(2)教学科研院所与地方政府联营型。

这类园区的特点是以实验基地为基础,由科研教学单位和地方合作投资兴建,共同开发农业高新技术成果。科研教学单位把取得的农业高新技术成果直接转化后植入地方的生产过程,形成科学技术与生产过程的有机结合,使农业高新技术成果迅速转化为生产力。在教学科研院所与地方政府联营型中,虽然研究和生产分属两个独立行为主体,但由于存在共同的经济利益,即对项目的开发研究和成果应用的共同投资,风险共同承担,利益共同分享,从而保证了农业科技园建设和生产过程的正常运行。

(3)民间兴办型。

这类园区主要是由集体经济组织、企业、外商、个人等投资兴办的,多以股份制公司的形式进行经营管理。民营科技园区作为市场经济孕育出的科技与经济综合体,正以灵活的运行机制展现出顽强的生命力。

(4)民办官助型。

这类园区的基本特征是由集体经济组织、企业、农户等作为投资主体,政府及其职能部门提供部分资金和信息,帮助协调关系,保证优惠的政策环境,促使园区健康发展。政府下属的事业单位也可以技术、资金入股的形式合资联办,参与管理。

3. 按生态类型划分

(1)城郊型农业科技园。

这类园区一般建在大中城市市郊,因靠近大中城市,既可为城市居民提供高品质、无污染、无公害、科技含量高的鲜活的农产品,同时还起到改善城市生态、居民生活环境,为城市居民提供休闲旅游的场所,为中小学生提供绿色教育服务,满足城市人民物质和精神需要的作用,如北京的锦绣大地现代农业科技园区等。

(2)平川粮棉生产型科技园。

这是一种建于平原粮棉产区,以粮棉生产为主,推广优质高产的农作物新品种,综合运用先进的栽培管理、平衡施肥、节水灌溉等新技术,通过种养加工相结合,促进养殖业、加工业的综合利用,使农产品转化增值的现代农业科技示范园区。

(3)丘岗山地生态型农业科技园区。

这是建在经济、科技较发达的山区或丘陵地区,以园艺、林果等为主,多种经营并存,为开发山区做示范的农业科技园区。丘岗山地生态型农业科技园区有以下几种:①立体农业示范园区。立体农业示范园区主要是指在一个区域内,根据不同的海拔高度和气候条件进行山地、丘陵、滩涂、河谷的垂直梯度开发。在坡度较大、海拔较高的山地发展用材林;在坡度较小、海拔较低的丘陵区发展林果业;在滩涂、河谷发展粮食、蔬菜等。②庭院经济开发示范园区。现代庭院经济主要以农户庭院为依托,包括庭院周围的荒山、荒地、荒水。③名、特、优产品开发示范园区。丘岗山区一般具有独特的气候和土壤条件,有利于发展某些名、特、优农产品。

(4)治理生态和保护环境的科技园区。

这是一种以保护生态环境、治理土地沙化和草原退化为主要示范内容的科技园区。如福建南平等 6 个地区林业科技园区就属此种类型。

4. 按示范内容划分

(1)设施园艺型。

这类园区是一种以玻璃温室、节能日光温室和塑料大棚等现代化农业设施为基础,采用现代工程技术手段和工业化生产方式,为植物生产提供适宜环境,使其在适宜的生存空间内得到较高的产出、优良的品质和良好的经济效益的园区。

(2)节水农业型。

这类园区一般建在缺水干旱地区,以改善地面灌溉条件、提高水资源利用率为目标,采用喷灌、滴灌等高新节水技术,把节水灌溉技术与农业节水措施结合在一起,形成综合的农业节水技术体系。

(3)生态农业型。

这类园区以资源可持续利用和农业生态良性循环作为主要示范内容,注重把传统农业精华和现代科技相结合,采用系统工程的手段发挥系统整合功能,通过物质循环、能量多层次综合利用和系统化深加工实现经济增值,实现废物、弃物的资源化利用,改善农村生态环境,提高植被覆盖率,减少水土流失和污染,提高农产品安全性。

(4)农业综合开发型。

这类园区在农业综合开发土地治理项目的基础上,引进一批新品种和先进的集约化种养技术,发展一批以农副产品加工为主的龙头企业,建立连片的农副产品加工基地,促进农产品深度开发的多层次加工增值,培育新的农业经济增长点,带动种养产业升级。

(5)"三高"农业型。

这类园区主要以先进农业技术为先导,以发展"高产、高质、高效"农业技术示范为主要目的。这是一种通过引进和推广优质的动植物品种,进行作物高产栽培技术和良种动物养殖的示范和推广,以提高粮、棉、油、肉、奶等的产出,获得高质量农产品的现代农业生产经营模式。大部分平川型和丘岗山地农业科技园都属于这种类型。

(6)"外向创汇"型。

这类园区是一种以发展外汇型农业为主要出发点,以出口创汇、开拓国外市场为目的而建设的现代农业科技园区。有的以高新技术嫁接和改造传统农业,开发传统名优农产品出口;有的以引进国外优良品种和育种技术,采用"两头洋,中间土"的模式,带动农户进行产加销一体化。

以上各种类型的农业科技园区是相互交叉、相互渗透的,有些农业科技园区很难独立划分,属于几种类型的结合。以上分类只是为研究分析农业科技园区提供参考。

三、农村经济组织的特征

(一)家庭农场的特征

家庭经营仍然是我国农业最主要、最合适的经营形式,这种小规模土地家庭经营格局是由我国人多地少的基本国情决定的。

1. 家庭经营

家庭农场是在家庭承包经营的基础上发展起来的,它保留了家庭承包经营的传统优势,同时又吸纳了现代农业要素。经营单位的主体仍然是家庭,家庭农场主仍是所有者、劳动者和经营者的统一体。因此,可以说家庭农场是完善家庭承包经营的有效途径,是对家庭承包经营制度的发展和完善。

2. 适度规模

家庭农场是一种适应土地流转与适度规模经营的组织形式,是对土地流转制度的创新。家庭农场必须达到一定的规模,才能够融合现代农业生产要素,具备产业化经营的特征。同时,由于家庭仍旧是经营主体,受资源动员能力、经营管理能力和风险防范能力的限制,使得经营规模必须处在可控的范围内,不能太少也不能太多,表现出适度规模性。

3. 市场化经营

为了增加收益和规避风险,农户的一个突出特征就是同时从事市场性和非市场性农业生产活动。市场化程度的不统一与不均衡正是农户的突出特点。家庭农场是通过提高市场化程度和商品化水平,以盈利为根本目的的经济组织。

4. 企业化管理

根据家庭农场的定义,家庭农场是经过登记注册的法人组织。农场主首先是经营管理者,其次才是生产劳动者。从企业成长理论来看,家庭农户与家庭农场的区别在于,农场主是否具有协调与管理资源的能力。因此,家庭农场的基本特征之一,就是以现代企业标准化管理方式从事农业生产经营。

(二)农民专业合作社的特征

(1)在组织构成上,合作社以农民作为经济主体,主要由进行同类农产品生产、销售等环节的公民、企业、事业单位联合而成,农民至少占成员总人数的80%,从而构建了新的组织形式;

(2)在所有制结构上,合作社在不改变家庭承包经营的基础上,实现了劳动和资本的联合,从而形成了新的所有制结构;

(3)在收益分配上,合作社对内部成员不以营利为目的,将利润返还给成员,从而形成了新的收益分配制度;

(4)在管理机制上,合作社实行入社自愿、退社自由、民主选举、民主决策等原则,构建了新的经营管理体制。

(三)农业企业的特征

农业企业除了具有一般企业共有的属性之外,还具有以下特征。

(1)农业企业的经营对象是农作物和农产品。这是农业企业区别于其他工商企业最显著的特点。农产品生产涉及多种自然因素和经济因素,有些因素可以控制,有些因素则无法控制。农产品具有生产资料和消费资料的双重性。

(2)农业企业的经济效益带有很大的不确定性。由于农业生产过程周期长,受客观因素尤其是自然条件的影响较大,不可控因素较多,加之市场风险的影响,使农业经营风险较大,投入和产出的因果关联常受偶然因素的影响,经营结果难以确定,经济效益常有波动。

(3)农业企业作为农业生产的基本单位,其组织形式灵活多样,规模可大可小,可以是一个家庭、几个家庭的联合或公司等;可以是法人企业,也可以是非法人企业(如业主制企业和合伙制企业)。但这并不意味着对农业企业规模没有要求,在经营规模狭小时,农业经营便会丧失规模经济效应,因此农业企业也必须讲求适度规模经营。

(4)由产业的特性所决定,农业生产受自然因素制约而周期较长,农业生产决策以及产品结构调整对市场需求变动的反应相对迟滞,决定农业企业经营成败的因素错综复杂,加大了农业企业经营决策的难度。

(5)农业生产经营活动的分散性给企业的生产组织、劳动管理和供销管理等经济活动带来复杂性,同时农业生产条件较差,工作环境较艰苦。

(四)农业科技园区的特征

所谓农业科技园区,就是以调整农业生产结构、增加农民收入、展示现代农业科技为主要目标,在农业科技力量较雄厚、具有一定产业优势、经济相对较发达的城郊和农村划出一定区域,以农业科研、教育和技术推广单位作为技术依托,由政府、集体经济组织、民营企业、农户、外商投资,对农业新产品和新技术集中开发,形成集农业、林业、水利、农机、工程等高新技术设施、国内外优良品种和高新技术于一体的农业高新技术开发基地、中试基地和生产基地。

1. 设施新

与传统农业技术推广和示范基地不同,农业科技园区采用大量现代农业设施进行生产。这些设施包括工厂化设施(温室、节能日光温室、钢架大棚)和节水农业设施(喷灌、滴灌),其生产功能齐全,能对特定的生产场地进行部分和全部调控,减少自然灾害的影响,为动植物生产提供适宜的生产环境。如辽宁、山东、河北等省将日光温室保护设施用于草莓、西瓜、花卉、果树、食用菌等的反季节生产,获得了显著的经济效益。

2.品种新

大部分农业科技园区以引进动植物的优良品种作为农业科技示范的主要内容。园区种植的蔬菜是名特优稀品种,如樱桃、番茄、西葫芦、莴苣、红叶生菜、日本鱼翅瓜等新优蔬菜品种,种植的水果是美国红提、东亚葡萄、金花梨、日本甜柿、网纹甜瓜等外来品种,养殖的是瘦肉型猪、樱桃谷鸭、罗斯鸡等。这些品种品质优良、抗病性强,具有较高的经济价值和市场效益。

3.技术新

采用高新技术改造传统农业,对传统农业技术进行嫁接和组装,已成为许多农业科技园区的主要示范内容。目前用于园区的农业高新技术主要有无土栽培、组培快繁、温室调控、工厂化育苗、节水灌溉、生物防治、胚胎移植、无公害蔬菜生产、农产品精加工等多种技术。如山东烟台市针对水资源短缺,从以色列、美国、奥地利、法国引进先进的节水灌溉技术,在农业科技园区示范后,普遍推广到全市,取得了年节水4亿立方米,直接经济效益3亿多元的好成绩,成为全国第一个国家级节水农业示范市。

4.机制新

农业科技园区经营运作采用新的运行机制,在原有家庭承包制的基础上,打破传统的小农经营模式,进行机制创新,把现代农业企业管理机制引入农业科技园区的建设和经营。目前,园区经营运作方式可分为三种。第一种是双层经营式,即集体经济组织负责投资建成园区的基础设施后,由农户自愿承包、自主经营、自负盈亏;第二种是农业公司式,即由投资业主直接与村组、农户打交道,签订土地租赁合同,将土地使用权租赁过来,实行独资开发、个人经营;第三种是政企经营式,其特点是由政府及有关职能部门直接投资建设,建成后在园区建立管委会,招商引资进园开发经营。

第二节 农村经济组织经营管理

一、计划的编制

(一)计划职能及其类型

1.计划职能的含义

计划通常被称为管理的首要职能。广义的计划职能是指管理者制订计划、执行计划和检查计划执行情况的过程;狭义的计划职能是指管理者事先对未来应采取的行动所做的谋划和安排。从名词意义来看,计划职能指用文字、指标等形式所表述的,组织及不同部门、成员在未来一定时期内关于行动方向、内容、方式安排的管理文件。从动词意义看,计划职能指为实现目标,预先进行的行动安排,可用"计划工作"表示,包括"5W1H",即 What(内容)、Why(目标与宗旨)、When(时间和进度)、Where(地点与条件)、Who(人员与部门)、How(方式与方法)。

计划是各级管理人员应具备的一个共同职能。组织中的管理者,由于所处的位置和拥有的职权不同,所从事的计划活动会有不同的特点和范围。但是无论管理者职位高低,或多或少都要进行计划活动。一般来说,高层管理者主要致力于战略性计划,而中层或基层管理者主要致力于战术性或执行性的计划。

2. 计划职能的重要性

早在泰勒推行他的科学管理运动时期,许多管理者就已认识到计划在管理实践中具有重要的作用。特别是近十几年来,生产技术日新月异,分工与协作的程度空前提高,每一个社会组织的活动不但受到内部环境的影响,还要受到外来多方面因素的制约,为求得本组织的生存和发展,计划就成为组织经营管理中不可缺少的一个环节,具体地说,其作用可以归纳为以下几条。

(1) 计划是管理者指挥的依据。

管理者在计划制订之后并没有结束工作,他们还要根据计划进行指挥。他们要分派任务,要根据任务确定下级的权利和责任,要促使组织中的全体人员的活动方向趋于一致而形成一种复合的、巨大的组织化行为,以保证达到计划所设定的目标。管理者正是基于计划来进行有效指挥的。

(2) 计划是应对变化、降低风险的手段。

当今世界处于变化的时代,社会变革、技术革新、人的价值观念等都在不断变化。计划是预期这种变化并设法消除变化对组织造成不良影响的一种有效手段,缺少了计划,就可能导致组织的失败。计划是针对未来的,这就使计划制订者不得不对将来的变化进行预测,根据过去和现在的信息来推测将来可能出现哪些变化,这些变化将对达成组织目标产生何种影响,在变化确实发生的时候应该采取什么对策,并制定出一系列备选方案,一旦出现变化,就可以及时采取措施,这样,通过计划工作可以把未来的风险降到最低程度。

(3) 计划有利于在明确的目标下统一员工思想行动。

计划使组织聚焦于目标,有利于使各部门的努力协调一致,有利于推动组织中全体成员形成合力,"上下同欲"指向整体目标。反之,组织中各部门及成员的努力将会导致各自为政、相互损耗,难以顺利实现预定的目标。

(4) 计划有利于合理配置资源。

计划活动旨在以目标明确的共同努力来替代互不协作的分散活动,以均匀一致的工作流程代替缺乏协调的随意行动,预先对此进行研究能够消除不必要的活动带来的浪费,能够避免由于缺乏依据而进行草率判断所造成的损失。通过分析现有资源的使用,使各部门都能明确整个组织的现状,充分提高资源的使用效率,从而使得组织活动经济合理。

(5)计划是管理者进行控制的标准。

控制就是为了使事情按计划进行。管理者如果没有既定的目标和计划作为衡量尺度,就无法了解工作的进展情况,也就无法考核下级任务完成的好坏。因此,计划是控制的基础,控制的所有标准几乎都源于计划。没有计划,控制工作也就不存在。

3. 计划的类型

由于人类活动具有复杂性和多元性,计划的种类也变得复杂多样。根据各种原则划分计划的种类,主要是为了研究分析的方便,任何一种计划都可能具有其他分类原则下某种计划类型的特征。

(1)长期、中期和短期计划。

按计划期的长短可以划分为长期、中期和短期计划。一般来说,把1年或1年以下的计划称为短期计划;1~5年的计划称为中期计划;而5年以上的计划称为长期计划。但这种划分不是绝对的,在讨论各期计划时还是应从它们本身的性质来说明。

(2)战略、管理和作业计划。

战略计划是由高层管理者制定的,它的作用是决定或变动组织的基本目的及基本政策,具有长期性、涉及面广、弹性大的特点。管理计划是由中层管理者制订的,它将战略计划中具有广泛性的目标和政策,转变为确定的目标和政策,并且规定了达到各种目标的确切时间。战略计划是以问题为中心的,而管理计划是以时间为中心的。作业计划是由基层管理者制订的,是根据管理计划确定计划期间的预算、利润、产销量及其他更为具体的目标,确定工作流程,划分合理的工作单位,分派任务和资源,以及确定权力和责任。

(3)综合、局部和项目计划。

综合计划一般指具有多个目标和多方面内容的计划。习惯上,人们把预算年度的计划称为综合计划,农村经济组织中包括生产计划、销售计划、劳动工资计划、成本计划、物资供应计划等在内的年度生产经营计划就是综合计划,它们都有各自的内容,但又互相联系、影响和制约,形成一个有机的整体。局部计划是在综合计划的基础上制订的,是限于指定范围的计划,包括各种职能部门制订的职能计划,还包括执行计划的部门制订的部门计划。局部计划内容专一性强,但相互制约,如销售计划直接影响生产计划和财务计划等。项目计划是针对组织的特定课题做出决策的计划,是与组织结构的变革相关的。

(4)政策、程序、方法。

政策是组织为达到目标而制订的一种限定活动范围的计划。它规定了组织成员行动的方向和界限,具有稳定性、广泛性等特征。程序也是一种应用广泛的计划,它是根据时间顺序而确定的一系列相互关联的活动,是组织成员直接采取行动的指导方针。方法一般指完成程序中某一阶段工作的手段,它详细地说明了完成任务的各种注意事项,最容易理解,与实际工作人员有最密切的关系。正确的工作方法是在现有条件下提高工作效率的最有效的手段之一。

(5)指令性和指导性计划。

指令性计划是由上级主管部门下达的具有行政约束力的计划,一经下达,各级计划执行单位必须遵照执行,而且要尽一切努力加以完成。指导性计划是由上级主管部门下达的具有参考作用的计划,这种计划下达之后,执行单位不一定完全遵照执行,可考虑自己的实际情况来决定。这是一种间接的计划方法,多采用价格、税收、信贷等经济杠杆进行调节。

(二)计划的编制过程

虽然各类组织编制的计划内容差别很大,但科学地编制计划所遵循的程序却具有普遍性。

1. 分析环境,估量机会

留意外界环境中和组织内的机会是编制计划的真正起点。SWOT 分析是对组织内外部环境条件各方面内容进行综合和概括,进而分析组织的优势(Strengths)和劣势(Weaknesses)、面对的机会(Opportunities)和威胁(Threats)的一种方法。组织经营环境分析应包括外部经营环境分析和内部经营环境分析两大部分。

(1)外部经营环境分析。

外部经营环境分析主要包括一般环境分析和任务环境分析。一般环境分析又简称 PEST 分析,即政治与法律因素(Politics)、经济因素(Economy)、社会文化因素(Society)以及技术因素(Technology)分析。任务环境是组织开展经营活动所直接面临的环境,主要是指产业环境。与一般环境相比,产业环境对组织经营的影响更具有针对性,作用也更直接。产业环境包括行业竞争结构和行业内战略群体等行业环境因素,表现为产品市场、顾客、竞争者、供应商、金融机构与融资渠道、相关法律与法规、政府主管部门等。所谓行业,是指向某一顾客群体提供同一种产品或相互替代的一类产品的经济活动类别。行业环境分析的目的是通过了解行业基本竞争情况及潜在的发展机会。一方面帮助行业内企业建立行业观念,在明确行业现状和可能走势的基础上确定本组织的发展战略;另一方面,帮助准备进入该行业的组织做出正确的投资决策,尽量避免投资失误和资源浪费。

五力模型是最为著名的分析方法之一,它通过对五种竞争力的研究分析,认为一个行业的竞争状态取决于五种基本的竞争力量。

①现有企业间的竞争。同行竞争的激烈程度是由竞争各方的布局结构和所属行业的发展水平决定的。竞争各方的情况包括自己的成本、差异化程度、市场容量和市场增长速率、退出壁垒高低等。这些因素相互作用,共同决定着竞争的激烈程度。

②潜在竞争者的进入。任何一个行业只要有可观利润,就必然会吸引对这一行业的投资。投资必然带来本行业的产量增加,价格回落,利润率下降,并冲击原有的市场份额。

③潜在替代品的开发。替代品指的是那些与现有产品具有相同功能的产品,它影响着行业的总需求弹性。如果替代品更具优势,并且买方的转移壁垒很低,那么这种替代品就会对现有产品构成巨大威胁。

④供应商议价力量。一般而言,供应商的价格谈判能力与其所处行业集中度、产品的替代性、产品成本的重要性、进行前向一体化的能力等因素有关。

⑤购买者议价力量。作为生产性的顾客,本组织的产品即是原材料,而顾客的利润与原材料的采购价格有密切关系,如果顾客能够以较低价格采购,在其他条件不变的情况下,其利润率就会上升。

外部经营环境分析的关键是在分析的基础上发现并抓住机会,同时及早发现并规避威胁。

(2)内部经营环境分析。

内部经营环境分析主要是分析组织的资源和能力,包括分析经营的各种营运范畴、组织制度与组织结构、组织的文化因素。在分析的基础上,找出组织的竞争优势与隐忧。内部经营环境分析的主要方法是价值链分析,价值链分析是建立在组织的经营宗旨是为顾客创造价值的理念基础上的。价值链也称增值链,是指企业创造价值的一系列经营活动所组成的链条。其主要包括两类:①基本活动——采购、生产、储运、营销、服务等功能或活动;②支持性活动——技术开发、人力资源管理、财务等功能或活动。价值链分析是对企业上述各种经营活动领域与环节进行深入分析,一方面可对每一项价值活动进行分析,另一方面可对各项价值活动之间的联系进行分析。企业通过分析找出优势与隐忧,以提高价值的创造能力。

2.确定目标

对形势和机会进行正确估量之后,就要具体确定组织未来行动的目标,包括总体目标的设定、目标的分解、目标结构和重点的分析、具体目标值的确定等,以及将要进行的工作及其重点,告诉员工要完成的任务是什么。可见,在计划管理过程中,一方面要将目标转化为手段,另一方面还要把广泛的目标细分为更具体的目标。可以说,确定目标贯穿整个计划过程之中。

3.确立前提

确立前提是要确定整个计划活动所处的未来环境。计划是对未来条件的一种"情景模拟",其能在多大程度上贴近现实,取决于对它将来所处的环境和状态的预测,应该确定选择那些对计划工作具有关键性的、战略性的、有影响的预期环境因素。

4.拟订方案

每一项活动都有不同的解决方式和方法,编制一个计划,需要寻求和检查可供选择的行动方案,这需要集思广益,开阔思路,因为有些方案不是马上就能看清楚的。计划制订者的初步工作就是要考察大量可供选择的方案,减少可供选择方案的数量,排除希望小的方案,以便能集中精力和时间对希望最大的方案进行充分的分析论证。

5. 评价方案

评价方案时往往会发现几个可供选择的方案各有利弊,评价的尺度有两个:一是评价的标准;二是各个标准的相对重要性。应注意发现每个方案的制约因素和隐患,在将一个方案的预测结果和原有目标进行比较时,既要考虑许多有形的可以用数量表示的因素,也要考虑许多无形的不能用数量表示的因素,要用总体效益观点来衡量方案。

6. 选择方案

选择方案是采用计划的关键一步,也是制定决策的真正关键。做出正确的选择需要建立在前面几步的基础上。为了保持计划的灵活性,选择的结果往往可能是两个或更多的方案,并且决定首先采取哪个方案,并将其余的方案也进行细化和完善,作为后备方案。

7. 制订派生计划

选择方案后,就要制订派生计划。几乎所有的总计划都需要派生计划的支持和保证,完成派生计划是实施总计划的基础。只有派生计划完成了,基本计划的实现才有保证。

8. 编制预算

计划编制的最后一步就是要把计划转变为预算,使之数字化。预算是资源的分配计划,它一方面为汇总和综合平衡各类计划提供有力的工具,使计划的指标体系更加明确;另一方面也为衡量计划完成进度提供了重要标准,便于对计划的执行过程进行控制和约束。

(三)计划编制的方法

计划制订的效率高低和质量好坏在很大程度上取决于所采用的计划方法。由于现代组织要面对更加复杂的外部环境,组织规模也在不断扩大,所以各种现代计划方法应运而生。

1. 滚动计划法

由于环境的不断变化,在计划的执行过程中现实情况和预想的情况往往会有较大的出入,这就需要定期对计划做出必要的修正。滚动计划法是一种定期修正未来计划的方法,其基本做法为:在制订计划时,同时制订未来若干期的计划,但计划内容采用近细远粗的方法,即把近期的详尽计划和远期的粗略计划结合在一起。在近期计划完成后,根据计划执行情况、环境变化情况,对原计划进行修订和细化,以后根据同样的原则逐期向前滚动。滚动计划法加大了计划编制的工作量,但其优点是明显的,这种方法缩短了计划的预计时间,提高了计划的准确性,使短期计划和中期计划很好地结合在一起,使计划更富有弹性,实现了组织和环境的动态协调,它适合于任何类型的计划。

2. 网络计划技术

网络计划技术包括以网络为基础制订计划的各种方法,如关键路线法、计划评审技术和组合网络法等。网络计划技术将一项工作分解成多种作业,然后根据作业的先后顺序进行排列,通过网络的形式对整个工作进行统筹规划和控制,从而使用较小的资源,用最短的时间完成工作。

网络计划技术比较适合于包含上万项作业、需要众多单位配合的大型工作项目。它的优势体现在以下几个方面:首先,它能把整个工程的各项任务的时间顺序和相关关系清晰地表示出来,指出完成工程的关键环节和路线,使管理者在制订计划时既可统筹安排,又不失去重点;其次,它通过调动非关键路线上的人力、物力和财力,加强关键作业,对工程的时间进度与资源利用实现优化;再次,它可实现评定达到目标的可能性,指出实施中可能发生的困难点及其影响,减少计划完成的风险;最后,它便于组织和控制,特别是对于复杂的大项目,可分成许多子系统来进行控制。

3. 计量经济学方法

计量经济学运用现代数学和各种统计的方法来描述和分析各种经济关系。这种方法对于管理者调节经济活动,加强市场预测,以及合理地安排生产计划,改善经营管理等都具有很大的实用价值。严格地说,计量经济学就是把经济学中关于各种经济关系的学说作为假设,运用数理统计的方法,根据实际统计资料,对经济关系进行计量,然后把计量的结果和实际情况进行对照。用计量经济学方法解决实际问题,按照因素分析、建立模型、参数估计、实际应用四个步骤进行。

二、目标与目标管理

(一)目标

1. 目标及其作用

(1)目标的含义。

目标是组织在一定时期内通过努力争取达到的理想状态或期望获得的成果,它包括组织的目的、任务,具体的目标项目和指标,以及指标的时限。

(2)目标的性质。

目标具有功效性、层次性、时间性、多样性的特征。

①功效性。一旦组织目标确定,它就成为引导组织行为的重要的激励和方向。激励组织成员行为的因素绝不只有目标,但它是一个重要因素。目标之所以能够对组织和个人产生激励,是因为目标已成为组织或个人奋斗、努力的方向。因此,一个好的目标将对组织和个人产生行为引导和激励的重要功能,同时也明确了组织和个人的具体努力方向。

②层次性。为了使组织目标成为组织中每一个成员的行动指南,管理者往往需要将组织目标进行进一步分解,使不同层次和岗位的员工知道他们应当做什么,这样才能有助于组织总体目标的实现。因此,组织目标往往要按其重要性或涉及的范围大小进行层层分解,这样就形成一个有组织的目标体系。

③时间性。组织目标的时间性,一方面是指组织目标在未来一定时期内预期要达到的目的,如果失去了"未来一定时期"这一约束条件,目标就失去了存在的意义。所以,在确定目标时必须指明其时间区间。另一方面,在不同的时间里,组织目标是发展变化着的,管理者要根据环境的发展和组织内部条件的变化及时地制定新的组织目标。

④多样性。综合来看,组织目标是一个总目标,所谓目标的多样性是指总目标的不同侧面的反映,或者总目标可以用不同的指标来全面地反映。目标的多样性实际上使得总目标可以在许多方面具体化。但是目标的多样性相互之间不能有矛盾,否则总目标就变得不可理解。

(3) 目标的作用。

明确的目标能够为管理工作指明方向,对组织的成员起到激励作用,能够促使组织的成员及部门凝聚成一个有机的整体,也是考核各级管理者和员工绩效的客观标准。

①为管理工作指明方向。管理是为了达到共同目标而协调集体努力的过程,如果不是为了达到一定的目标,就无须管理,明确的目标为管理指明了方向。

②激励作用。目标是激励组织成员的力量源泉。一方面,个人只有明确了目标,才能调动其潜能,创造佳绩;另一方面,个人只有在达到目标后,才会产生成就感和满意感。

③凝聚作用。共同的目标对于组织的成员具有一种凝聚力,特别是当组织目标充分体现了组织成员的共同利益,并能够与组织成员的个人目标和谐一致时。

2. 制定目标的原则

目标应当是具体的(Specific)、可衡量的(Measurable)、可达到的(Attainable)、相关的(Relevant)且有时限的(Time-based),这通常称为目标的 SMART 原则。所谓具体的,就是要用具体的语言清楚地说明要达成的行为标准,目标是具体的不是抽象的。可衡量的是指目标需要量化,而不是模糊的。应该有一组明确的数据,作为衡量是否达成目标的依据,如果制定的目标没有办法衡量,就无法判断这个目标是否能实现。可达到的是指目标是通过努力可以实现的。目标设置时要坚持员工参与、上下左右沟通,使拟定的工作目标在组织及个人之间达成一致,既要使工作内容饱满,也要可实现,可以制定出"跳起来摘桃"的目标。相关的是指实现此目标与其他目标的关联情况。如果实现了这个目标,但与其他的目标完全不相关,或者相关度很低,那这个目标即使达到了,意义也不是很大。有时限的是指实现目标是有时间限制的。目标设置要具有时间限制,根据工作任务的权重、事情的轻重缓急,拟定出完成目标项目的时间要求,定期检查项目的完成进度,及时掌握项目进展的变化情况,以方便对下属进行及时的工作指导,以及根据工作计划的异常变化及时地调整工作计划。

(二) 目标管理

1. 目标管理的含义与由来

目标管理(Management By Objectives,MBO)是 20 世纪 50 年代发源于美国的一种综

合的管理方法。它是一种程序和过程,要求组织中上下级一起商定共同目标,并由此决定上下级的责任和分目标,并把这些组织目标作为经营评估和奖励每个单位与个人贡献的标准。美国管理大师彼得·德鲁克(Peter Drucker)在其名著《管理实践》中最先提出"目标管理"一词,其被称为"管理中的管理"。德鲁克认为,并不是有了工作才有目标,而是相反,有了目标才能确定每个人的工作。所以"企业的使命和任务必须转化为目标",如果一个领域没有目标,这个领域的工作必然被忽视。因此管理者应该通过目标对下级进行管理,当组织最高层管理者确定了组织目标后,必须对其进行有效分解,转变成各个部门以及个人的分目标,管理者根据分目标的完成情况对下级进行考核、评价和奖惩。

目标管理提出以后,便在美国迅速流传。时值第二次世界大战后西方经济由恢复转向迅速发展的时期,企业急需采用新的方法调动员工积极性以提高竞争能力,目标管理的出现可谓应运而生,遂被广泛应用,并很快为日本及西欧国家的企业所仿效。目标管理于20世纪80年代传入我国,受到了我国政府、企业界和社会组织的广泛关注。

2. 目标管理的实质

目标管理认为在目标明确的条件下,人们能够对自己负责。从具体方法上看是泰勒科学管理的进一步发展,它与传统管理方式相比有鲜明的特点,可概括为以下几点。

(1)重视人的因素。

目标管理是一种参与的、民主的、自我控制的管理制度,也是一种把个人需求与组织目标结合起来的管理制度。在这一制度下,上级与下级的关系是平等、尊重、依赖、支持的,下级在承诺目标和被授权之后是自觉、自主和自治的。

(2)建立目标锁链与目标体系。

目标管理通过专门设计的过程,将组织整体目标逐级分解,转换为各单位、各员工的分目标。从组织目标到经营单位目标,再到部门目标,最后到个人目标。在目标分解过程中,权、责、利已经明确,而且相互对称。这些目标方向一致,环环相扣,相互配合,形成协调统一的目标体系。只有每个人完成了自己的分目标,整个组织的总目标才有完成的希望。

(3)重视成果。

目标管理以制定目标为起点,以目标完成情况的考核为终结。工作成果是评定目标完成程度的标准,也是人事考核和奖评的依据,成为评价管理工作绩效的唯一标志,至于完成目标的具体过程、途径和方法,上级并不过多干预。所以,在目标管理制度下,监督的成分很少,而控制目标实现的能力却很强。

3. 目标管理的程序

目标管理的具体做法分三个阶段;第一阶段为目标的设置;第二阶段为实现目标过程的管理;第三阶段为总结和评估。

(1)目标的设置。

这是目标管理最重要的阶段,可以细分为以下四个步骤。

①高层管理预定目标。首先,这是一个暂时的、可以改变的目标预案,既可以由上级提出,再同下级讨论;也可以由下级提出,上级批准。无论哪种方式,必须由上下级共同商量决定。其次,领导必须根据组织的使命和长远战略,估计客观环境带来的机会和挑战,对该组织的优劣有清醒的认识,对组织应该和能够完成的目标做到心中有数。

②重新审议组织结构和职责分工。目标管理要求每一个分目标都有确定的责任主体。因此预定目标之后,需要重新审查现有的组织结构,根据新的目标分解要求进行调整,明确目标责任者和协调关系。

③确立下级的目标。首先下级明确组织的规划和目标,然后商定下级的分目标。在讨论中,上级要尊重下级,平等待人,耐心倾听下级意见,帮助下级发展一致性和支持性目标。分目标要具体量化,便于考核;分清轻重缓急,以免顾此失彼;既要有挑战性,又要有实现的可能。每个员工和部门的分目标要和其他的分目标协调一致,以支持本单位和组织目标的实现。

④上级和下级就实现各项目标所需的条件以及实现目标后的奖惩事宜达成协议。分目标制定后,要授予下级相应的资源配置的权力,实现权责利的统一。由下级写成书面协议,编制目标记录卡片,组织汇总所有资料后,绘制出目标图。

(2)实现目标过程的管理。

目标管理重视结果,强调自主、自治和自觉,但这并不等于领导可以放手不管,相反由于形成了目标体系,一环失误,就会牵动全局。因此领导在目标实施过程中的管理是不可缺少的。首先要进行定期检查,利用双方经常接触的机会和信息反馈渠道自然地进行;其次要向下级通报进度,便于互相协调;其次要帮助下级解决工作中出现的困难问题,当出现意外、不可测事件严重影响组织目标实现时,也可以通过一定的手续,修改原定的目标。

(3)总结和评估。

达到预定的期限后,下级首先进行自我评估,提交书面报告;然后上下级一起考核目标完成情况,决定奖惩;接着讨论下一阶段目标,开始新的循环。如果目标没有完成,应分析原因总结教训,切忌相互指责,以保持相互信任的气氛。

4.目标管理的分析

目标管理在全世界产生了很大的影响,但实施中也出现了许多问题。因此必须客观分析其优劣势,才能扬长避短,收到实效。

(1)目标管理的优点。

①目标管理对组织内易于度量和分解的目标会带来良好的绩效。对于那些在技术上具有可分性的工作,由于责任、任务明确采用目标管理常常会起到立竿见影的效果,而对于技术不可分的团队工作则难以实施目标管理。

②目标管理有助于改进组织结构的职责分工。由于组织目标的成果和责任力图划归一

个职位或部门,其更容易发现授权不足与职责不清等缺陷。

③目标管理启发了自觉,调动了职工的主动性、积极性、创造性。由于其强调自我控制、自我调节,将个人利益和组织利益紧密联系起来,因而提高了士气。

④目标管理促进了意见交流和相互了解,改善了人际关系。

(2)目标管理的缺点。

在实际操作中,目标管理也存在许多明显的缺点,主要表现在以下方面。

①目标难以制定。组织内的许多目标难以定量化、具体化;许多团队工作在技术上不可分解;组织环境的可变因素越来越多,变化越来越快,组织的内部活动日益复杂,使组织活动的不确定性越来越大。这些都使得组织的许多活动很难制定出数量化的目标。

②目标管理的哲学假设不一定都存在。现实中的人是有"机会主义本性"的,尤其在监督不力的情况下。因此在许多情况下,目标管理所要求的承诺、自觉、自治气氛难以形成。

③目标商定可能增加管理成本。目标商定要上下沟通、统一思想,这些都是很费时间的;每个单位、个人都关注自身目标的完成,很可能忽略了相互协作和组织目标的实现,滋长本位主义、临时观点和急功近利倾向。

④有时奖惩不一定都能和目标成果相配合,也很难保证公正性,从而削弱了目标管理的效果。

鉴于上述分析,在实际中推行目标管理时,除了掌握具体的方法以外,管理者还要特别注意把握工作的性质,分析其分解和量化的可能;提高员工的职业道德水平,培养合作精神,建立健全各项规章制度,注意改进领导作风和工作方法,使目标管理的推行建立在一定的思想认识和科学管理基础上;要逐步推行,长期坚持,不断完善,从而使目标管理发挥预期的作用。

(3)目标管理的局限性。

①强调短期目标。大多数的目标管理中的目标通常是一些短期的目标:季度的、月度的等。一方面,短期目标比较具体、易于分解,而长期目标比较抽象、难以分解;另一方面,短期目标易迅速见效,长期目标则不然。所以,在目标管理中,组织似乎常常强调短期目标的实现而对长期目标不关心。

②引导期长。目标管理对管理人员的要求是非常高的,尤其在目标管理初期,要求组织通过不断培训来提高管理层员工的考核能力、识别能力、目标设置能力、总结能力。

③动态性差。目标管理执行过程中是不可以改变目标的,因为这样做会导致组织混乱。

(4)目标管理实施中经常存在的问题。

①缺乏来自高层管理当局的支持。

②过分强调定量的目标和计划。大量的文件和记录工作给人们带来了过多的"额外负担",容易引起人们的反感情绪。

③缺乏沟通。在有些情况下,组织的管理人员单方面地为各自的下属安排目标,甚至是强制性地布置目标,下属没有参与的机会,这种做法违背了目标管理的宗旨。

三、决策

(一)决策的含义及分类

1. 决策的含义

决策是指管理者为实现组织目标,运用科学理论和方法从若干个可行性方案中选择或综合出优化方案,并加以实施的活动过程。它是包括决策前提出问题、搜集资料、预测未来、拟订方案、优选以及决策实施中的追踪等在内的完整过程。正确理解决策概念,应把握以下几层意思。

(1)决策要有明确的目标。

决策是为了解决某一问题,或是为了达到一定目标。确定目标是决策过程的第一步。决策所要解决的问题必须明确,所要达到的目标必须具体。没有明确的目标,决策将是盲目的。

(2)决策要有两个以上备选方案。

决策实质上是选择行动方案的过程。如果只有一个备选方案,就不存在决策的问题。因而,至少要有两个或两个以上方案,人们才能从中进行比较、选择,最后选择一个满意方案为行动方案。

(3)选择后的行动方案必须付诸实施。

如果选择后的方案束之高阁,不付诸实施,就等于没有决策。决策不仅是一个认识过程,也是一个行动的过程。

2. 决策的类型

由于组织活动非常复杂,因而,管理者的决策也多种多样。不同的分类方法,具有不同的决策类型。决策可以按照作用、影响的时间、重要性等标准进行划分。划分标准和不同的类型如下所示。

(1)按决策的作用。

①战略决策。战略决策是指有关企业的发展方向的重大全局决策,由高层管理人员做出。

②管理决策。管理决策是指为保证企业总体战略目标的实现而解决局部问题的重要决策,由中层管理者做出。

③业务决策。业务决策是指基层管理人员为解决日常工作和作业任务中的问题所做的决策。

(2)按决策影响的时间。

①长期决策:企业今后发展方向的长远性、全局性的重大决策。

②短期决策:为实现长期战略目标而采取的短期策略手段。

例如,投资方向、人力资源开发、组织规模确定都是长期决策。日常营销、资源配置、物资采购、贮备等都是短期决策。

(3)按决策的重要性。

①战略决策:目标、方针确定,产品更新等重大决策。

②战术决策:战略决策执行过程中的具体决策。

③业务决策:执行性决策。

(4)按决策主体。

①集体决策:多个人一起做出的决策。

②个人决策:单个人做出的决策。

(5)按决策起点。

①初始决策:零起点决策,从事某种活动或从事该种活动的方案所进行的初次决策。

②跟踪决策:非零起点决策,在初始决策的基础上对组织活动的方向、内容、方式的重新调整。

初始决策是基于环境的认识;跟踪决策是基于环境的变化。

(6)按决策的性质。

①程序化决策:是指有关常规的、反复发生的问题的决策。

②非程序化决策:是指偶然发生的或首次出现而又较为重要的非重复性决策。

(7)按决策的问题的条件。

①确定性决策:是指可供选择的方案中只有一种自然状态时的决策,即决策的条件是确定的。

②风险型决策:是指可供选择的方案中,存在两种或两种以上的自然状态,但每种自然状态所发生概率的大小是可以估计的。

③不确定型决策:是指在可供选择的方案中存在两种或两种以上的自然状态,而且这些自然状态所发生的概率是无法估计的。

(二)决策程序

由于决策所要解决的问题复杂多样,决策的程序也不尽相同,但一般都遵循一些基本步骤。

1.识别问题

决策制定过程始于一个存在的问题,或更具体地说,存在着现实与期望状态之间的差异。决策者必须知道哪里需要行动,识别问题就是对事物进行分析,找到问题所在。问题是决策的逻辑起点。在问题中已经包含了决策过程中各种因素的萌芽。只有找准了问题和问题发生的原因,才能有针对性地确定决策目标,提出解决问题、实现决策目标的措施或办法。

2. 明确目标,确定决策标准

管理者一旦确定了需要注意的问题,就需要对解决问题中起重要作用的决策标准加以确定,就是说,管理者必须确定什么因素与决策相关。这些标准往往反映了决策者的想法,是与决策相关的。一般而言,决策标准体现组织目标,因为组织所要达到结果的数量和质量都会对行动路线的选择和方案的抉择起最终的指导作用。

3. 拟订备选方案

问题和目标明确之后,就应考虑如何解决问题和实现目标,因此,制定可供选择的各种方案,是决策的关键步骤。决策中十分强调拟订多种备选方案,备选方案越多,可供选择的余地就越大,决策就越科学。这一步应注意以下几个方面的问题:①方案的可行性;②方案的完备性;③方案间的互斥性。

4. 评估备选方案

方案评估是方案选优的前提,分析评估即采用一定的方式、方法,对已经拟订的可行方案进行效益、危害、敏感度及风险度等方面的分析评估,以进一步认识各方案的利弊及其可行性。分析评估过程包括两个步骤:一是对备选方案的可行性和可能结果进行深入细致的分析;二是在分析的基础上,基于评价标准对各备选方案的优劣程度做出评判。

5. 方案择优

方案择优是方案评估的结果。方案择优的过程就是决策者"拍板定案"的过程,方案的择优必须由决策者亲自完成。在方案择优的过程中,决策者应坚持以下标准:一是能够实现决策目标,总体最优;二是付出的代价尽可能小,获得的效益尽可能大;三是承担的风险尽可能小;四是实施后产生的副作用尽可能小。此外,决策者还要注意把握好方案的利弊得失。择优只能是相对的,任何一种方案都存在利和弊,无非是利大弊小、利弊各半、利小弊大这三种情况。总体来说应是两害相权取其轻,两利相权取其重。

决策者在选择时应考虑:方案是否能实现企业决策的目标、是否有利于社会目标的实现、是否掺杂个人目标、合理确定评价标准、合理地确定决策方法。决策方法对方案的选优也非常重要,常用的决策方法有定性和定量两种。

6. 执行决策

选定可行方案之后就应付诸实施,执行决策。执行决策之前,应广泛征求意见,反复推敲,集中力量再次分析检验方案的可行性,以保决策万无一失。做出决策固然艰难,执行决策也不轻松。为了保证决策的有效实施,需做好以下几个方面的工作。

(1)编制实施决策的计划。计划明确什么时间,在什么阶段,谁做什么,保证决策结果有效执行。

(2)建立以决策者为首的责任制。决策者最了解决策的目标,对决策执行过程中可能出现的问题更有预见性,是决策执行中的理想责任者和指挥者。

(3)建立信息沟通系统。保证能及时了解决策执行进度,及时解决执行中出现的问题。

7.监督和评估

职能部门对各层次、各岗位的方案执行情况进行检查和监督,并将信息反馈给决策者;决策者根据反馈信息对偏差部分及时采取有效措施;对目标无法实现的应重新确定目标,拟订可行方案,并进行评估、选择和实施。

(三)决策方法

1.定性决策方法

运用社会学、心理学、组织行为学、政治学和经济学等有关专业知识、经验和能力,在决策的各个阶段,据已知情况和资料,提出决策意见,并做出相应的评价和选择。

(1)德尔菲法。

请专家背靠背地对需要预测的问题提出意见,决策者将各专家意见经过多次信息交换,逐步取得一致意见,从而得出决策方案。

德尔菲法的实施过程为:

①选择和邀请有相关经验的专家;

②将与问题有关的信息分别提供给专家,请他们各自独立发表自己的意见;

③管理者收集并综合专家们的意见后,将综合意见反馈给各位专家,请他们再次发表意见;

④如此反复多次,最后形成代表专家组意见的方案。

实施时应注意:选择好专家、决定适当的专家组(10~50人)、拟定好意见征询表。

(2)头脑风暴法(畅谈会法)。

将对解决某一问题有兴趣的人集合在一起,在完全不受约束的条件下,敞开思路,畅所欲言。其基本原则为:

①独立思考,开阔思路,不重复别人的意见;

②意见建议越多越好,不受限制;

③对别人的意见不做任何评价;

④可以补充和完善已有的意见。

(3)名义小组法。

在集体决策中,如对问题的性质不完全了解且意见分歧严重,则可采用名义小组法。在这种方法下,小组成员互不通气,也不在一起讨论、协商,小组只是名义上的。这种名义上的小组可以有效地激发个人的创造力和想象力。名义小组法具体使用方式为:管理者先选择一些对要解决的问题有研究或者有经验的人作为小组成员,并向他们提供与决策问题相关的信息。小组成员各自先不通气,进行独立思考,要求每个人尽可能把自己的备选方案和意见写下来,然后再按次序让他们一个接一个地陈述自己的方案和意见。在此基础上,由小组成员对提出的全部备选方案进行投票,根据投票结果,赞成人数最多的备选方案即为所要的方案。当然,管理者最后仍有权决定是接受还是拒绝这一方案。

2.定量决策方法

(1)确定型决策方法。

制定决策的理想状态具有确定性,即由于每一个方案的结果都是已知的,管理者能做出理想而精确的决策。确定型决策的方法一般有判断选择法、盈亏平衡法、边际利润法等。

盈亏平衡法又称量本利分析法。它是通过盈亏平衡点分析项目成本与收益的平衡关系的一种方法。各种不确定因素(如投资、成本、销售量、产品价格、项目寿命期等)的变化会影响投资方案的经济效果,当这些因素的变化达到某一临界值时,就会影响方案的取舍。盈亏平衡分析的目的就是找出这种临界值,即这个不盈不亏的平衡点称为盈亏平衡点,判断投资方案对不确定因素变化的承受能力,为决策提供依据。

(2)风险型决策方法。

风险型决策是指决策者对决策对象的自然状态和客观条件比较清楚,也有比较明确的决策目标,但是实现决策目标必须冒一定风险,在未来的决定因素可能出现的结果不能做出充分肯定的情况下,根据各种可能结果的客观概率做出的决策。决策者对此要承担一定的风险。风险型问题具有决策者期望达到的明确标准,存在两个以上的可供选择方案和决策者无法控制的两种以上的自然状态,并且在不同自然状态下不同方案的损益值可以计算出来,对于未来发生何种自然状态,决策者虽然不能做出确定回答,但能大致估计出其发生的概率值。对这类决策问题,常用损益矩阵分析法和决策树法求解。

决策树法是用树状图来描述各种方案在不同自然状态下的收益,据此计算每种方案的期望收益从而做出决策的方法。

(3)不确定型决策方法。

不确定型决策是指决策者无法确定未来各种自然状态发生的概率的决策,在对决策问题的未来不能确定的情况下,通过对决策问题变化的各种因素分析,估计有几种可能发生的自然状态,计算其损益值,按一定的原则进行选择的方法。

不确定型决策的主要方法有乐观法、悲观法、乐观系数法、等可能法、后悔值法。

①乐观法。乐观法也叫大中取大法,找出每个方案在各种自然状态下的最大值,取其中

大者所对应的方案为合理方案。

②悲观法。悲观法也叫小中取大法,找出每个方案在各种自然状态下的最小值,取其中大者所对应的方案为合理方案。

③乐观系数法。乐观系数法也称折中决策法、赫威斯决策准则,决策者确定一个乐观系数 $\varepsilon(0.5,1)$,运用乐观系数计算出各方案的期望值,并选择期望值最大的方案。

④等可能法。等可能法也称拉普拉斯决策准则。采用这种方法,是假定自然状态中任何一种发生的可能性是相同的,通过比较每个方案的期望值来进行方案的选择,在利润最大化目标下,选取平均利润最大的方案,在成本最小化目标下选择平均成本最小的方案。

⑤后悔值法。后悔值法也称萨凡奇决策准则,决策者不知道各种自然状态中任一种发生的概率,决策目标是确保避免较大的机会损失。运用最小最大后悔值法时,首先,要将决策矩阵从利润矩阵转变为机会损失矩阵;其次,确定每一可选方案的最大机会损失;再次,在这些方案的最大机会损失中,选出一个最小值,与该最小值对应的可选方案便是决策选择的方案。

第三节 农村经济组织革新管理

一、组织革新的动因

(一)组织的生命周期理论

像任何机体一样,组织也有其生命周期。按照学者格林纳(Greiner)的观点,可以将一个组织的成长过程分为创立、聚合、规范化、成熟、再发展或衰退五个阶段(后又补充了一个阶段)。每阶段的组织结构、领导方式、管理体制和员工心态都有其特点。每一阶段最后都面临某种危机和管理问题,都要采用一定的管理策略解决这些危机以达到成长的目的。

1. 创立阶段

该阶段是组织的幼儿期,组织规模小,反应灵活,人员心齐,工作关系简单,组织的大小事情均由创设者直接决策指挥。创设者一般业务很熟,能力很强,但不太重视管理。

2. 聚合阶段

该阶段是组织的青年时期,组织人员迅速增多,组织规模不断壮大并具有很强的凝聚力,获得了成功业绩。在这个过程中,创设者不断得到磨炼,已具有丰富的管理经验和领导才能。到了本阶段的后期,中下层的管理人员由于长期无决策权和自主权,会产生不满情绪,这便产生所谓的自主性危机。

3. 规范化阶段

该阶段是组织的中年期,此时组织已有相当的规模,基本形成了稳定格局。为了使组织继续成长,必须采取分权式的组织结构,容许各级管理者拥有较大的决策权。但是,随着各种决策权、自治权的下放,各个部门常常会出现各自为政、仅考虑本单位利益的现象,组织又出现了控制性危机。

4. 成熟阶段

组织走过前面三个阶段之后,经过逐渐完善组织制度而趋于成熟。为了防止控制性危机,组织将许多原属于中层和基层的管理决策权重新收归到最高决策层,出现了重新集权的趋势。然而由于下授的权力难以完全收回,组织不可能恢复到第二阶段的命令式管理,只有采取其他方式予以弥补,因此在该阶段,组织的成长更多地依赖于组织各部门上下左右的协调。然而,在该阶段后期,职能部门的增多、关系的复杂化,以及各种规章制度的制定,在某种程度上降低了组织的运行效率和灵活性,这样便产生了僵化和官僚危机。

5. 成熟后阶段

该阶段组织已处于中年后期并逐渐进入老年期,因而具有很大的不确定性。通过组织的变革与创新,组织可能重新再获得发展,也可能趋向更成熟、更稳定,也可能由于环境的变化而走向衰退。

一个组织并不一定都按上述的阶段顺序发展,但却说明了组织在不同的时期面临不同的问题,需要采用不同的管理方式,任何组织要生存和发展都需要革新。

(二)组织革新的征兆

按照组织的生命周期理论,组织从成立直到走过几个阶段后逐渐趋于老化,如不及时革新必然倒闭。组织革新的征兆如下:

(1)组织机构臃肿、职能重复、人浮于事或组织机构明显漏缺、经营管理环节脱钩;

(2)组织的统一指挥体系变动损伤,不能令行禁止;

(3)责、权、利冲突得不到协调,组织内耗加剧,职工的责任感和积极性低落;

(4)信息沟通不畅,决策形成过程过于缓慢或时常做出错误的决策,组织常错失良机;

(5)组织缺乏创新;

(6)组织对市场环境的变化不敏感。

(三)组织革新的动因

不仅老化的组织需要革新,实际上处于每一个成长阶段的组织都需要考虑革新问题。促使组织革新的动因包括以下三个方面。

1. 组织外部环境的变化

以系统的观点看,任何组织都是一个开放系统,它通过与其所在的环境不断地进行物质、能量、信息的交换而生存与发展。"适者生存"是市场竞争的自然法则。因此,外部环境的发展变化是组织革新的重要动因。导致组织革新的外部环境因素主要包括:①整个宏观社会经济环境的变化;②科技进步的影响;③资源变化的影响;④国际、国内市场需要的变化及市场竞争激烈程度的加剧;⑤竞争观念的改变。其中,环境的变化尤其是市场环境的变化是最重要的动因。

2. 组织内部条件的变化

组织系统本身的各项变化也会给组织带来深刻的影响,并导致组织革新。这些内部力量可能产生于组织的内部运营,也可能产生于外部变化的影响。其具体包括:①管理技术条件的改变;②管理人员调整与管理水平的提高;③组织运行政策与目标的改变;④组织规模的扩大与业务的迅速发展;⑤组织内部运行机制的优化;⑥组织成员对工作的期望与个人价值观念的变化等。

以上这一切都会影响组织目标、结构及权力系统等的调整和修正,从而引起组织的变革,而且有些变革是全面而深刻的。

3. 组织成员的期望与实际情况的差异

管理学家沃尔顿(R. E. Walton)认为,组织成员的期望与组织的实际情况之间至少存在六点差异。

(1)成员希望得到富有挑战性并能促进个人成长的工作,但组织仍然倾向于工作简化以及专业化,因而限制了成长和发展。

(2)成员逐渐倾向于能够相互影响的管理模式,他们希望得到公平、平等对待,但组织仍然以等级层次、地位差别和指挥链为其特性。

(3)成员对组织的承诺,逐渐表现为工作本身能产生的内在利益、人性的尊严和对组织的责任,而实际上组织仍在强调着物质的报酬、成员的安全,忽略了成员的其他需要。

(4)成员希望从组织的职位中获得的是目前即刻的满足,但组织当前所设计的职位阶层及职位升迁系统,仍然是假设成员同以前一样,期望获得事后的满足。

(5)成员更关注组织生活的感情面,例如,个人的自尊、人际间的坦诚与温情的表现,然而组织仍强调理性,不注重组织的情绪方面。

(6)成员正逐渐缺少竞争的动力,但管理者却仍然以成员过去所习惯的高度竞争的方法来设计职位、组织工作以及制定报酬制度等。

二、组织革新的模式

(一)组织革新的目标

组织不能总是维持原状,革新是一种必然趋势,但这并不等于说组织革新是完全适应性的,是一个自然进行的过程。组织革新是由人进行的,并且是整个组织有计划的工作。所有的革新都应与整个组织的发展目标紧密联系在一起。实施变革应努力实现以下目标。

1. 提高组织适应环境的能力

适应环境是组织生存的前提,内外环境变化了,组织也必然随之变化。但组织的变化是以对环境变化的正确认识为基础的。如果组织的领导者仅仅看到了自身的不适应,急功近利进行革新,可能得益于一时,但无助于提高组织的真正适应能力。组织革新要通过建立健全组织运行机制,改造组织结构和流程,来增加组织对环境的适应性和适应环境的灵活性。

2. 提高组织的工作绩效

通过革新提高组织的适应能力,仅仅是组织革新的基础目标。在提高适应能力的基础上,促进组织自我创新,不断更新组织的知识、技能、结构、行为和心智模式,以获得更高的效率,并通过绩效提高,使组织不断发展壮大,这才是组织的最终目标。

3. 承担更多的社会责任

在现代社会中,单个组织的生存和发展从根本上取决于它同社会的关系,不能仅仅追求组织内部的目标,而置社会责任于不顾。因此,每个组织所承担的社会责任,它所树立起来的社会形象,都将成为组织运作的必要前提。一个组织如果只顾赚钱,不顾环境污染和消费者的利益,不关心社会公益事业,其发展必然受到损害。组织的社会责任也要求组织不断进行调整和革新,并成为组织革新的最高目标。

(二)组织革新的内容

组织革新过程的主要变量因素为结构、技术、人员、文化,相应地,可以把组织革新的内容分为以下四种。

1. 结构革新

结构革新是指职权关系、协调机制、集权程度、职务设计等结构要素的改变。依据情况的不同,结构革新可以分为局部调整和重新设计两种方式。

(1)局部调整。为了增强组织的灵活性,在保持原有组织结构类型基本不变的情况下,管理者可以对上述结构要素中的一个或多个加以变革。例如,为了降低组织的复杂性,可将几个部门的职责组合在一起,也可精简某些纵向层次;为了提高组织的正规化程度,可以制定更多的制度规章;为了提高组织的分权化程度,可以采取适当的授权方式。

(2)重新设计。当组织的经营环境面临重大变化时,管理者需要对原有的结构设计进行重大调整,重新设计组织结构。

2. 技术革新

技术革新是指工作过程、工作方法、机器设备的改变。传统的科学管理是基于动作和时间研究来推进技术变革的,现代的技术革新从根本上改变了产品生产方式和组织方式,近年来最典型的技术革新体现为信息技术和互联网经济的飞速发展。

3. 人员革新

人员革新是指员工的工作态度、期望水平、认知和行为的改变。人是组织中最为活跃也最为复杂的因素,组织中的人既可能是革新的推动力量,也可能是革新的阻力,因此,在组织革新中必须考虑人性因素。任何组织都是由人创立的,组织各项工作的开展也是由人来完成的,组织素质的高低、工作的成败,其关键就在于人。从某种意义上讲,组织革新就是人员革新,其目的是改善成员之间的关系,使组织中的个人和群体更为有效地在一起工作,最终促进组织目标的实现。人员革新的主要任务是促成组织成员之间对权力和利益等资源的重新分配,具体方法是提高沟通质量、注重员工参与、改善人际关系。

4. 文化革新

文化革新是指组织成员共有价值观的改变。组织文化由相对稳定和持久的因素构成,需要相当一段时间才能形成,且一旦形成,就成为牢固和不易更改的东西。它确立了对人们应做什么、不应做什么的行为约束,为组织成员所普遍认可和遵循。观念是行为的先导,从这个意义上说,组织革新首先是组织文化的革新,任何形式的组织革新必然同时伴随着组织文化的革新。组织文化有强弱之分,在强势的组织文化中,存在特别大的革新阻力。一般来说,在组织面临大规模危机、领导职位易人、组织规模小、组织建立时间短、组织文化弱等条件下,更有利于促成组织文化革新。

组织革新具有系统性和互动性特点,组织中的任何一个因素改变,都会带来其他因素的变化。就某阶段而言,由于环境情况的不同,革新的内容和侧重点也有所不同。事实上,在组织革新的实践中,上述四种内容的革新并不是截然分开的,往往是以某一种革新为主导,各种内容的革新交织在一起。

(三)组织革新的模式

1. 勒温模式

美国学者勒温(K. Lewin)从探讨组织变革中组织成员的态度出发,提出组织变革经历"解冻、变革、再冻结"三阶段的理论。

(1)解冻。

解冻的焦点在于创设变革的动机。鼓励员工改变原有的行为模式和工作态度,采取新的适应组织战略发展的行为与态度。为了做到这一点,一方面,需要对旧的行为与态度加以否定;另一方面,要使干部员工认识到变革的紧迫性。管理者可以采用比较评估的办法,把本组织的总体情况、经营指标和业绩水平与其他优秀组织或竞争对手一一比较,找出差距和解冻的依据,帮助干部员工"解冻"现有态度和行为,迫切要求变革,愿意接受新的工作模式。此外,应注意创造一种开放的氛围和心理上的安全感,减少变革的心理障碍,提高变革成功的信心。

(2)变革。

变革是一个学习过程,需要给干部员工提供新信息、新行为模式和新的视角,指明变革方向,实施变革,进而形成新的行为和态度。这一步骤中,应该注意为新的工作态度和行为树立榜样,采用角色模范、导师指导、专家演讲、群体培训等多种途径。勒温认为,变革是个认知的过程,它通过获得新的概念和信息得以完成。

(3)再冻结。

在再冻结阶段,利用必要的强化手段使新的态度与行为固定下来,使组织变革处于稳定状态。为了确保组织变革的稳定性,需要注意使干部员工有机会尝试和检验新的态度与行为,并及时给予正面的强化;同时,加强群体变革行为的稳定性,促使形成稳定持久的群体行为规范。

勒温认为,在组织变革中,人的变革是最重要的,组织要实施变革,首先必须改变组织成员的态度。组织成员态度发展的一般过程及模式反映着组织变革的基本过程,主要分为三个阶段。

第一阶段,尽可能减少或消除与团体过去标准的关联;

第二阶段,引进或制定一个新标准;

第三阶段,是建立在新标准之上的一种重新建构。

该模式主要是针对员工的心理态度和行为的。在所有的这三个阶段中,个体都要参与团体的决定,这样比单向每一个个体提出改变要求要好得多。

2.科特组织变革模型

领导研究与变革管理专家约翰·科特(John P. Kotter)认为,组织变革失败往往是由于高层管理部门犯了以下错误:没有能建立变革需求的急迫感;没有创设负责变革过程管理的有力指导小组;没有确立指导变革过程的愿景,并开展有效的沟通;没能系统计划,获取短期利益;没有对组织文化变革加以明确定位;等等。科特为此提出了指导组织变革规范发展的八个步骤:建立急迫感、创设指导联盟、开发愿景与战略、沟通变革愿景、实施授权行动、巩固短期得益、推动组织变革、定位文化途径。科特的研究表明,成功的组织变革有 70%～90% 是由于变革领导有效,还有 10%～30% 是由于管理部门的努力。

3.卡斯特模式

卡斯特(E. Kast)将组织革新步骤分为六项:

(1)对组织的反省和批评:对组织内外部条件环境进行深入分析。

(2)觉察问题:认识到组织革新的必要性。

(3)辨明问题:找出现存状态与所希望状态之间的差距。

(4)探寻解决问题的方法:提出可供选择的多种方法,对它们进行评定,并研究如何实施以及成果的测定方式,最后做出选择。

(5)实施革新:根据所选择的方法及行动方案,实施革新。

(6)实施反馈:根据组织革新的效果,实行反馈,评定革新效果与计划有无差异;如有,反复循环加以修正。

4.吉普森模式

吉普森(J. L Gibsun)提出的计划性模式,将组织革新分成九个方面的步骤:

(1)要求革新的压力:来自组织内部和外部两个方面;

(2)对问题的察觉与识别:关键在于掌握组织内部的多种信息;

(3)对问题的分析:包括需要纠正的问题、问题的根源、需要哪些革新、何时革新、革新的目标与衡量方法;

(4)识别限制条件:分析革新中的限制因素,包括领导作风、组织结构和成员特点等;

(5)贯穿方案:通常考虑实施的时机、发动的地点、革新的深度等方面的问题;

(6)评价:评价革新的效果;

(7)反馈:反馈评价结果,使管理人员了解是否达到预期的目标。

(四)组织革新的步骤

组织革新是一项复杂的系统工程,牵涉面广、工作量大,必须进行全面的规划与设计,按照科学的程序,有条不紊、按部就班地进行,一般说来可经过如下几个步骤得以实现。

1.诊断组织状态

组织革新的第一个步骤是根据组织的表现和运营现状,准确地确定出组织所处的生命周期阶段,依据组织的生命周期理论和现实情况,认真寻找组织在运行和发展过程中存在的问题。

2.选择革新方法

根据确定出的组织革新目标,结合本组织的实际情况,确定革新的突破口和重点。

3.分析限制条件

为了使组织革新获得成功,还应该认真分析革新的限制条件,即组织革新有哪些制约因素、需要具备什么条件。革新的限制条件,对不同时期、不同组织将会有较大的差异,然而,上级主管部门是否支持、组织内部是否具备革新的基础条件是两个必须考虑的限制条件。

4.制订革新计划

在进行了以上步骤之后,重要的工作就是制订组织革新计划。该计划应包括革新的目标、组织存在的严重问题和根源、革新的方式、革新的步骤和完成这些步骤的详细时间表等内容。

5.实施革新计划

组织革新最后一个步骤就是实施组织革新计划。依据革新计划,从革新的突破口开始,逐渐进入组织的革新实施过程。以组织为中心的革新重点是组织结构的重新划分或重大调整。

三、组织革新的阻力

(一)阻力的来源

组织革新就是要改变那些不能适应组织的内外环境,阻碍组织可持续发展的各种因素,如组织的管理制度、组织文化、员工的工作方式、工作习惯等,这种革新必然会涉及组织的各个层面，引起组织内部个人和部门利益的重新分配。因此，必然会遭到来自组织各个方面的阻力。

1. 个人层面

人们对待组织革新的态度与其个性有十分密切的关系。那些敢于接受挑战、乐于创新、具有全局观念、有较强适应能力的人通常革新的意识较为强烈。而那些有强烈成就欲望的人，或是一些因循守旧、心胸狭窄、崇尚稳定的人对革新的容忍度较低，革新的抵触情绪较大。一些依赖性较强，没有主见的员工常常在革新中不知所措而依附于组织中群体的态度倾向。除此之外，由于革新会打破现状，破坏已有的均衡，必然会损害一部分人的既得利益，这类人常常是组织革新的最大抵触者，他们常常散布谣言，制造混乱，甚至采取强硬措施抵制革新。个人层面的阻力主要是来源于员工的个性心理和经济利益的驱使，革新阻力的力度较小，但却是构成组织革新阻力的基本单元。

2. 组织层面

在组织层面上产生革新阻力的因素有很多，既包括组织结构、规章制度等显性阻力，还包括组织文化、氛围、员工的工作习惯等隐性阻力，由于组织革新会对组织内部各部门、各个群体的利益进行重新分配，那些原本在组织中权力较大、地位较高的部门和群体必然会将革新视为一种威胁，他们为了保护自身利益常常会抵制革新。另外，组织的业务流程再造必然会重组组织结构，对某些部门、某些层次予以合并、撤减，以及重新进行权责界定，一些处于不利地位的部门和层次就会反对革新。相对组织内的显性阻力而言，组织内的隐性阻力就更加隐蔽，在短时间内难以克服。组织内的文化、员工的工作方式已经成为一种工作习惯。在长期的工作中，员工与员工之间、员工与领导之间、员工与组织之间已经形成了某种默契或契约，一旦实行革新，就意味着改变员工业已形成的工作关系和工作方式，必然会引起员工的不满。

(二) 阻力产生的原因

传统观点认为，组织成员之所以反对变革，技术因素是最基本的理由，因为技术进步可能导致其失业。现代观点则认为，组织成员变革的深层次原因并非技术因素，而是人性与社会因素，具体表现在以下几个方面。

1. 个人利益和整体利益难以取舍

一般而言，组织革新的目标就是要追求组织整体利益的最大化，这与组织内各个利益主体的根本利益是一致的，但是，实现组织利益最大化需要各利益主体的有效组合，这样就必然会对组织内的各个主体的权力和利益进行重新分配。由此，一些群体和个人的既得利益就会有所损失。这就要求组织的员工要有一种舍小家、顾大家的全局意识，从组织的整体利益和全局利益去看待革新的意义。然而，在现实社会中，一些领导和员工只顾自己的个人利益和短期利益，盲目地抵制革新，使得组织的革新难以有效实施。

2. 意义不明，缺乏信心

在组织革新的过程中，一些员工对组织革新的紧迫性认识不足，认为革新没有必要，组织推动革新是多此一举,并且会对自己的利益造成损害。更有甚者,为了维护个人利益,常常捏造事实,散布谣言。还有一些员工认为革新很有必要,但对革新发动者发动革新的动机和实施革新的能力产生怀疑,他们中有的认为革新是发动者为了获得私利而采用的伎俩,有的认为发动者的知识和能力不足以实现既定的目标。

3. 对革新的后果不确定

在实施革新的过程中,一些员工虽然认识到了革新的迫切要求,但却不能准确地把握革新实施的后果,他们常常会对革新产生各种猜疑,认为革新有可能达不到预期的效果,很可能会对组织、个人的利益产生损害,这类人常常认为革新是在冒风险。因此,在革新的过程中,他们常常依附于群体的态度倾向,有的甚至公开抵制革新。

4. 认为革新是威胁

组织的革新常常伴随着技术革新、人员革新,每一次革新的实施都对组织内的员工提出了更高的要求。先进生产线的引进、办公自动化的建立、新技术的应用都要求员工不断提高自己的知识和能力,以适应组织革新的需要。而一些员工担心自己的技术已经过时,一旦组织发生革新,自己就会被淘汰或是地位遭到挑战,因此,他们宁愿维持现状。这类人常常是那些墨守成规、缺乏进取心的员工或是组织中的高龄员工。

(三)克服阻力的对策

组织革新的过程是一个破旧立新的过程,自然会面临推动力与制约力相互交错的混合状态。革新管理者的主要任务就是要采取措施改变这两种力量的对比,促进革新的顺利进行。

1. 人力资源要为组织革新服务

员工的个性与其对待革新的态度有着密切的关系,因此,组织在招聘员工的过程中应该做到:

(1)引入心理测评,通过测评招聘一些有较强适应能力、敢于接受挑战的员工。

(2)在组织革新的过程中,组织要加强对员工的培训,提高员工的知识水平和技能水平,使得组织的人力资源素质和组织革新同步推进。

(3)在组织的日常经营过程中,组织应该树立一种团体主义的文化,培养员工对组织的归属感,形成一种愿意与组织同甘共苦的组织文化。

2. 加强与员工的沟通

在革新实施之前,组织决策者应该营造一种危机感,让员工认识到革新的紧迫,让他们了解革新对组织、对自己的好处,并适时地提供有关革新的信息,澄清革新的各种谣言,为革新营造良好的氛围。在革新的实施过程中,要让员工理解革新的实施方案,并且要尽可能地听取员工的意见和建议,让员工参与到革新中来。与此同时,组织还应该时刻关注员工的心理变化,及时与员工交流,在适当的时候可以做出某种承诺,以消除员工的心理顾虑。

3. 适当地运用激励手段

在组织革新的过程中适当地运用激励手段将达到意想不到的效果。一方面,组织可以在革新实施的过程中,提高员工的工资和福利待遇,使员工感受到革新的好处和希望;另一方面,组织可以对一些员工予以重用,以稳住关键员工,消除他们的顾虑,使他们安心地为组织工作。

4.引入革新代言人

革新代言人即通常所谓的咨询顾问。由以上分析我们已经知道,在革新的过程中,一些员工认为革新的动机带有主观性质,他们认为革新是为了当局者能更好地谋取私利;还有一些革新发动者的能力有限,不能有效地实施革新。而引入革新代言人就能很好地解决上述问题,一方面,咨询顾问通常都是由一些外部专家组成,他们的知识和能力不容置疑;另一方面,由于革新代言人来自第三方,通常能较为客观地认识组织所面临的问题,较为正确地找到解决的办法。

5.运用力场分析法

力场分析法是卢因(Kurt Lewin)提出来的,他认为:革新是相反方向作用的各种力量达成的一种能动的均衡状态,对于一项革新,组织中既存在革新的动力,又存在革新的阻力,人们应该通过分析革新的动力和阻力,找到革新的突破口。

6.培植组织的精神领袖

在组织革新的过程中,如果组织有一位强力型的领导者,相对而言,革新的阻力就会很小。由于组织的精神领袖通常具有卓越的人格魅力和非常优秀的工作业绩,因此由他们发动革新,革新的阻力就会很小。当然,客观而论,在组织中培植精神领袖并不一定是一件好事,但在组织革新的过程中确实能起到立竿见影的效果。

(四)组织革新的发展趋势

1.分立化趋势

由于企业规模越来越大,市场竞争日益激烈,企业经营管理的难度越来越大,市场变化越来越快,因而,企业一方面希望通过不断扩大规模提高实力;另一方面又在扩大规模的同时,化整为零,提高企业的灵活性。

2.柔性化趋势

由于组织的外部环境日益复杂,市场变化越来越快,组织的战略目标也处在不断调整之中,因此要求组织结构不能僵化,应保持高度的灵活性,能够根据市场环境的变化而实现自动调整,避免过于刚性而导致组织结构的僵化。

3.学习型组织——未来成功企业的模型

学习型组织是指为了营造整个组织的学习气氛而建立起来的一种符合人性的、有机的、扁平化的组织。这种组织的主要特点是通过组织成员持续的学习来获取新知识、新技能,以促使组织的可持续发展。学习型组织的建立需要进行所谓的"五项修炼",即自我超越、改进心智模式、勾画共同的远景蓝图、团体学习和系统思考。

(1)所谓自我超越,是指充分挖掘自身的潜能,努力获取新知识和新技能,为了追求目标和理想,全身心地投入工作,逾越心理障碍,积极进取、不断创造,最大限度地实现自我的过程。

(2)改进心智模式。心智模式是指在人的成长过程中,伴随着与周围世界的接触而在内心形成的处事模式。改进心智模式就是组织成员打破既成的思维模式,解放思想,进行创造性思维的过程。

(3)勾画共同的远景蓝图。勾画共同的远景蓝图是组织成员树立共同远大理想和宏伟目标的过程。这样做的目的就是将全体成员团结在一起,增加凝聚力和号召力,使大家从中得到鼓舞。

(4)团体学习。团体学习是培养团体成员互相配合、整体搭配、共同实现目标能力的过程。团体学习可以互相交流思想和技术,激励大家的学习热情,做到取长补短、互相启发、共同创新,以获得高于个人智慧的团体智力和力量,并在相互学习过程中互相理解、增进情感、达成默契。

(5)系统思考。系统思考是五项修炼的核心,它可以使组织成员以系统的观点看待组织的生存和发展,并将每一个成员的智慧和行动融为一体。

以上五个方面是有机的整体,缺一不可,并且要坚持不懈,只有这样才能逐渐形成学习型组织。

第四节 农村经济组织危机管理

一、危机与危机意识

(一)危机含义

1. 危机的定义

站在不同的角度、不同领域,采用不同的思维方式,对危机的认识和理解便会不同。在危机研究过程中,专家、学者们给危机赋予了各种各样的定义:①危机是指一种情境状态,在这种形势中,其决策主体的根本目标受到威胁且做出决策的反应时间很有限,其发生也出乎决策主体的意料之外。②危机对一个社会系统的基本价值和行为架构产生严重威胁,并且在时间性和不确定性很强的情况下必须对其做出关键性决策。③危机是一个会引起潜在负面影响的具有不确定性的事件,这种事件及其后果可能对组织及其员工、产品、资产和声誉造成巨大的伤害。④危机是对一个组织、公司及其产品或名声等产生潜在的负面影响的事故。

中国著名危机公关专家游昌乔把危机定义为:一种使企业遭受严重损失或面临严重损失威胁的突发事件。这种突发事件在很短时间内波及很广的社会层面,对企业或品牌会产生恶劣影响,而且这种突发的紧急事件由于其不确定的前景造成高度的紧张和压力,为使企业在危机中生存,并将危机所造成的损害降至最低限度,决策者必须在有限的时间内,做出关键性决策和具体的危机应对措施。

2.危机的类型

农村经济组织可能面临的危机主要有八种:信誉危机、决策危机、经营管理危机、灾难危机、财务危机、法律危机、人才危机、媒介危机。

(1)信誉危机。信誉是指组织在长期的生产经营过程中,公众对其产品和服务的整体印象和评价。信誉危机是指由于没有履行合同及对消费者的承诺,而产生的一系列纠纷,甚至给合作伙伴及消费者造成重大损失或伤害,组织信誉下降,失去公众的信任和支持而造成的危机。

(2)决策危机。决策危机是指组织经营决策失误造成的危机。因不能根据环境条件变化趋势正确制定经营战略,而使组织遇到困难无法经营,甚至走向绝路。如巨人集团涉足房地产项目——建造巨人大厦,并一再增加层数,隐含着经营决策危机,决策失误没有进行及时调整而给企业带来了灭顶之灾。

(3)经营管理危机。经营管理危机是指组织管理不善而导致的危机,包括产品质量危机、环境污染危机、关系纠纷危机。

①产品质量危机。由于在生产经营中忽略了产品质量问题,使不合格产品流入市场,损害了消费者利益,一些产品质量问题甚至造成了人身伤亡事故,由此引发消费者恐慌,消费者必然要求追究其责任而产生的危机。

②环境污染危机。由于"三废"处理不彻底,有害物质泄露、爆炸等恶性事故造成环境危害,造成周边居民不满和环保部门的介入引起的危机。

③关系纠纷危机。由于错误的经营思想、不正当的经营方式忽视经营道德,员工服务态度恶劣而造成关系纠纷产生的危机。如运输业的恶性交通事故、餐饮业的食物中毒、商业的出售假冒伪劣商品、银行业的不正当经营、旅店业的顾客财物丢失、邮政业的传输不畅、旅游业的作弊行为等。

(4)灾难危机。灾难危机是指无法预测和人力不可抗拒的强制力量,如地震、台风、洪水等自然灾害、重大工伤事故、经济危机、交通事故等造成巨大损失的危机。危机会带来巨额的财产损失,使组织经营难以开展。

(5)财务危机。财务危机是指因投资决策的失误、资金周转不灵等因素出现暂时资金断流,难以正常运转,严重的甚至造成组织瘫痪。

(6)法律危机。法律危机是指高层领导法律意识淡薄,在组织生产经营中涉嫌偷税漏税、以权谋私等,事件暴露后,使组织陷入危机之中。

(7)人才危机。人才危机是指人才频繁流失所造成的危机。尤其是组织的核心员工离职,其岗位没有合适的人选,这种给组织带来的危机也是比较严重的危机现象。

(8)媒介危机。由于客观事物和环境的复杂性和多变性,以及报道人员观察问题的立场角度有所不同,媒体的报道出现失误是常有的现象。媒介危机主要有以下三种:一种是媒介的报道不全面或失实。由于媒体不了解事实真相,报道不能客观地反映事实而引起的危机。二是曲解事实。由于新科技的引入,媒体还是按照原有的观念、态度分析和看待事件而引起的危机。三是报道失误。人为地诬陷,使媒体蒙蔽而引起的危机。

3. 危机的特征

从前述危机类型来看,其表现形式不尽相同,但是,就不同危机本身所具有的特征而言,它们具有一定的共性。

(1)突发性。突发性是危机最显著的特征之一。危机往往都是不期而至,令人措手不及,危机发作的时候一般是在组织毫无准备的情况下瞬间发生,给组织带来的是混乱和惊恐。

(2)破坏性。由于危机具有突发性,常常是在人们没有任何戒备的情况下突然出现的,因此具有破坏性。危机造成的破坏可能是有形的,也可能是无形的。危机发作后可能会带来比较严重的物质损失和负面影响,有些危机用"毁于一旦"来形容一点不为过。

(3)不确定性。正是由于危机具有突发性,人们不知道它会在何时发生,也很难预测危机发生的概率,只能依据以往的经验做出预测,而且预测经常会发生错误,因此,危机的发生具有很大的不确定性。另外,危机的发展也有很大的不确定性,由于危机的发展常常是出人意料的,因此,为了有效控制和管理危机,在处理危机的过程中要密切关注危机的发展。

(4)紧迫性。危机的突发性特征决定了组织对危机做出的反应和处理的时间十分紧迫,任何延迟都会带来更大的损失。危机的迅速发生引起了各大传媒以及社会大众对于这些意外事件的关注,使得组织必须立即进行事件调查与对外说明。

(5)信息不充分。在突如其来的危机中,所有秩序都被打乱了,原有的沟通渠道会断裂,使信息无法有效传递。另外,在危机中,人们会因为过度紧张而对客观情况反映失真或夸大危机的细微之处,导致危机管理者获得的往往是错综复杂而又真伪参半的信息。在这种情况下,有利于危机管理的信息非常缺乏。

(6)资源紧缺性。由于危机突然降临,因此用于解决危机的资源就显得十分贫乏。一方面,日常消耗的资源在危机中可能遭到破坏,用于应急的备用资源或者遭受破坏,或者离危机现场很远,"远水解不了近渴";另一方面,在危机中人们对资源的需求量非常大,资源的消耗速度也很快。在危机中,组织获取资金的渠道也中断了,面临危机时积极自救需要动用以前积累的资金,因此,组织的资金就显得非常紧张。当然,在危机处理中,人力资源是最紧缺的。那些未受过训练的人在危机中会惊慌失措,无法冷静地参与解决危机;而训练有素的危机反应人员毕竟是有限的,当危机规模较大时,更会感到人手不够用。

(7)挑战性。每个危机事件都是独一无二的,危机出现时,无论对于组织还是组织的管理者,都是莫大的挑战。作为现代组织管理者,不仅需要具有前瞻性,还必须具有极强的判断能力、应变能力、沟通能力、决策能力和果断处理危机的能力。

(8)情绪失控。当危机发生时,它会在组织内部成员及外部社会中引起恐慌、悲哀或愤怒等情绪,这些情绪往往会导致事态恶化。所以,在做应对危机前的准备时,就应充分考虑到危机对组织成员和公众的情绪有何影响,一旦危机发生,应以行之有效的措施进行及时有效的沟通,以缓解并消除这种情绪。

(9)舆论关注。危机事件的爆发能够刺激人们的好奇心理,常常成为人们谈论的热门话题和媒体跟踪报道的内容。组织越是束手无策,危机事件越会增添神秘色彩引起各方的关注。因此,面临危机要注重舆论导向,要有计划地引导舆论朝有利于化解危机的方向发展。

4.危机的发展过程

危机按其自身发展过程来说,一般可分为四个阶段。

(1)前兆期:危机处理的最佳时期。在这个阶段,处理危机的成本少并且可以将危机造成的伤害降到最低。

(2)加剧期:危机事件本身产生放大效应。

(3)消除期:消除影响,矫正形象,总结危机事件,建立健全防范机制。

(4)处理期:按照危机处理的程序。

5.危机的识别与预防

当系统受外部环境或内部因素变化的影响无法保持稳定时,系统就可能出现失控和突变现象,这些因素被称为干扰力量,主要表现为:日益提高的机器复杂性、使用者认知能力的局限性、日益增强的极限竞争市场环境、日益紧密的利益相关。由这四种危机因素相互作用,则必将产生四种冲突:人机互动冲突、供求关系冲突、市场环境冲突和商业策略冲突。当四种关系中的一种或多种发生冲突时,系统现有的流程可能会受到干扰,出现失控或变态,如果不能很快加以处理,危机就会产生。而且,我们还应看到,四种危机因素及它们互动而产生的冲突关系造成了危机与危机预防的必然性和长期性。危机预测和识别的途径很多,大到经济形势的走向,小到员工的一言一行,都可能是危机先期的征兆。

没有哪个组织能完全避免危机的发生,因为外部力量总是在起着主导作用,所以最佳的防御就是做好准备。这样,当问题出现的时候,组织就能集中力量控制局面,并且信心十足地通过内外部的沟通有条件地化解危机。这些准备方法包括:审视弱点、建立危机处理委员会、建立盟友关系、制订完整的危机处理计划、排练排练再排练。

(二)危机意识

1.危机意识的含义

危机意识是一种对环境时刻保持警觉并随时做出反应的意识,也就是随时会辨别和捕捉危机前兆的意识。一个组织要发展,必须要有强烈的危机意识,这已经在很多成功企业的发展中得到了证明。危机意识有助于推动企业前进,没有危机意识的企业,就没有竞争力。

2. 危机意识的本质

危机意识的本质就是公众利益至上的意识。导致危机的"突发的事故或事件"和社会公众有两种紧密的联系:第一,它会对社会公众造成直接或者潜在的伤害;第二,只有通过赢得社会公众的理解和支持才能化解危机。

3. 树立危机意识

组织要想快速发展,就必须从思想上发生根本转变,组织经营者和员工必须有一种忧患意识、危机意识,"生于忧患,死于安乐"正是这样的道理。树立危机意识应从以下几方面来强调:①组织管理层首先要树立危机意识;②构建全员危机意识;③及时解决危机的意识;④危机意识可以通过培训和演练不断强化。

二、危机沟通

(一)沟通

1. 沟通的概念

沟通是指为达到一定目的,将信息、思想和情感在个人或群体间进行双向传播与交流的过程。

2. 沟通的类型

采用不同的信息媒介,就构成了不同的沟通方式。沟通方式主要可以分为两大类:言语沟通和非言语沟通。另外还有一种沟通方式是通过电子媒介的沟通。

(1)言语沟通。

言语沟通是我们最熟悉的沟通方式,大量的人际沟通是通过语言、文字的运用来实现的。言语沟通可以分为口头沟通和书面沟通两种。

(2)非言语沟通。

非言语沟通是相对于言语沟通而言的一种沟通方式。它通过身体动作、面部表情、说话的语调和重音以及信息的发送者和接收者之间的身体距离来传递信息。

3. 有效沟通的原则

在每个组织的管理过程中,所有的管理者都能体会到实施沟通的实际困难。信息沟通的改进可以从以下几方面开展。

(1)信息收集。

信息收集是进行信息沟通的前提,也是进行管理决策的前提。在沟通的控制中,首先应在收集工作上下功夫。要收集到及时、有用的信息,关键在于信息人员的素质。

(2)信息加工处理。

只有通过加工处理过的信息,才能进行传递。信息的加工处理必须遵循准确、及时、系统的原则。要重视对信息加工处理的反馈。

(3)建立合理的信息传递和控制体系。

要改善沟通还必须做好信息传递工作,提高信息的针对性,适当控制信息传递的数量;同时还要控制越级传递和非正式渠道的沟通,尽可能使之成为层级传递和正式沟通渠道的补充。

(4)加强信息沟通检查。

这种检查应包括组织的管理活动中所有涉及信息沟通的方面,可以采用观察、问卷调查、会晤访谈以及对书面材料的分析等。

(二)危机沟通

1. 危机沟通的含义

危机沟通是指以沟通为手段以解决危机为目的所进行的一连串化解危机与避免危机的行为和过程。危机沟通可以降低企业危机的冲击,并存在化危机为转机甚至商机的可能。如果不进行危机沟通,小危机则可能变成大危机,对组织造成重创。

2. 危机沟通的内容

危机沟通包含两个方面的内容:一是危机事件中组织内部的沟通问题,二是组织与社会公众和利益相关者之间的沟通公关。概括来说,组织危机沟通的覆盖范围主要有:组织内部管理层和员工、直接消费者及客户、产业链上下游利益相关者、政府权威部门和行业组织、新闻媒体和社会公众五类群体。

3. 危机沟通的步骤

(1)成立危机沟通小组。组织应该选派高层管理者,组成危机沟通小组。如果组织内部的公关经理不具备足够的危机沟通方面的专业知识,可以找一个代理者或者独立的顾问,小组其他成员应该是涵盖组织财务、人力资源和运营等主要部门的负责人。

(2)选定发言人。在危机沟通小组里,应该有专门在危机时期代表组织发言的人。形象沟通常常和事实沟通一样强有力,因此,沟通技巧是选择发言人的首要标准之一。

(3)大力培训发言人。以下两句话可以概括为什么组织需要训练发言人,如何面对媒体。"我和一个不错的记者聊了一个多小时,而他却没有报道关于我公司的最重要的信息。""我经常在公共场合演说,所以面对媒体我没有任何问题。"第一句话说明,自以为知道如何对媒体讲话的管理者大有人在。第二句话说明,大部分管理者并不知道如何将"最重要的信息"传达给采访者。并且,分析家、机构投资者和其他重要投资者群体作为听众,与媒体一样会对来自组织的信息产生误会或者曲解。所以,尽可能避免误解的发生是第一要务。对发言人的培训,能让组织和成员学会如何妥善应对媒体,最大可能地使公众的说法或分析家的评论符合所愿。

(4)建立信息沟通规则。组织中任何成员都可能最先获取与危机相关的信息。最先发现问题的也许是看门人、销售人员,也可能是出差在外的管理者。那么发现问题的人应该通知谁呢?如何找到他们呢?这就需要建立突发事件通信"树状结构图",并分发给每一个成员,该图可以准确说明面对可能发生或已经发生的危机,每个人应该做什么,与谁联络。除了有合适的主管人员之外,危机沟通小组中至少要有一名成员和一名候补成员,应该在突发事件联络表中留下其办公室及家庭电话。

(5)确认和了解公司的听众。哪些听众与自己的组织相关呢?大多数组织都会关心媒体、顾客和潜在消费者,个人投资者也可能包括在内。组织要有他们完整的联系方式,如邮寄地址、传真和电话号码簿,以便在危机时期与之迅速联络。此外,还要知晓每个人希望寻求何种信息。

(6)预先演练。如果想要抢先行动、未雨绸缪,那么就要把危机沟通小组集中起来,预先讨论如何应对所有潜在危机,这种做法有两个直接的好处:首先,可以意识到,完全可以通过对现有运营方式加以改动,来避免一些危机的发生;其次,能够思考应对措施,最好和最坏的打算等,有备而战总比被动应付要好得多。

(7)进行危机评估。没有充分认识情况就仓促做出回应,是典型的"先打后问"的情况,应该避免这类事件的发生。但是如果已经首先完成了以上六个步骤,那么危机沟通小组就很容易成为信息的接收端,进而就可以决定做出何种应对措施。因此,就无法预先完成本步骤。如果事先没有准备,组织将会推迟做出应对的时间,要等到组织成员或者匆忙招募来的顾问人员——完成以上一至六步。此外,一个匆忙建立起来的危机沟通战略和工作小组的效率是非常低的,与预先计划好并且经过演练的情况无法相比。

(8)确定关键信息。如果已经明了听众正在寻求何种信息,要做到简单明了,那么给每个听众的主要信息不超过三条,也许还需要为具有专业素养的听众提供相应的信息。

(9)决定信息沟通方式。进行危机沟通的方式有很多,对于组织成员、客户、潜在的投资者,可以亲自向他们简要介绍情况,也可以将信息以邮件等方式发送给他们。对于媒体,要向其提供新闻稿和解释信,或者让其参加组织举行的一对一的情况介绍会或新闻发布会。选择的方式不同,产生的效果也不同。因此,组织里必须有一个专家熟知每一种方式的优缺点。

(10)安全渡过难关。无论危机的性质如何,无论消息是好还是坏,也无论准备得如何认真、做出的应对如何谨慎,总有一些听众的反应与自己的愿望背道而驰,应客观看待这些听众的反应,判断再一次沟通是否能改善他们对组织的印象、是否会恶化他们对组织的印象以及是否有意义。

缺乏计划会导致控制损失所需的时间和成本增至两倍或者三倍。延迟也可能带来无法挽回的损害。相反的是,建立应对未来危机情况的模式和运作基础,只需要好好计划一次,并且不断稍加更新即可。换句话来说,危机沟通计划是一种成本相对较低的办法,它可以避免将来花费更高的代价或面对更大的麻烦。

三、危机管理

(一)危机管理含义

1. 危机管理的定义

危机管理起源于欧美,后来传入日本,在日本得到一定的发展。每一次危机本身既包含导致失败的根源,也孕育着成功的种子,发现、培育,以便收获这个潜在的成功机会,这就是危机管理的精髓。而习惯于错误地估计形势,并使事态进一步恶化,则是不良的危机管理的典型。简言之,如果处理得当,危机完全可以演变为"契机"。格林(Green)认为,危机管理的一个特征是"事态已经发展到不可控制的程度""一旦发生危机,时间因素非常关键,减小损失将是主要任务"。因此格林认为,危机管理的任务是尽可能控制事态,在危机事态中把损失控制在一定的范围内,在事态失控后,要争取重新控制住。米托夫和皮尔逊(Mirtoff and Pearson)认为,收集、分析和传播信息是危机管理者的直接任务,危机发生的最初几个小时(或危机持续时间很长时的最初几天),管理者应同步采取一系列关键的行动,这些行动是"甄别事实、深度分析、控制损失、加强沟通"。综上,危机管理指针对组织自身情况和外部环境,分析预测可能发生的危机,然后制定出针对性措施,一旦发生危机,就能有条不紊地将危机化解,重新恢复信誉和市场的一整套机制。危机管理体现了组织的公关能力和危机意识,体现了组织的管理水平和企业文化。

2. 危机管理的作用

(1)提高管理层的危机意识。

危机意识缺失是造成危机发生、危机事态扩大的主要原因。没有危机意识,就难以产生危机应对计划;没有危机应对计划,就难以判断危机征兆,从而难以有效防止危机扩散。学习危机管理的基本规律,对培育管理者的危机预防意识、树立正确的危机应对状态、形成长久危机战略理念有积极的推动作用。

(2)可以有效减小危机造成的损害。

学习危机管理基本理论和方法,可以帮助提高管理者危机决策技能、沟通技能、协调技能和解决危机能力,最终有利于减轻各类危机损害程度。

(3)建立"整体安全装置"。

随着经营环境全球化趋势,竞争压力不断增加,危机概率不断提高,危害也随之增大,这就需要管理者建立完善的危机应对计划和反应机制,使组织建立健全"整体安全装置",预防危机事件的发生。

(4)建立学习型组织。

要使组织避免危机事件发生及造成危害,就要不断学习管理的新理论,使组织建立学习型组织和团队,不断学习、观察、检测经营的各个环节是否有缺陷,如何及时采取措施纠正,这本身就是建立学习型组织的内容和方法。

3. 危机管理的基本原则

(1)制度化原则。

危机发生的具体时间、实际规模、具体态势和影响深度,是难以完全预测的。这种突发事件往往在很短时间内就会对组织或品牌产生恶劣影响。因此,组织内部应该有制度化、系统化的有关危机管理和灾难恢复方面的业务流程和组织机构。这些流程在业务正常时不起作用,但是危机发生时会及时启动并有效运转,对危机的处理发挥重要作用。国际上一些大公司在危机发生时往往能够应付自如,其关键之一是制度化的危机处理机制,从而在发生危机时可以快速启动相应机制,全面而井然有序地开展工作。因此,组织应建立成文的危机管理制度、有效的组织管理机制、成熟的危机管理培训制度,逐步提高危机管理的快速反应能力。

(2)诚信形象原则。

危机的发生必然会给组织诚信形象带来损失,甚至危及组织的生存。矫正形象、塑造形象是危机管理的基本思路。在危机管理的全过程中,要努力减少对组织诚信形象带来的损失,争取公众的谅解和信任。只要顾客或社会公众是由于使用了本组织的产品而受到了伤害,那就应该在第一时间向社会公众公开道歉以示诚意,并且给受害者相应的物质补偿。对于那些确实存在问题的产品应该不惜代价迅速收回,立即改进产品或服务,以尽力挽回影响,赢得消费者的信任和忠诚,维护诚信形象。

(3)信息应用原则。

随着信息技术日益广泛地被应用于政府和组织管理,良好的管理信息系统对危机管理的作用也日益明显。在信息社会中,只有持续获得准确、及时、新鲜的信息资料,才能保证自己的生存和发展。预防危机必须建立高度灵敏、准确的信息监测系统,随时搜集各方面的信息,及时加以分析和处理,从而把隐患消灭在萌芽状态。在危机处理时,信息系统有助于有效诊断危机原因、及时汇总和传达相关信息,并有助于各部门统一口径、协调作业,及时采取补救的措施。

(4)预防原则。

防患于未然永远是危机管理最基本和最重要的要求。危机管理的重点应放在危机发生前的预防上,预防与控制是成本最低、最简便的方法。为此,建立一套规范、全面的危机管理预警系统是必要的。现实中,危机的发生具有多种前兆,几乎所有的危机都是可以通过预防来化解的。危机的前兆主要表现在产品、服务等存在缺陷,组织高层管理人员大量流失,负债过高长期依赖银行贷款,销售额连续下降和连续多年亏损等。因此,组织要从危机征兆中透视存在的危机,越早认识到存在的威胁,越早采取适当的行动,越可能控制住危机的发展。

(5)领导重视与参与原则。

高层的直接参与和领导是有效解决危机的重要措施。危机处理工作对内涉及从后勤、生产、营销到财务、法律、人事等各个部门,对外不仅需要与政府、媒体打交道,还要与消费者、供应商、渠道商等方方面面进行沟通。如果没有高层领导的统一指挥协调,很难想象这么多部门能做到口径一致、步调一致、协作支持并快速行动。应在组织内组建危机管理领导小组,由高层成员担任危机领导小组组长。

(6)快速反应原则。

危机的解决,速度是关键。危机降临时,当事人应当冷静下来,采取有效的措施,隔离危机,要在第一时间查出原因,找准危机的根源,以便迅速、快捷地消除公众的疑虑。同时,必须以最快的速度启动危机应变计划并立刻制定相应的对策。如果是内因,就要下狠心处置相应的责任人,给舆论和受害者一个合理的交代;如果是外因,要及时调整战略目标,重新考虑发展方向;在危机发生后要时刻同新闻媒体保持密切的联系,借助公证、权威性的机构来帮助解决危机,承担起给予公众的精神和物质的补偿责任,做好事后管理,从而迅速有效地解决危机。

(7)创新性原则。

知识经济时代,创新已日益成为组织发展的核心因素,危机处理既要充分借鉴成功的处理经验,也要根据危机的实际情况,尤其要借助新技术、新信息和新思维,进行大胆创新。危机具有破坏性、紧迫性的特点,更需要采取超常规的创新手段处理。

(8)沟通原则。

沟通是危机管理的中心内容,与员工、媒体、相关组织、股东、消费者、产品销售商、政府部门等利益相关者的沟通是不可或缺的工作。沟通对危机带来的负面影响有最好的化解作用。因此,必须树立强烈的沟通意识,及时将事件发生的真相、处理进展传达给公众,以正视听,杜绝谣言、流言,稳定公众情绪,争取社会舆论的支持。

(二)危机管理六阶段

危机管理大师诺曼·R.奥古斯丁(Norman R. Augustine)将危机管理划分为六个阶段。

1. 第一阶段:危机的预防

将危机预防作为危机管理的第一阶段并不奇怪,令人奇怪的是许多人往往忽视了这一既简便又经济的办法。要预防危机,首先要将所有可能会对商业活动造成麻烦的事件——

列举出来,考虑其可能的后果,并且估计预防所需的花费。这样做可能很费事,因为组织内数以千计的雇员中的任何一人,都可能因为失误或疏忽将整个组织拖入危机,但却很管用。其次,谨慎和保密对于防范某些商业危机至关重要,比如由于在敏感的谈判中泄密而引起的危机。要想保守秘密,就应从以下四方面来做:必须尽量使接触到它的人减到最少,并且只限于那些完全可以信赖且行事谨慎的人;应当要求每一位参与者都签署一份保密协议;要尽可能快地完成谈判;最后,在谈判过程中尽可能多地加入一些不确定因素,这会使窃密者真假难辨。即使做了这些,也应当有所准备,因为任何秘密都可能会泄露。

2. 第二阶段:危机管理的准备

大多数管理者满脑子考虑的都是当前的市场压力,很少会有精力考虑将来可能发生的危机,这就引出了危机管理的第二阶段:未雨绸缪。危机就像死亡和纳税一样是管理工作中不可避免的,所以必须为危机做好准备,比如行动计划、通信计划、消防演练及建立重要关系等。大多数航空组织都有准备就绪的危机处理队伍,还有专用的无线电通信设备以及详细的应急方案。今天,几乎所有的组织都有备用的计算机系统,以防自然或其他灾害打乱他们的首要系统。另外,在为危机做准备时,留心那些细微的地方,即所谓的第二层的问题,将是非常有益的。危机的影响是多方面的,忽略任一方面其代价都将是高昂的。

3. 第三阶段:危机的确认

这个阶段危机管理的问题,是感觉真的会变成现实,公众的感觉往往是引起危机的根源。在寻找危机发生的信息时,管理人员最好听听组织中各种人的看法,并与自己的看法相互印证。

4. 第四阶段:危机的控制

这个阶段的危机管理,需要根据不同情况确定工作的优先次序。首先,让一群员工专职从事危机的控制工作,让其他人继续正常经营工作,是一种非常明智的做法。也就是说,在危机管理小组与经营管理小组之间应当建立一座"防火墙"。其次,应当指定一人作为组织的发言人,所有面向公众的发言都由他主讲。这个教训源自另一个法则,那就是:如果有足够多的管理层相互重叠,那就肯定会发生灾难。再次,及时向组织成员,包括客户、拥有者、雇员、供应商以及所在的社区通报信息,而不要让他们从公众媒体上得到有关组织的消息。管理层即使在面临着必须对新闻记者做出反应的巨大压力时,也不能忽视这些对组织消息特别关心的人群。事实上人们感兴趣的往往并不是事情本身,而是管理层对事情的态度。最后,危机管理小组中应当有一位唱反调的人,这个人必须是一个在任何情况下都敢于明确地说出自己意见的人。总之,要想取得长远利益,组织在控制危机时就应更多地关注消费者的利益而不仅仅是组织的短期利益。

5. 第五阶段:危机的解决

在这个阶段,速度是关键,危机不等人。比如,当手机产生的电磁辐射会引起脑瘤的指控出现时,手机制造商们迅速请独立专家直接向公众解释实际情况,公众的担心很快就消除了。

6. 第六阶段:从危机中获利

危机管理的最后一个阶段其实就是总结经验教训,如果一个组织在危机管理的前五个阶段处理得完美无缺,那么第六个阶段就可以提供一个至少能弥补部分损失和纠正混乱的机会。要尽一切努力避免使组织陷入危机,但一旦遇到危机,就要接受它、管理它,并努力将视野放长远一些。

(三)危机管理的对策

组织在生产经营中面临着多种危机,并且无论哪种危机发生,都有可能带来致命的打击。通过危机管理对策把一些潜在的危机消灭在萌芽状态,把必然发生的危机损失减少到最小的程度。虽然危机具有偶然性,但是危机管理对策并不是无章可循。危机管理对策主要包括如下几个方面。

1. 做好危机预防工作

危机产生的原因是多种多样的,不排除偶然的原因,多数危机的产生有一个变化的过程。如果管理人员有敏锐的洞察力,根据日常收集到的各方面信息,能够及时采取有效的防范措施,完全可以避免危机的发生或使危机造成的损害和影响尽可能减少到最小程度。因此,预防危机是危机管理的首要环节。

(1)树立强烈的危机意识。

进行危机管理应该树立一种危机理念,营造一个危机氛围,使员工面对激烈的市场竞争,充满危机感,将危机的预防作为日常工作的组成部分。

①对员工进行危机管理教育。教育员工认清危机的预防有赖于全体员工的共同努力。全员树立起危机意识能提高组织抵御危机的能力,有效地防止危机发生。在生产经营中,员工应时刻把与公众沟通放在首位,与社会各界保持良好的关系,消除危机隐患。

②开展危机管理培训。危机管理培训的目的与危机管理教育不同,它不仅在于进一步强化员工的危机意识,更重要的是让员工掌握危机管理知识,提高危机处理技能和面对危机的心理素质,从而提高整个组织的危机管理水平。

(2)建立预防危机的预警系统。

预防危机必须建立高度灵敏、准确的预警系统。信息监测是预警的核心,随时搜集各方面的信息,及时加以分析和处理,把隐患消灭在萌芽状态。预防危机需要重点做好以下信息的收集与监测。

①随时收集公众对产品的反馈信息,对可能引起危机的各种因素和表象进行严密的监测。②掌握行业信息,研究和调整组织的发展战略和经营方针。③研究竞争对手的现状,进行实力对比,做到知己知彼。④对监测到的信息进行鉴别、分类和分析,对未来可能发生的

危机类型及其危害程度做出预测,并在必要时发出危机警报。

(3)建立危机管理机构。

这是危机管理有效进行的组织保证,不仅是处理危机时必不可少的组织环节,而且在日常危机管理中也非常重要。危机发生之前,要做好危机发生时的准备工作,建立起危机管理机构,制定出危机处理工作程序,明确主管领导和成员职责。成立危机管理机构是发达国家的成功经验,是顺利处理危机、协调各方面关系的组织保障。危机管理机构的具体组织形式,可以是独立的专职机构,也可以是一个跨部门的管理小组,还可以在战略管理部门设置专职人员来代替。每个组织都可以根据自身的规模以及可能发生的危机的性质和概率灵活决定。

(4)制订危机管理计划。

应该根据可能发生的不同类型的危机制订一整套危机管理计划,明确怎样防止危机爆发,一旦危机爆发立即做出针对性反应等。事先拟订的危机管理计划应该囊括组织多方面的应酬预案,在计划中要重点体现危机的传播途径和解决办法。

2.进行准确的危机确认

危机管理人员要做好日常的信息收集、分类管理,建立起危机防范预警机制。危机管理人员要善于捕捉危机发生前的信息,在出现危机征兆时,尽快确认危机的类型,为有效的危机控制做好前期工作。

3.危机处理

(1)有效的危机控制。

危机发生后,危机管理机构快速调查事件原因,弄清事实真相,尽可能把真实的、完整的情况公布于众,各部门保证信息的一致性,避免公众的各种无端猜疑。配合有关调查小组的调查,并做好应对有关部门和媒体的解释工作以及事故善后处理工作。速度是危机控制阶段的关键,决策要快速,行动要果断,力度要到位。

(2)迅速拿出解决方案。

要以最快的速度启动危机处理计划。每次危机各不相同,应该针对具体问题,随时修正和充实危机处理对策。主动、真诚、快速反应、公众利益至上是面对危机最好的策略。应该掌握宣传报道的主动权,通过召开新闻发布会,向公众告知危机发生的具体情况,解决问题的措施等内容,发布的信息应该具体、准确,随时接受媒体和有关公众的访问,用公众利益至上的原则解决问题。处理危机时,最好邀请权威人士辅助调查,以赢取公众的信任,这往往对危机的处理能够起到决定性的作用。

4.危机的善后工作

危机的善后工作主要是指消除危机处理后遗留问题和影响。危机发生后,组织的形象受到了影响,公众会非常敏感,为此组织要靠一系列危机善后管理工作来挽回影响。

(1)进行危机总结、评估。

对危机管理工作进行全面的评价,包括对预警系统的组织和工作程序、危机处理计划、危机决策等各方面的评价,要详尽地列出危机管理工作中存在的各种问题。

(2)对问题进行整顿。

多数危机的爆发与管理不善有关,通过总结评估提出改正措施,责成有关部门逐项落实,完善危机管理内容。

(3)寻找商机。

危机制造了另外一种环境,管理者要善于利用危机探索经营的新路子,进行重大改革,这样,危机可能会带来商机。

总之,危机并不等同于失败,危机之中往往孕育着转机。危机管理是一门艺术,是发展战略中的一项长期规划。组织在不断谋求技术、市场、管理和组织制度等一系列创新的同时,应将危机管理创新放到重要的位置上。一个组织在危机管理上的成败能够显示出它的整体素质和综合实力,成功的组织不仅能够妥善处理危机,而且能够化危机为商机。

第三章 农村经济发展的金融支持

第一节 农村金融支持农村经济发展的作用机理

一、农村金融对农村经济发展的促进作用

(一)融资功能

农村居民的收入主要用于人们的日常消费和投资(将收入存入金融机构也是投资的一种类型)。当农村金融发展缓慢时,大部分农民会将收入存入金融机构,以此作为主要的投资方式来保证自身的基本利益不受损害。但是,对于农民而言,这种投资方式的增值率过低,无法大幅增加农民的收入。融资功能是金融机构具有的基本功能之一,农村金融机构可以借助该功能为农民提供各种融资方式,保证农民可以在享受各种金融服务的同时,快速积累财富,从而促进农村经济增长。

对于一个金融机构而言,其体系越完善越有利于其融资功能的发挥,其向市场提供的信贷就越多,借贷者从金融机构获得的资金就越多。因此,农民可以通过向农村金融机构借贷的方式以获取用于扩大自身生产规模的资金,从而增加自身收入,促进农村经济的增长。

具体而言,农村金融机构的融资功能具有以下作用:第一,农村金融的融资功能可以解决当前我国农村资金分散的问题。借助这一功能,资金的提供者可以通过利率的提高来增加财富,资金的使用者可以通过获得更多的资金来扩大自身的生产和投资规模,如此循环往复,农村资金就会越来越集中。第二,由于农业生产是一类季节性特征十分明显的活动,这一特征使得农村资金的供求表现出很强的时间性:农忙时资金严重不足,农闲时资金充足却没有增加收入的方式。因此,农村金融机构可以利用融资功能合理地安排农民手中空闲的资金,在农忙时为农民提供资金支持,在农闲时帮助农民创造收入。

农村金融机构在农村金融市场进行融资的具体流程是:吸收区域内存款,并以贷款的形式将其投资给需要资金的企业和个人(投资过程承担一定的风险),使资金得以流转起来,以此创造经济效益。农村金融机构借助这一功能,能够充当资金需求方和资金供应方之间的中介,通过金融转换的方式,实现区域内资金的循环利用。总的来说,农村金融机构的融资功能可以满足资金供求双方的需求,进一步改善农村储蓄者与农村资金需求者之间的关系,从而推动农村经济发展。

(二)提高资金使用效率

农村金融对农村经济发展的支持作用在很大程度上由资金的使用效率决定。在农村，不同的地区、行业、市场主体决定了其对资金具有不同的需求。部分农村地区存在资金闲置过多的现象，造成了资金浪费；有的地区由于资金短缺，经济发展受到了阻碍。而农村金融机构可以通过为农民提供更多的投资渠道，将农村的闲置资金聚集起来，然后根据不同地区的实际发展需要进行合理的分配，有效提高了农村地区的资金使用效率，从而带动农村经济增长。

(三)促进农业科技进步和农业生产率提高

以往由于农业科技发展缓慢、农村资金分散，使得农民无法利用合适的生产技术来提高农业生产率，进而导致农民收入难以增加，减缓了农村经济发展的速度。农村金融机构的出现不仅解决了农业技术研发资金短缺的问题，促进了农业科技进步，并借助其权威性，减少了先进农业技术推广与应用过程中的阻碍，加快了农业的产业化进程，提高了农业生产率，增加了农民的收入，进而带动了农村经济和金融的快速发展。

二、基于金融深化理论的农村金融支持农村经济发展的作用机理

(一)金融深化的内涵

1. 金融深化的定义

金融深化理论最早由美国经济学家麦金农(Ronald I. Mckinnon)提出。麦金农认为，为了避免金融抑制现象的产生，政府应该适当放松对金融体系的监管，特别是对利率的监管，真正放开利率市场，确保利率能够充分反映资金的供求关系，充分发挥市场在资源配置中的基础性作用，从而使有限的资金可以分配到高收益的项目中，提高资金的配置效率。如果说金融抑制是对问题成因的研究，那么金融深化就是对问题解决方法的研究。基于此，我国许多金融学者都对金融深化做出了定义：①政府放弃对金融市场和金融体系的过分干预，使利率和汇率能够充分反映资金和外汇的需求，并在有效地控制通货膨胀之后，金融体系可以以适当的利率吸引大量的资金，并以恰当的贷款利率吸引有资金需求的实体企业；②从政策的角度，这一理论的实质是金融自由化，为此，政府应放松金融监管，让市场决定金融的发展走向，具体流程为：具有市场化特性的利率会刺激居民将财富存放到金融机构，而后金融机构利用储蓄进行投资，以扩大社会生产性投资，最终增加居民财富。

结合了麦金农的理论、国内经济学家的研究成果，以及我国国情等，本书认为金融深化理论是一个动态的概念，其大致上可以分为三个层次：一是金融增长，即金融规模的不断扩大；二是金融机构数量的增加与金融结构的优化；三是政府逐步放松对金融体系的控制，使金融体系在市场自发性的推动下逐步完善，最终使金融效率得到提高。

2. 金融深化的原因与动力

(1)信息不对称。

信息不对称是指进行交易的双方所掌握的交易信息数量不同。在市场经济活动中，信

息不对称通常导致拥有市场信息较多的一方在交易过程中占据主导地位,并且有可能会损害拥有市场信息较少的一方的利益。在市场中此类例子有很多,最经典的还是美国著名经济学家乔治·斯蒂格勒(George Stigler)在其《竞争价格理论》一书中为解释信息不对称这一定义而举的二手车交易市场的例子,这也使得经济学界首次认识到信息不对称所带来的弊端。二手车交易市场的例子具体是指:买卖二手车时,卖方比买方更了解车辆的质量等信息,因此卖方通常对车子有一个心理价位,且质量越好心理价位越高;而买方没有足够的信息作为支撑来判断车子的质量,这使其处于被动状态,只能依照市场上普遍的价格进行交易。当买方出价低于卖方心理价位时,卖方坚信车子的价值要高于此,因此不会卖出;当买方出价高于卖方心理价位时,卖方会很乐意卖出,但买方会因此买下实际价值低于购买价格的车子。这样一来,二手车质量越差,就越容易进入市场,但由于二手车质量过差,使得买车的人越来越少,最终导致二手车交易市场难以发展。

(2)交易成本。

交易成本是指在一定的社会关系中,人们自愿交往、彼此合作达成交易所支付的全部时间成本和货币成本,具体包括传播信息、广告、与市场有关的运输,以及谈判、协商、签约、合约执行的监督等活动所花费的成本。金融机构进行交易的前提是交易所获得的投资收益与自身花费的时间和精力成正比。随着信息时代的到来,以及科学技术的不断更新,人们进行交易的成本将越来越低。

3. 金融深化的表现

金融深化的主要表现是金融机构职能的细化和金融机构专业性的增强,如金融机构从同时负责储蓄、投资等多方面金融业务发展到只负责证券投资和股票等固定几种金融业务,这样一来金融机构的数量也会随之迅速增加。金融机构数量的增加不仅表示金融交易方式的多样化,而且也表示金融供求范围的扩大,从而推动新的金融产品和金融机构的出现,进一步实现金融市场发展的良性循环。具体来讲,金融深化可以表现在以下几个方面。

(1)建立专业的生产和销售信息的机构。

信息不对称是市场交易过程中普遍存在的现象,要想解决这一问题,关键在于要建立一个交易商制度。在金融领域,交易商是指以收集、贩卖、评价融资主体信息为经营业务的机构,即专业的收集和销售信息的机构。建立专业的收集和销售信息的机构是改正现有金融机构不足的重要方式,也是金融深化的突出表现。当然,这样做并不能完全解决信息不对称的问题,如有些投资者会跟随购买信息者进行投资,这在经济学界被称为"搭便车"行为,由于没有保证,这样的行为很有可能会给跟随者造成损失。

(2)政府采取措施进行管理。

经济学家随着对金融深化理论研究的深入也意识到,如果政府将金融的管制完全放开,对于金融体系的发展来说就是弊大于利的。因此,政府应该采取措施对金融进行宏观调控,这也是金融深化的重要表现之一。需要注意的是,金融深化环境下的政府管制与金融抑制环境下的政府管制存在较大差异:金融深化环境下的政府管制以制定和执行统一的会计标准、信息披露标准为主,其在金融市场中所起到的是博弈、判断的作用。金融抑制环境下的政府管制往往采取行政配置信贷资金的手段,将相对稀缺的资金分配给政府意愿的领域,其在金融市场中所起到的是调控的作用。

(3)金融中介的出现。

在我国金融体系改革的过程中,金融中介的出现是金融深化的突出表现之一。金融中介的作用是:实现资金流与物流、信息流的高效整合与匹配;使资源配置效率化;推动企业组织的合理发展。由于金融中介在经营方面具有明显的中介性质,在业务方面表现出明显的分工性质,从而使其与其他金融机构区分开来。总的来说,金融中介的出现不仅表明了我国金融体系的更加健全,而且进一步明确了我国金融市场中金融业务的分工,是我国金融深化改革的重要成果。

(4)限制条款、抵押和资本净值。

为了对金融市场中的交易行为形成有效的外在约束,在我国金融深化改革的过程中,金融市场内大多数的交易合约条款变得越来越细化,对经营方面的限制条例也越来越多。此外,由于金融交易本身存在不稳定性,在交易的过程中容易出现资金回流困难等问题,如借款人找借口不归还借款或者擅自将有约定用处的资金挪作他用等。为了避免发生此类事件,贷款人可以在双方签订的合同中设置限制性条款。限制性条款的主要内容有两方面:一是限制、约束借款人从事某些违法的活动或者高风险的经济活动、投资活动等;二是鼓励借款人采取正确的经营方式,以保证贷款能如期归还,使借款人树立按期归还的信用意识,形成良好的信用品质。具体做法包括:要求相关的监管部门对借款人的经营状况及资金流动进行监管,以此来确保借款人的合法经营,并明确资金的流向和用途。

综上所述,金融深化的一个典型特征就是金融体系的发展交由市场决定,但在缺少外在因素约束的情况下,金融体系必将朝着单纯的资本运作的方向发展,这不利于社会生产性投资的扩大,因此采取措施对金融体系进行限制既是金融深化的表现,又是金融深化的重要内容。

(二)基于金融深化理论的农村金融支持农村经济发展作用机理的逻辑模型

自金融深化理论提出以来,许多经济学家对此进行了全面细致的研究,并深入地分析了金融深化对经济增长的促进作用,明确了这一促进关系的机理。以下将对基于金融深化理论的农村金融支持农村经济发展作用机理的逻辑模型进行研究。首先从农村金融深化的三种效应出发,然后对在此过程中发现的作用机理进行归纳,最终得到其相应的逻辑模型。

1. 农村金融深化的三种效应

麦金农和肖(Edward. S. Shaw)认为,在推动金融深化改革的过程中,政府应该放松对利率的监管力度,实现市场利率自由化,并通过增加相关金融机构的储蓄资金来推动地区的经济增长。基于此,农村金融深化带来了三种效应,即储蓄效应、投资效应和投资效率效应。

2. 基于金融深化理论的农村金融支持农村经济发展作用机理

农村金融中介机构出现的原因有两个:一是在交易的过程中,购买方对所要进行交易的物品并不了解,从而导致了信息不对称的现象;二是由于金融市场中的交易成本逐渐增加,使得交易成交数量逐渐减少。农村金融中介机构的出现在一定程度上解决了信息不对称的问题,促进了交易成交数量的增加,进而推动了农村经济发展。与此同时,农村金融机构可以通过市场作用影响金融体系的发展规模、交易结构和交易效率,进而促进农村经济的发展。此外,金融深化可以通过增加资金储蓄、增加金融投资、完善资源配置等形式,来促进农村经济的增长。

(1)农村金融深化的投资效应。

第一,农村金融深化改革与农村金融市场的发展及农业的发展存在连锁关系。农村金融深化改革可以提高农村金融市场的发展速度,农村金融市场的快速发展又会促进农业技术、农业工具及与农业相关的金融服务向着多元化、差异化的方向发展。此外,进行农村金融深化改革不仅可以通过发展农村金融市场为农民开辟更多的投资渠道,还可以为农民投资提供更多的选择,从而实现农村财富的迅速累积。

第二,农村金融深化改革能够减少农村地区在储蓄过程中存在的信息不对称的问题,解决投资者对于投资内容了解到的信息与实际信息不相符的问题。实际上,正是因为农村金融深化改革的影响,才使得我国农村金融产品的种类得以不断增加,且产品内容愈加丰富;提高了我国大部分农村金融机构的服务效率及产品研发效率,进而促使我国农村金融机构吸收的存款越来越多;帮助农民认识更多类型的农村金融业务,享受更优质的金融服务。虽然在有些情况下可以认为,当农村金融机构具有一定储蓄能力时,其储蓄转化能力可以决定该地区的投资质量及投资水平,但是我国农村金融机构的结构在很大程度上会影响其储蓄转换投资的方向。就目前的情况来看,如果在后续的发展中可以解决农村储蓄者与农村金融机构之间信息不对称这一问题,不仅可以同时降低双方的投资风险,还可以提高储蓄资金在农村金融市场中的转化效率,提高农村投资资金的流动效率。

第三,从金融深化理论的角度来看,农村金融中介和农村金融市场的发展可以推动农村储蓄资源转化为农村投资资源的效率及比例。具体过程为:农村金融机构先吸收农村地区的存款,通过自身的转换功能,将这些存款转化为农村投资资金,再投放到农村地区,用以进行农业建设或者满足农民的金融需求。这样不仅可以降低交易过程中的交易成本,而且可以解决交易过程中的信息不对称等一系列问题。也就是说,只要保证我国农村金融机构的发展方向是正确的、稳定的,就可以避免农村金融市场对农村经济发展造成的负面影响,从而进一步增加我国农村地区的经济收入。

(2)农村金融深化的资源配置效应。

农村金融主要是通过发挥其资源配置功能来实现推动农村经济增长的目的的,而农村金融深化的直接影响就是可以使农村金融产生资源配置效应。在农村金融体系健康发展的情况下,农村金融可以自行配置农村金融市场中的资金,从而实现资源的最高利用率。具体流程为:农村金融体系首先通过一定的手段甄别并评估某个企业或某个投资项目,然后对其进行监督,以确保该项目确实可以带来经济效益,或者了解该企业的发展情况,最后将资金尽量分配给生产效率较高的企业或项目,以此提高农村金融体系资金投入的资本边际效率。在这一过程中,农村金融中介的主要作用是收集信息,并对收集到的信息进行分析,从而合理、有效地解决交易双方信息不对称的问题,为交易双方提供较为完美的解决方案。此外,这样做还可以进一步提高我国农村金融市场中的资金利用率,降低农村地区资金在流动过程中存在的风险。

在农村金融市场的发展过程中,一方面,我国农村金融体系引导着我国农村金融市场的发展方向,可以降低农村地区金融交易的成本和风险,为我国众多农村金融机构的发展提供途径,为农村地区信息的交流开拓渠道;另一方面,我国农村金融体系可以为投资者提供风险分担、资源共享的机会,不仅可以保证投资者自身财产的安全,也可以提高投资者们的投资积极性。

农村金融体系通过对农村地区资源、资金进行合理配置的方式,既可以促进经济生产效率较高的企业的发展,也能够降低这些企业运营过程中的风险,增加其投资的收益。随着农村金融市场的不断发展,虽然出现了诸多新的技术,但是这些技术往往具有两面性,既带来了丰厚的利润,又隐藏着新的风险。面对此类问题,只要我国农村金融体系坚持以合作为主的方针,为农村金融机构和农村金融市场积极地提供增加融资渠道和降低融资风险的帮助,就可以在很大程度上鼓励我国农村金融市场的技术创新,进而提高农村地区的资本边际生产效率。

总的来说,农村金融深化可以优化农村金融市场中的资源配置,使农村金融体系得以进一步完善,从而促进我国农村经济发展。

(3)农村金融深化对储蓄率的影响。

虽然农村金融深化可以使农村地区的金融市场更加发达、金融机构的数量增多、金融产品的种类更加丰富,从而提升农村地区的存款利率,但是这不代表只要进行农村金融深化就一定会提升农村地区的存款利率。结合实际来看,随着农村金融深化程度的加深,由于农村金融机构可以为农民提供更多的投资渠道,为了获得更多的利益,比起单纯的储蓄收入来说,农民更倾向于将闲置资金用于投资,从而导致了农村地区的存款利率有所下降。

三、基于内生增长理论的农村金融支持农村经济发展的作用机理

(一)经济增长理论的内生化与金融发展的作用

1. 索洛—斯旺模型与金融发展的作用

为了研究经济内生增长与金融发展的关系,美国经济学家罗伯特·索洛(Robert Solow)从资本—劳动力比率入手,分析了资本积累与储蓄率的关系,并提出了一种经济增长模型,后续经济学家通过对其补充完善,构建了新古典增长理论和索洛—斯旺模型。

索洛—斯旺模型表明,技术水平的高低是决定经济是否增加的关键因素。用这一观点分析农村金融发展可知,技术水平越高,农村人均产出越高,农村人均收入也就越高,农村居民的储蓄率就会增加,进而促进农村经济增长。这里需要注意两个问题:一是农村居民储蓄

率的增加虽然可以促进农村经济增长,但是这种增加是在一定范围内的,超出这一范围,农村居民储蓄率的增加就不再对农村经济发展有促进作用;二是农村居民储蓄率的增加虽然能够促使农村经济达到某一发展阶段的最大值,但不能使农村经济提升到一个更高层次的发展阶段。

总的来说,根据索洛—斯旺模型可知,农村金融发展可以使农村居民储蓄率有所增加,进而提升农村人均产出水平,促进农村经济发展,但是这一影响是有限度的。

2.无限期界模型与金融发展的作用

实际上,无论是哈罗德—多马模型还是索洛—斯旺模型,在研究经济内生增长理论与金融发展的作用时,都假定人均储蓄与产出始终保持在一个固定的比例。但是,这一假定过于理想化,与实际生活中的经济发展规律不相符,使得以上两种模型在实际应用时出现了或多或少的缺陷。基于此,英国经济学家弗兰克·拉姆齐(Frank Ramsey)建立了拉姆齐模型,亦称无限期界模型,以弥补以上模型的缺陷。

无限期界模型的优势是,在确定性的条件下,分析最优经济增长,推导满足最优路径的跨期条件,从而阐述动态非货币均衡模型中的消费和资本积累原理。借助无限期界模型的这一优势,农村金融机构能够跨期分配金融资源,从而有力地推动农村经济、金融的发展。

(二)农村金融支持农村经济发展作用机理的路径分析

1.农村金融发展通过资本积累促进农村经济增长

帕加诺(Pagano)将金融因素加入内生经济增长理论的基本模型——AK模型之中,研究了金融发展对经济增长产生影响的方式,并由此提出了帕加诺模型。根据帕加诺模型可知,经济增长率等于资本积累的增长率,而资本积累的增长率由金融发展的三大效应,即金融深化的三种效应决定。从这一角度来看,农村储蓄和投资资金的增加会带动农村资金的增加,而农村金融机构对这一资金的配置效率的提高使其能够提升农村金融的发展水平,促进农村经济发展。如此一来,能够得到一个结论:通过资本积累的方式(包括物质和人力两个方面),农村金融发展能够促进农村经济增长。基于此,本书从流动性风险和信息不对称的角度对农村金融发展促进资本积累、推动农村经济增长的原因和途径进行了分析。

(1)流动性风险与金融发展。

苯茨文奇(Bencivenga)和史密斯(Smith)想要将金融中介这一因素纳入经济内生增长体系中,因此他们在借鉴了美国经济学家保罗·罗默(Paul Romer)的知识溢出模型的基础上,最终建立了一个新型的经济内生增长模型。这一模型的特点是,从个体投资者面临的流动性风险入手,探索了以银行等金融机构为代表的金融中介具有的资源配置效应和经济增长效应。对于农村金融而言,农村金融中介可以利用其优秀的资源配置能力积累更多的物质和人力资本,促进农村金融发展,进而推动农村经济增长,且其数量越多,这一效应就越明显。

而后,格林伍德(Greenwood)和史密斯在经济内生增长模型的基础上,在假定中间产品生产技术为线性的条件下,对银行、股票市场和经济增长之间的联系展开了研究,并建立了一个模型,该模型被称为格林伍德－史密斯模型。根据该经济模型可知,金融体系能够在一定程度上消除经济主体所面临的流动性风险,并能够借助其分配资金的能力将其吸收的大部分储蓄应用于生产性投资领域,从而避免了传统经济市场中投资型经济主体因收益率较低而提前将生产型投资变现的问题,同时还可以吸引更多人力资本参与这一过程。同理,对于农村金融体系而言,农村金融机构的体系越完善,功能越健全,其消除经济主体所面临的流动性风险的能力就越强,从而促进农村经济增长的作用也就越强。

综上所述,农村金融体系的存在使个体投资者在进行投资时面临的流动性风险大大降低,再结合自身分配资金的能力,就可以为流动性较差的农业生产筹集更多资金、积累更多人力资本,以此推动农业生产和农村金融的发展,进而促进农村经济增长。

(2)信息不对称与金融发展。

格林伍德和约万诺维奇(Jovanovic)考虑到信息不对称对金融发展的影响,提出了将金融中介融入经济内生增长模型的观点,并为此建立了相应的经济增长模型。将该模型应用于农村地区后可以发现,虽然农村金融中介可以避免大部分农村金融市场中信息不对称的情况的出现,促使更多的农村资金配置到高收益项目上,提高农村人均收入,进而促进农村金融发展和农村经济增长,但是农村金融中介不能保证将大部分资金用于农业生产,同时这样的行为也使得农村地区的储蓄率有所下降,可能会影响农村经济增长。因此,从信息不对称的角度来看,农村金融发展确实可以促使资本积累,但是其对农村经济增长的作用有待进一步考察。

2. 农村金融发展通过技术进步促进农村经济增长

诸多经济学家研究后发现,农村金融发展可以带动农业生产技术进步,进而促进农村经济增长。下面从金融体系、金融市场和交易成本三个角度对农业生产技术进步促进农村经济增长的作用展开分析。

(1)金(King)和莱维纳(Levine)试图通过建立一个经济内生增长模型来讨论金融体系与经济增长之间的关系。他们研究后发现,金融体系能够对企业家的经营能力、经营风险、项目创新的利益进行评估,并为技术创新企业提供资金。如此一来,企业家就能够借助金融体系调整企业的发展方向,提高项目的成功率,进而创造财富。作为社会经济活动主体的企业发展得越好,其创造的财富就越多,相应的经济增长的速度也就越快。

(2)赛昂·保罗(Saint-Paul)从金融市场对技术进步的影响这一角度分析了金融发展对经济增长的作用,并建立了相应的经济增长模型。保罗认为,在金融市场中,经济主体总是倾向于将资金用于技术先进且收益较高的金融项目,渐渐地那些技术落后且收益较低的金融项目就会因为没有资金投入而消失,长此以往,金融项目会自发地进行技术的更新,以此带动自身的发展。同理可证,技术进步可以刺激农村金融发展,并创造更多财富,进而促进农村经济发展。

(3)苯茨文奇、史密斯等人试图从交易成本对经济主体使用技术的影响的角度来分析金融发展对经济增长的作用,并建立了一个引入二级资本市场的经济内生增长模型。结果表明,在二级市场交易成本下降的情况下,经济主体更倾向于使用流动性较低且生产效率较高的技术,这样做虽然对技术进步具有积极意义,但是只有在技术提高到一定水平并具有较高的生产效率时,才能够促进经济增长。

第二节 我国农村金融组织体系的构建与完善

一、农村金融组织体系完善的总体思路

(一)农村金融网点的全面覆盖

农村金融机构是农村金融组织体系的主体,是最主要的农村金融供给者。当前,中共中央关于农村金融机构改革的基本依据是从质量和数量两个方面进行。其中,质量是指农村金融机构要在改革中逐渐朝着多元化的方向发展,最终实现农村金融机构类型的多样化,并实现业务覆盖农村经济的各个方面;数量是指经过改革,农村金融机构的网点要能够覆盖所有农村,为我国农村经济的发展提供即时服务。

(二)农村金融机构发展的可持续性

持续性发展是农村金融组织体系改革的一个基本要求,无法实现持续发展的农村金融组织体系是无法发挥其对经济增长的作用的。因此,我国农村金融组织体系改革的一个基本原则就是坚持可持续发展原则,即不断降低农村金融组织机构的不良贷款率,间接性地提高我国农村金融组织机构的运营效率和利润,进一步保障我国农村金融机构有充足的资金,为我国农村经济的持续发展提供基础保障。

(三)重组和改革是发展的硬道理

不同时期的农村经济发展的特点是不同的,单一的农村金融组织体系是无法适应我国不同地区的农村经济发展需求的,因此农村金融组织体系改革要坚持结合农村的实际经济发展状况的原则进行重组和改革。例如,当前我国农村金融组织体系改革的重点是明确产权与法人,即在改革的过程中建立明晰的产权制度,避免出现产权模糊的问题,同时完善企业法人治理结构,确保法人自身和相关金融机构的利益,保证农村金融机构实现积极性较高、运转合理、效率较高的商业运作。

(四)制度保障与政策支持是关键

与第二、第三产业相比,农业本身就具有一定的劣势,因此农村经济发展需要国家金融政策的支持。这就决定了农村金融组织体系改革要将重点放在制度保障与政策支持上。

(五)构建不同组织类型的协作体系

从以人民银行、农业银行等农村正规金融机构为主导到农村正规金融组织与农村非正规金融组织并存,我国农村金融组织体系的改革历程表明构建多元化的农村金融组织结构是改革的基础,这是由农村金融需求随着经济发展呈现多样化、多层次的特点所决定的。农村正规金融组织固然在资本、金融业务等方面具有较大的优势,但是农村非正规金融组织能

够满足一些农村正规金融组织无法满足的需求。因此,农村金融组织体系改革要在我国农村金融市场中,创造一种可以使农村地区的正规金融组织与非正规金融组织有机结合的环境,促进二者合作进行商业金融活动。在环境创建的过程中,政府需要调整相关的条例和规定,具体的内容如下:第一,政府可以鼓励并引导大型农村金融机构为农村地区的龙头企业提供一定的资金和相关的金融服务,以此保障龙头企业的发展;第二,政府可以为小型农村金融机构提供更多的批量贷款,使小型农村金融机构可以为更多的农民或农村小型企业提供金融服务;第三,政府可以加强农村地区小额贷款公司和小型村镇银行之间的联系,为两者提供更多的政策支持和制度保障,并使两者逐渐发展成为农民与大型国有商业银行之间的纽带,以此促进大型国有商业银行与农民之间的联系;第四,政府需要降低我国农村信贷公司市场的准入条件,使更多的正规信贷公司可以进入农村金融市场中,并在一定程度上给予这些小型信贷公司充足的发展空间,使其可以为农村金融的发展提供一定的帮助。

综上所述,可以确定我国农村金融组织体系改革的总体目标是:以农村正规金融组织为主体,以农村非正规金融组织为辅助,以为农村经济发展提供制度保障和金融支持为重心,构建覆盖所有农村及农村经济各个方面的农村金融组织体系。

二、我国农村商业性金融组织的完善

(一)农村商业性金融组织的症结及病理

1.农业银行

农业银行成立的初衷就是为农村经济发展提供金融支持,因此农业银行可以说是我国农村的第一大商业性金融组织。自农业银行进行商业化改革以来,农业银行的管理体制和经营方式都发生了巨大的改变,农业银行的主要目标也逐渐变成了盈利,这使得农业银行在对农村经济发展的支持力度上出现了减弱的趋势,而且其满足农村金融市场中一些金融需求的能力也有所下降,其体制上也出现了众多问题,具体情况如下。

第一,农业银行改革的过程中产权不明确。这一问题导致农业银行在经营过程中的经营成本不断增加。农业银行体制落后使得四大国有银行之间的财产权益关系的建立未能达到预期的利益联动效果,进一步导致农业银行在经营的过程中缺少对利益的追逐动力。金融改革的主体——政府在此期间对经营者的监督和约束力明显减弱,进一步导致农业银行在经营过程中缺少自主性和积极性,使得农业银行不得不面对经营成本上升以及运作效率低下等一系列问题。

第二,政企不分现象依旧十分明显。商业化改革是农业银行改革的基调,企业化经营是农业银行的主体思想,在这一过程中实现政企分离是必需的。然而,农业银行政企不分现象至今依然十分明显。在业务上,自农业银行成立之日起国务院就将农业性政策划分到农业银行的业务范畴内,使得政府并没有彻底放弃对农业银行的管制。由于管制力度疏松,农业银行在发展的过程中出现了商业性业务与政策性业务并存的情况。在人事管理方面,农业银行并没有实现真正的独立自主,也没有根据个人能力对员工进行职位的任免及升降,而是大多数时候受限于政府,政府对农业银行的人事任用进行了较多的干涉。

第三,农业银行在农村地区的金融机构分布不均,在总体分布上存在诸多不合理情况。随着我国大型国有商业银行对农村地区金融业务的懈怠,很多大型商业银行的金融机构网点被撤销。这使得我国农村地区农业银行的网点越来越少,其在乡镇层面的机构功能也不断减弱,其功能及效益也不断减弱,最终只能办理存款和结算等简单的业务。而县城以上农业银行的利润不足,整体来看经营困难。

第四,自商业化改革以来,盈利已成为农业银行的首要目标,而农村信贷业务的最大特点就是收益率较低、风险高,因此农业银行虽然由国家政策规定负责农村金融业务,但是其金融业务创新能力不足,无法满足当前农村的多层次金融需求。

2. 股份制商业银行

股份制商业银行的优点有很多,如业务灵活等,但是其也存在以下不足。

第一,法人治理结构不合理。股份制商业银行往往会采取出售股权的方式获得更多的融资,这就决定了股份制商业银行的股权过于分散。同时,因为每位股东的利益诉求存在差别,所以股份制商业银行的内部管理十分混乱。

第二,因为公众对于股份制商业银行的认知存在片面性,甚至有很多人认为其存在一定的风险,并不信任其所带来的商业合作利益,所以股份制商业银行在资金吸收方面容易出现问题,其运作体制容易出现脱节的现象,严重时其资金链甚至会断裂。

第三,服务人员的自身素质有待提高。虽然政府对国有商业银行的干预不利于其企业化、商业化改革,但是保证了国有商业银行员工的素质。与之相比,股份制商业银行的工作人员大多只是经过专业培训或从专业院校毕业的学生,这些员工无论是专业知识还是工作经验都相对较少,因此出现了股份制商业银行工作人员自身的综合素质良莠不齐的现象。

3. 非银行商业性金融机构

第一,近几年来我国农村地区的非银行性质金融机构的数量呈现上涨趋势,这些非银行商业性金融机构在进行信用扩张时,具有"双刃剑"的效应,一方面它促进了我国农村地区市场的繁荣,进一步开拓了我国农村的经济市场,促进了地区经济的发展;另一方面它又存在体制问题。政府要想使这些机构实现持久的发展,必须对这些机构进行正规化管理,进一步约束其发展方向及运营体制。由此可见,在改革过程中,政府需要进一步建立健全相关的法律法规,同时增强自身和中央银行对非银行商业性金融机构的监管及约束能力,减少这些机构对农村金融市场产生的不稳定效应及负面影响。

第二,目前我国并没有一部关于农村非银行商业性金融机构运营管理的法律条文,这就导致此类机构大多以地方政策为依据运营,造成政府无法对其进行统一管理,难以对其日常运营进行规范。

4. 民营银行

民营银行自出现以来就展现出了巨大的生机与活力。与股份制商业银行相比,民营银行的内部运营更加规范;与国有商业银行相比,民营银行的业务更加灵活,这些特点决定了民营银行在农村金融组织体系中占有重要的地位。随着政府对民营银行一系列扶持政策的出台,各种民营银行获得了更大的发展空间,但是不可忽视的是,其自身仍存在一系列问题,具体分析如下。

第一,民营银行的存款保险制度存在缺失,进而造成了以下两个问题:一是无法鼓励或者激励群众建立起对民营银行的信任;二是民营银行无法有效地进行资金的筹备,无法扩建其规模。

第二,民营银行在运营的过程中流动资金较少。与股份制商业银行不同,民营银行没有采用出售股权的方式获得融资,这样做虽然有利于民营银行内部的管理,但是也造成了民营银行资本短缺的问题。资本是银行的基础,银行资本越充足,其金融业务的覆盖面就会越广,同时充足的资本也有利于提高农民对银行的信任度。目前,民营银行资本短缺的问题导致其在运营过程中缩手缩脚,只能涉及一些规模小、收益稳定的业务。

第三,地方性监管机构对于大部分民营银行或民营金融机构的监管力度不够。这里,提到的监管主要是指针对民营银行日常的工作进行的监管,监管内容包括对银行的资本及风险的监管、对银行在运行过程中相关服务及信誉度的监管、对资金的流动及经营者对于资金的调控方向的监管等。通过监管一方面可以降低民营银行在农村金融市场中的风险;另一方面也可以较准确地控制民营银行自身的利率。

(二)农村商业性金融组织的改革措施

1. 农业银行的改革措施

农业银行是我国发展农村经济、支持农村农业建设的主要力量,其改革可以从以下几个方面展开。

第一,农业银行应该以支持农业发展为主要的经营目标,科学合理地确立自身的战略定位,在农村金融组织体系改革的过程中起到良好的带头作用,大胆地将部分组织决策权移交或下放,并尝试构建新的金融组织结构,为更多乡镇地区的支行或者分支机构提供更多的自主空间。同时,农业银行的支行或分支机构也应该根据各地区的实际需要设立目标,为农村地区的居民或者小型企业提供更多的资金支持和金融服务。

第二,随着时代的发展,不仅农民的金融需求在不断增加,而且农民对于金融服务的要求也在不断提高。因此,农业银行应该根据时代和实际情况的需要,积极地开发并创新金融产品,提供更多适合当代农民需求的金融产品,为农民和小型企业提供更多符合要求的金融服务。需要注意的是,农业银行在创新金融产品时,应该针对农村当前金融需求的空白来进行,这样既能够保证金融业务的竞争性,也能够弥补农村金融业务的不足。

第三,成立相关的企业担保机构,这种机构是作为中介形式存在的。前文提及我国农村地区很多农民和小型企业在贷款过程中因为没有担保物而被农村正规金融机构"拒之门外"。基于此,农业银行可以建立相关的信用档案,为具备一定信用的企业和农民降低贷款发放门槛;同时,农业银行也可以成立相关的担保机制,为具备一定信用的企业和农民做担保。以上措施可以解决很多农村小型企业或农民在发展过程中出现的资金问题,防止其因为资金不足而遇到发展瓶颈。

第四,近年来,农业保险业受到越来越多的重视,积极地探索农村贷款与保险业务已成为农村金融组织体系改革的一个着眼点。具体而言,农业银行可以从以下两个方面着手:一方面农业银行应该探索农业贷款的多样性,为农民提供不同的信贷;另一方面为了确保农业生产的安全性,农业银行应该涉足农业保险领域,在降低农业生产风险的同时,提高农业贷款的安全性,避免贷款人因生产风险而无法偿还贷款的情况发生。

2. 邮政储蓄银行的改革措施

邮政储蓄银行的改革措施可以从以下几方面展开。

第一,邮政储蓄银行应该加强自身的商业化运作,保证自身在运营过程中能够为企业带来实质性的帮助,并努力寻找为我国农村金融发展服务的新形式。

第二,在商业化运作的过程中,邮政储蓄银行应该积极开展存单小额质押贷款业务。实践表明这一业务的开展确实有很多优点,所以邮政储蓄银行应该重点开展此项业务。

三、我国农村政策性金融组织的改革

政策支持在农村经济发展过程中是必不可少的,因此政策性金融组织在农村金融组织体系中占据十分重要的地位。由于我国农村政策性金融组织特指农业发展银行,下面对其进行分析,并提出相应的改进意见。

(一)农村政策性金融组织的症结及病理

第一,在农村金融体系改革发展的过程中,虽然农业发展银行一直在加强对农村地区的金融支持力度,但是农业发展银行在这一过程中出现了很多问题,其经济能力及服务水平都不能为农村经济发展做出更多的贡献。在新农村建设的过程中需要大量资金,这些资金如果完全依靠政府的财政投入是很难实现的,因此农业发展银行必须通过自身的金融性质,吸收农民的资金,以此为农村地区的基础建设提供更多的流动资金。此外,在农村金融组织体系改革的过程中,农业发展银行本应该为农业发展提供大力的支持,但从实际来看,农业发展银行所发挥的作用并不大,其对于农业的支持主要体现在粮、油、棉的收购及存储贷款等方面,其对于农产品生产前和生产中的贷款支持较小。虽然农业发展银行在前几年的贷款总额有了新的突破,但是其对于农村经济开发与基础设施建设的资金投入并没有提高,反而呈现出下降的趋势,导致许多地区新农村工程的建设经常因资金不到位而无法正常运转。

第二,农业发展银行的融资结构有待进一步优化。农业发展银行的资金来源主要是中国银行的再贷款、用户的储蓄以及部分债权融资,其中中国银行的再贷款是农业发展银行的主要资金来源,占农业发展银行总资金来源的95%以上。由此可见,农业发展银行的融资结构十分不平衡,对其十分不利。

第三,农业发展银行的经营效率与资金运用效率较低。农业发展银行几乎所有的金融业务都是围绕国家支农政策进行的,这种金融业务办理方式虽然促进了国家支农政策的推行,但是也造成了农业发展银行对金融业务的创新力度较弱、经营效率与资金使用效率较低等问题。

(二)农村政策性金融组织的改革措施

农业发展银行在进行改革时,还应该从以下几个方面展开。

第一,农业发展银行应该将工作内容细化,妥善地处理好每一项基础工作。目前,农业发展银行的基本业务是粮、棉、油购销贷款,每年农业发展银行用于支持粮、棉、油购销贷款的资金占据当年贷款金额的一半以上。对此,农业发展银行一方面要继续加强粮、棉、油购销贷款工作,另一方面也要积极拓展新的业务,如发展农业产业化经营贷款业务、农业科技研发贷款业务、农村基础设施贷款业务等。

第二,农业发展银行应该建立完善的现代企业管理制度。农业发展银行要按照产权清晰、权责明确的要求,对自身的企业结构进行管理,同时完善工作的细节,只有这样其才能为预防我国农村地区金融发展风险提供助力,实现农村地区经济效益的提高和农民收入的增加。在这一过程中,农业发展银行应该具体做好以下两方面的工作:第一,进一步完善相关的管理机构及管理部门,设立董事会、董事、监事、监事会等,并要求这些管理部门切实发挥自身的实际作用;第二,要有效地改良自身内部的制衡机制、激励机制,在激励员工更加努力工作的同时,为提高整个机构的运行效率打下良好的基础。

第三,农业发展银行应该加强对运行资金的监管,进一步完善资金的运营机制与监管机制。近年来,农业发展银行存在的一个重要问题就是资金运营效率较低。这虽然是由其政策性金融机构的性质导致的,但是其本身的创新能力不足也是不容忽视的一个重要原因。因此,农业发展银行不仅要积极地拓宽自身的融资渠道,摆脱对中国银行再贷款依赖性过高的现状,还要对现有资金进行更加合理的应用,根据农村经济发展需求创新业务。

第四,在改革的过程中,农业发展银行应该将部分精力用于建立风险防范和控制机制,农业发展银行在运行的过程中需要对自身潜在的隐患和未知的风险进行防御和控制,做到未雨绸缪。这是一项复杂的转换工作,需要农业发展银行在完善自身体制的同时,对相关的部门进行适当的约束,实现内部部门之间的相互制约、相互协作。在这种风险防范和控制机制中,上级对于下级应该有绝对的控制权,以巩固、稳定系统内的秩序。

第五,农业发展银行应该完善自身的信贷管理制度,实行信贷管理责任制和审贷分离制度。农业发展银行将两项工作分开进行,有利于形成一个切实有效的风险防范控制机制,可以有效避免因为某些原因导致的工作分工不明确、责任无法落实等问题,避免引起风险和潜在隐患。

四、我国农村合作性金融组织的改革

以农村信用社为代表的农村合作性金融组织是我国农村金融组织体系的基层组织结构,如何抓住改革机遇,迎来新一轮的发展成为其亟待解决的问题。下面对于我国农村合作性金融组织的症结及病理进行分析,并提出相应的改进意见。

(一)农村合作性金融组织的症结及病理——以农村信用社为例

第一,农村信用社的历史遗留问题较为严重。我国现存的农村信用社大多是在原有信用社的基础上演变而来的,虽然在演变的过程中政府对其进行了改革和重组,但是原有的账目亏损问题并没有得到根本性解决。

第二,体制问题。农村信用社的前身是集体经济时期的农村信用社,它是由农民共同出资建立的,也就是说农村信用社并不具备"官办"色彩。但是,在长期的改革过程中,农村信用社先后与银行机构合并,还被纳入了农业银行的管辖范围中,导致农村信用社的"官办"色彩越来越强烈,对银行的依赖性较高,使得农村信用社股东的股金分红权无法实现,影响了农村信用社的发展。

第三,经营问题。农村信用社在经营上也存在一定的问题,虽然农村信用社是正规的国家金融服务机构,但是很多农村信用社都不愿意从事农村地区的贷款和小额信贷的金融服务,而是将大量资金和贷款额度提供给了工商业。此外,农村信用社在发展过程中尚未建立起完善的风险防范制度,存在很多不良的贷款行为;农村信用社大部分资金来源于农民的定期存款,而且其在经营服务的过程中金融产品较少、服务手段单一,且无法满足农民的金融需求。这一系列经营问题都严重制约了农村信用社的发展。

(二)农村合作性金融组织的改革措施

农村信用社的改革需要从以下两个方面展开。

1. 国家政策扶持

农村信用社在不断演变和发展的过程中并没有解决其历史性的遗留问题,因此其自身的机制和系统都是比较特殊的。对此,为了减轻农村信用社在发展过程中的历史包袱,保证试点工作的顺利进行,政府应该在一定程度上给予农村信用社扶持补贴和优惠政策,也可以减免其税收,并针对农村信用社的经营性质及服务性质,为其政策性业务制定激励机制,进而促进我国农村金融和经济的发展。同时,地方政府应该放宽农村金融市场的准入条件,将这些税收优惠政策和扶持政策提供给更多的金融机构,为金融市场营造出公平竞争的环境。此外,地方政府及相关金融机构也应该注意避免过度干预农村信用社的发展。

2. 产权制度优化

对于农村信用社而言,改革需要首先解决的就是农村信用社的产权问题。特殊的发展经历导致农村信用社的产权制度较为混乱,这一方面与农村信用社本身采用的是投资主体多元化、股权结构多元化的产权方式有关;另一方面与多年的"官办"体制导致农村信用社对自身性质认识不清有关。明晰产权关系是农村信用社改革成功的关键。在改革的过程中,农村信用社不仅要明确自身合作性金融组织的特性,还要对自身的股份构成进行查证,以确定每一位参股方的股份,简而言之,农村信用社改革的关键在于股份制改革。

纵观我国农村信用社的改革历史可以发现,以往农村信用社的管理权限一直在其他金融机构或者政府的手中,农村信用社缺少更多的自主空间。基于此,为了保证农村信用社体制改革的顺利进行,政府应该加强对相关部门的监管力度,防止其对农村信用社进行过度干预,同时要严格监督农村信用社的经营活动,以此维持农村信用社在发展过程中的秩序。此外,政府还应该制定相关的法律法规来保障农村信用社自主产权的完整及相关经营权限的有效性,从而保证农村信用社可以有一个良好的发展环境。

五、我国农村非正规金融组织的改革

从最初的改革到现在,我国农村非正规金融的高利率、不正规等缺陷饱受指责,但农村非正规金融组织对于农村经济发展和农村金融组织体系完善的重要性不言而喻,其非正规性恰恰弥补了农村正规金融组织的短板,即解决了农村正规金融组织无法满足农村小额、短期的金融需求的问题,因此,对于农村非正规金融组织而言,政府应当通过规范其经营行为来克服其缺陷。下面对于我国农村非正规金融组织的症结及病理进行分析,并提出相应的改进意见。

(一)农村非正规金融组织的症结及病理

研究表明,我国农民从非正规金融机构中获得的贷款数额是从正规金融机构获得的贷款数额的4倍之多,但我国农村非正规金融组织还存在诸多问题有待解决。

从技术角度讲,如果政府所获取的信息与市场中现存的信息出现了不对称的情况,政府在进行宏观调控时,就很难获得成效。对于我国农村非正规金融机构而言,大多缺少法律的约束和保护,这使得在其发展的过程中,相关监管部门很难发现问题,进而导致不法行为时常发生。

由于农村非正规金融组织几乎覆盖了我国所有的农村地区,再加上其规模较小、以独立经营为主,如果政府对其实施全方位的监管,消耗的监管成本就会过高,这导致金融监管部门不可能对农村民间金融组织进行全方位的监管。

此外,由于我国农村非正规金融组织经营规模较小,且经营活动范围较窄,其无法扩展业务及服务范围,并且容易受到变幻无常的农村金融市场的影响,致使其对于风险的抵抗能力普遍较弱。

(二)农村非正规金融组织的改革

农村非正规金融改革的关键在于规范运营行为及保障借贷双方的合法权益。基于此,农村非正规金融组织改革的主要内容应该包括以下方面。

1. 加速农村非正规金融组织正规化进程

农村非正规金融组织之所以运营管理不规范,很大原因在于政府对非正规金融态度的"暧昧"。一方面政府并不否定非正规金融存在的合理性;另一方面因之前农村非正规金融组织造成的负面影响,政府对于非正规金融始终存在一种高度的警惕。这种矛盾的态度导致目前我国并没有关于农村非正规金融市场准入和退出机制的相关政策规定,对农村非正规金融组织的管理也处于探索状态。因此,如何将农村非正规金融组织正规化,促使其走上正确的发展道路,成为农村非正规金融组织改革的重点之一。

2. 合理的市场定位

不规范的经营管理导致非正规金融借贷双方的合法权益无法得到保障,采取何种做法来保障借贷双方的权益是农村非正规金融组织改革的重要内容。对此,一方面,政府要承认农村非正规金融组织的合法性,鼓励农村非正规金融组织主动融入农村金融组织体系中,以便于政府更好地对其进行监管;另一方面,对于农村非正规金融组织利率较高的问题,政府要出台相应的法律法规来规定其利率的上限和下限,从而保障借贷双方的权益。

第三节 发展农村金融的对策建议

一、进一步扩大农村金融发展规模

要想我国农村金融能更加稳定地发展,政府需要在我国金融发展相对落后的领域构建合理的金融组织体系。也就是说,建立层次分明、运作效率高、金融服务多元化的农村金融体系,这是建设我国社会主义新农村的重要途径,是解决我国"三农"问题的最佳方法,也是我国新时期对农村金融进行改革的重要步骤。

(一)健全多层次农村金融组织体系

1. 加快农村信用社的改革与发展

农村信用社在成立之初是农村劳动人民根据自愿互利原则组织起来的资金互助组织。在加快农村信用社改革与发展的过程中,政府已经恢复了我国农村信用社的合作性质,以此指明农村信用社的发展方向及其改革的主要方向。接下来,政府还需要提高各类人群对农村信用社的认识,使其认识到农村信用社是普遍存在于农村中,且与农民关系最为密切的金融组织,以此鼓励人们积极接受农村信用社提供的金融服务。而农村信用社在经营的过程中,也需要认真地衡量各方的利益,在考虑到互助性及便捷性的基础上,通过政府提出的相关金融扶持政策,来提高自身的服务水平和质量,并在提升提供服务质量的过程中发挥自身优势,加快自身体制的完善。

我国进行农村金融改革的主要目的是把农村信用社办成产权清晰、管理科学、约束机制强、财务上可持续发展、坚持商业化原则、主要为农业提供服务的金融机构。改革的重点:首先,要从解决农村信用社自身目标冲突问题开始,将为农业服务作为其立足的根本,并树立为农民服务的科学理念;其次,要规范农村信用社的产权制度和组织机构,农村信用社要按照股权结构多元化、投资主体多元化原则进行经营;再次,根据地区情况的不同,将产权形式合理地转换,将产权明晰、法人治理结构完善落实到农村信用社内部的管理责任制度上;最后,要规范农村信用社内部的管理制度,强化其约束机制,增加其业务的数量和品种,从而提高农村信用社对农村地区的服务质量和服务水平。总而言之,政府要将农村信用社为农民和农业提供服务的这一目标落到实处。

2. 准确定位农业发展银行的服务功能

在农村金融体系中,政策性金融机构是非常重要的,其不仅可以促进农村地区的金融发展,还可以在一定程度上弥补市场失灵的弊端。农业发展银行作为为我国农业提供服务的政策性金融机构,需要在农村金融发展的过程中起到引领的作用,为农村金融改革与发展提供一定的方向与指导。

从服务功能来看,农业发展银行的服务功能是以政策性的金融业务为主,全面调整自身的金融业务,将建立长期开发资金渠道、引导农业生产、调整农业产业结构三项内容设为主要的工作任务,同时在各个方面为"三农"问题提供全方位的服务。只有在我国农村金融改革与发展的过程中明确了农业发展银行的定位及其服务功能,才能切实地维护农民在经营中的利益,并将政府的各种扶持政策和优惠政策落到实处。

综上所述,政府应该调整农业发展银行的职能定位,加大政策性信贷支农力度,从而有效扩大农村金融供给,深化农村金融改革。具体而言,政府要想发展农业发展银行,应该从我国基本国情出发,在借鉴国外政策性金融的运作经验的基础上,充分发挥其在粮食流通领域和农村金融领域的支持作用,将其从单纯的粮、棉、油收购银行转变为服务于农业开发、农村基础建设、农村生态环境建设、农业产业升级、农产品进出口的综合性政策银行,从而强化其在农业生产中的作用,促进农业产业化发展。

3. 加强中国农业银行的业务整合

农业银行在向商业股份制银行转型的过程中,其工作重心和工作方向渐渐远离了"三农"工作。然而,农业银行作为国有商业银行中专门为农业服务的银行,是与农业、农民最为紧密的存在,理应为我国"三农"工作提供大量的资金和服务。因此,在建设新农村时期,只有保证农业银行的金融业务完整且具体到位,我国的农村金融问题才能得到更好地解决。具体而言,政府应该通过业务整合来加大对我国解决"三农"问题的支持力度,还需要保障农业银行在农村金融体系发展中的引领地位,以此将农业银行自身的优势和引导效果发挥到最大。

因为在改革的过程中农村信用社所具有的经济实力不足以支持我国农村地区居民和乡镇企业的金融需求,所以农村非正规金融机构获得了一定的发展空间和发展机遇。但是,由于农村非正规金融机构存在严重的经营问题和极大的风险,有可能对我国农村金融造成重大风险。为此,我国政府应该加大对农村非正规金融机构的管制,在给予其足够发展空间的情况下,使其经营的范围和内容更加合理、合法,以此保障我国农村金融的健康发展,降低农村非正规金融机构进行贷款服务时的交易成本,降低交易过程中农村非正规金融机构和农民所面临的风险。同时,这些举措也可以在一定程度上预防地方性的金融危机和金融动荡,进一步完善我国农村金融组织体系,建立完善的农业保障制度,使农村金融市场向着多元化的方向发展,增强农村金融市场的竞争力。

4. 建设并完善农村金融法律保障体系

完善我国农村地区的法制制度是促进农业经济发展的重要保障,具体可以从以下几个方面着手:第一,政府需要完善保护农业产业的法律,借助法律的约束力提高农业在国民经济中的地位,使农业得到中央政府与地方政府更多的支持;第二,政府可以制定农业投资法,使农业从国家获得的资金支持更具法律效应,并通过立法规定中央、地方的经济组织以及农民对农业的投资责任;第三,政府可以推动诚信的法制建设,以此保证农村金融机构的资金安全;第四,政府应该完善以金融机构为核心的相关法律和行政法规,以此增强执法环境的稳定性,为农村金融及农村资金的流动扫除制度性障碍。

5.建立并完善我国金融保险保障体系

我国农业保障制度可以在我国农业对外开放及各种自然灾害发生时,为我国农村地区的经济发展及社会稳定提供一系列的保障。但是,我国现有的农业保障制度不足以全面预防和应对金融风险和自然灾害,要想实现全面的保障,政府需要完善我国农村金融保险保障体系。具体而言,我国农村金融机构需要对新的金融业务进行风险分析,同时政府需要建立健全农业保障制度,以此增强农民的风险抵御能力,使农业保障制度向着农村政策性保险的方向发展,使我国各种保险机构能够独力承担各种农业保险的业务,最终共同促进我国农村经济和金融的发展。

(二)大力完善农村金融市场体系

要想完善农村金融市场体系,需要从拓宽农村融资渠道、改善我国农村现有的金融信贷投放模式、丰富农村金融产品、提高农村金融服务水平等方面入手。这里仅分析拓宽农村融资渠道、改善我国农村现有的金融信贷投放模式两种方式。

1.拓宽农村融资渠道

融资渠道可以分为间接融资渠道和直接融资渠道两类。其中,间接融资是当前我国金融市场中的主要融资方式,也是现阶段我国经济发展中企业、组织及自然人的主要融资方式。间接融资在一定程度上可以促进我国经济的发展。基于此,为了完善我国农村金融市场体系,在新时期农村金融改革的过程中,政府应该进一步降低对农村间接融资的管制,拓宽农村间接融资渠道,充分利用现有的农村金融市场中的资本,结合农村间接融资和直接融资的方式,为农村地区的企业提供一系列便捷的金融服务,以培养出一批优秀的农业产业,促进我国农业的发展。

2.改善农村金融信贷投放模式

我国农村的金融需求是多种多样的,因此政府应该提高各类农村金融机构的服务水平,丰富各类农村金融机构的产品种类,以此充分发挥农村金融机构的功能,增强我国农村金融机构对农村金融市场发展的促进作用。具体的实施策略包括以下三个:

第一,农村金融机构应该加快网络建设的步伐,使各种电子商业服务更加快捷,以此简化农民享受金融业务的手续和环节。

第二,农村金融机构应该加快农村地区的银行卡、网上银行、债券、股票、基金等业务的创立,以此将现代金融产品引入农村金融市场中,使各种便捷的费用缴纳及理财产品都能够切实地落到每一个农民身上。

第三,农村金融机构应该仔细地分析农民的金融需求,并根据实际情况为农民提供合理的金融服务,并在适时的阶段推出期货融资产品,以此完善、丰富农村金融的服务种类。

(三)构建高效的农村金融监管体系

在当前农村金融体系改革的过程中,我国政府放松了对农村金融市场的金融管制,并且进一步降低了农村金融市场的准入门槛,对相关的金融运作方式也做出了一系列的规范。接下来,政府应该采用各种扶持政策及新的金融政策,作为提高我国农村金融和经济发展效率的支撑,以此加快构建农村金融监管体系的步伐,进一步保障农村金融体系的稳定运行,促进农村经济的科学发展。

1. 健全农村金融监管法制体系

要想实现以法律作为农村金融监管的保障,加大对农村金融的监管力度,我国政府需要在改革农村金融体系的同时,合理地修正、完善金融监管的法律法规,并规范农村金融市场的法律维护程序及法律执行秩序;必须将政策金融法和合作金融法的立法作为首要工作,快速地制定有关农村非正规金融的法律法规,以此维护农村金融市场的合理运行,并通过这些法规规范引领农村金融体系向着科学的方向发展。

我国政府所进行的财政投资是一种经济活动。这种经济活动可以帮助政府实现特定领域内的社会经济职能,同时对资金进行合理的利用和配置,可以反映出政府作为分配主体,按照信用原则和社会需求对现有金融产品进行分配的方式。从本质上来看,财政投资可以归为国家分配的范畴。然而,在此之前我国政府对于相关资金的支出并没有建立一个完整的监管体系,造成了大量资源被浪费。因此,政府应该建立一个合理的资金使用监管制度,以此来控制农村金融机构的资金投入,提高资金的利用率,完善我国的财政投资体系,进一步促进农村地区金融和经济的发展。

2. 树立全新的农村金融监管思想

因为我国农村金融发展的过程中经常出现一些特殊情况,农村金融监管体系需要根据实际情况适时转变,所以政府应该树立全新的农村金融监管思想。具体而言,全新的农村金融监管思想应该包括:第一,在合理的任务过程中,防范未知风险,加快监管思想的转变;第二,由全面控制的封闭型的垄断思想向全面开放的透明思想转变,但应注意不能透露国家机密和商业机密,在信息公布之前必须获得国家机关和有关金融部门的认可;第三,将重点监管思想转化为全面监管思想,即无论是大事小事都应保持同一态度对待;第四,由随机监管思想转向制度监管思想,也就是说,金融监管体系不能对监管内容放松,要全面掌控金融市场的发展,以此达到最佳的监管效果。

除了上述建议外,政府还可以采取相关的宣传手段来增强农村金融机构的自我控制意识和行业自律意识;还可以通过媒体及社会相关人士的监督进一步强化对农村金融市场中金融机构的监管力度。

二、提高农村金融服务"三农"的效率

(一)加大农村金融发展的政策扶持力度

即使是我国金融信用贷款的利率处于最低水平,也仍有很多农民不能承受,因此政府需要强制性降低金融信用贷款的利率,并考虑到农业投入的性质和金融资本的安全性、流动性、收益性等特性,采用合理的政策手段来改变现有的制度,以增强农村金融市场的稳固性,改进农村金融体系中存在的不足。总体而言,借鉴国际上其他国家发展农村金融的经验可知,政府加大政策扶持力度的手段可以是制定强制的规定,要求部分农村金融机构开办优惠的农村储蓄业务,且这部分农村金融机构必须按照固定的利率为农民或乡镇企业提供信用贷款。具体而言,政府可以从以下三个方面着手,加大扶持力度。

1. 地方政府拥有一定的金融调控权

在农村金融发展的过程中,中央政府应该给予地方政府一定的金融调控权,该调控权不仅能够保证在经济发生动荡时,政府能够制定合理的政策来解决现有问题,还能够防止政府的短期干扰对农村金融市场造成的干扰过度的问题。总的来说,地方政府需要有一定的权限在一定的范围内对农村金融市场进行调控,以此保证农村金融市场的健康发展,同时为我国"三农"服务提供更多的便捷途径,维持农村金融和经济的稳定发展。

此外,地方政府可以利用财政政策对农村金融进行补偿,将扶持农业经济发展的补贴切实发放到农民手中,同时还要通过对农村金融的政策扶持和补贴来实现对农村金融的保护,发挥财政在农村金融市场中的杠杆作用,增强农民对未知风险的抵抗能力及自身的信用意识,为农村金融市场创造更好的信用环境,以此引导农村金融市场向着正确的方向发展。

2. 建立农村金融补偿机制

在农村金融改革的过程中,由于我国经济体制的问题,很多资金都被投向城市,使得农村的经济发展较为落后,支持农业产业化发展的资金越来越少。对此,我国政府需要制定一系列有效的政策,引导更多资金流回农村,用于农村金融市场的发展及农村经济的发展;同时,政府还应该采取合理的政策来调整农村地区的贷款额度,调节贷款利率,切实落实我国的补贴政策,促进农村地区的金融发展。

3. 执行更为灵活的货币政策,引导资金回流农村

通过一定的政策手段,可以保障我国农村资金应用到农村的经济发展中,保障农村储备资金的回流。基于此,政府可以采取各种金融工具对农村资金进行掌控和调节。考虑到调节的周期问题,政府可以制定一些金融优惠或者补贴政策,以期在调节的同时缓解农村金融资金紧张的问题。

(二)进一步优化农村金融发展环境

任何事物的发展都会受到其所在环境的影响,要想使我国农村金融发展更加稳定,政府需要在树立良好的农民信用意识的同时建设社会信用环境,通过社会信用环境的影响,使农

村金融机构可以放心地对农民或者小型乡镇企业进行贷款投放,同时也保证了农村金融机构及农民的资产安全,使我国农村金融市场可以更加稳定地发展。在建立社会信用环境的过程中,政府需要根据现实需要对各类情况进行严格把控,将工作落实到实处,从而构建良好的信用体系和以信用担保为核心的信用环境。总的来说,在农村金融改革的新时期,政府应该将有关于信用建设的工作重心放在以下几个方面。

1. 加快我国总体信用体系的建设

要想加快我国总体信用体系的建设,政府应该从建设信用信息库、信息披露和失信惩戒等多方面入手,努力完善农村信用体系。具体而言,政府可以从以下几个方面入手:第一,政府应该建立我国企业和个人的信用档案,并通过相关部门对资料进行审核,对企业和个人进行信用评估,并定期将评估结果向社会公布,接受社会各方面、各层次的监督,以此来增强社会整体的诚信意识;第二,政府需要主导建立信用信息库,以及相应的农村金融机构间的信息共享和协调平台,降低银行诚信成本;第三,政府应该根据农民或企业所评定的信用等级发放贷款,以此来促进农村的信用环境和谐发展。

2. 建立健全省—市—乡—街道四级信用担保体系

政府应该建立健全省—市—乡—街道四级信用担保体系,促进小型企业贷款担保体系及担保机构的形成,支持一些担保机构对小型企业发放贷款,同时引导并建立一些具有互助性质的担保公司,以此积极推行企业间互相担保的制度,解决小型企业贷款中因缺乏担保而导致的贷款难的问题。这样做不仅可以加强对借款人的约束,同时还可以保证提供贷款的农村金融机构的资金安全。

3. 加强金融安全区的创建

在监督的过程中,政府应该将企业和个人的信用与其形象相结合,将人品、道德及法律等内容全部融入透明的监督体系,并引导群众和社会各个层面成为监督者,形成一种具有强制力的约束,从而使贷款对象养成自觉还款的意识,降低交易过程中的成本损耗。

4. 严厉打击逃避金融债务的行为

对于逃避金融债务的行为,政府应该严肃处理,追究到底,通过相关的条例和法律规定来保障企业或个人在金融市场交易中的资产安全。同时,政府还应该适当加大对诚信缺失、逃避债务等行为的处罚力度,提高处理成本即使增加也要处理好债务逃避问题的意识,为我国农村金融发展创立一个良好的信用环境。

三、努力提高农村投资效率

(一)增加农业生产投资补贴

随着"三农"问题的不断升级,我国各级政府对农业生产的补贴逐渐增加。这样做一方面稳定了农村地区的经济金融发展,另一方面加快了我国农业生产的脚步。就目前国内的农村经济发展情况来看,我国的农业补贴政策还有很大的提升空间,政府应该进一步对现有的农村环境进行优化,扩大农村经济需求,调整农村经济结构,转变农业发展方式。

(二)根据地域特点提高基础设施投资效率

研究表明,我国东部农村地区大多已经实现了现代农业的标准化,提高了农业生产技术的水平,完善了农村的公共服务体系,加大了农村村容村貌的整治力度;对于相对落后的我国中东及西部地区而言,在进行农村基础设施投资时,政府应以当地农村实际的投资战略为基础,根据地域特点提高基础设施投资效率。

对于我国中部地区而言,政府应该根据该地区的特殊情况,提高水利工程的建设效率,同时,提高综合农业的生产能力,以此来提高当地人民的生产水平和生活水平。

对于我国西部地区而言,当地气候独特,因此政府应该将改革的初期重心放在提升当地人民的生活水平上,进而在保障人民温饱的情况下,发展当地的特色农业,提高农业生产水平,以此实现使该地区快速脱贫的目的。同时,政府还要加强对西部地区生态文明及文化方面的建设,积极将各种新技术及惠民政策引入西部地区,提高当地政府对各项政策的实施效率,进而提高当地人民的生活水平。

(三)提高农村劳动力素质

从经济发展的规律来看,要想使农村经济和金融得到快速发展,政府需要增强当地的经济建设,引入更多的先进生产技术。这就涉及了当地农村劳动力的素质问题,只有切实地提高当地农村劳动力的素质,才能进一步发挥生产技术的优势,从而进一步缩小城乡之间的差距。

(四)提高农村科研投资效率

我国作为世界上首屈一指的农业大国,在发展农业的过程中主要有三个手段:一是政策;二是科技;三是投入。其中,通过科技手段解决相关的问题是可行的,政府应该加大对农村急需的农业技术的研究力度,同时制定高效的协调沟通政策,实现科研活动效益的最大化。

总的来说,政府应该合理调控对农村地区的科研投资力度,不能将绝大部分的资源都放在对粮食等作物的研究上,而应将相关的生产技术及经济转变技术作为研究的重点,以此创造出新的农村经济发展机制,进一步提高农业生产的经济收益。此外,政府还应该根据农村的实际需求进行合理的资金投入,只有根据当地实际情况进行技术研究,才能切实解决当地发展所面临的各种问题,进而通过科研技术,进一步提高当地人民的生活水平。

四、加快农村金融产品创新步伐

(一)信用共同体贷款

这种贷款方式具体流程为:农村金融机构对信用共同体成员进行考察后,在全部成员对该笔贷款进行担保的前提下,将贷款发放给贷款人,如果贷款没有及时归还或者出现讨债情况时,就需要所有的成员承担责任。这种贷款方式的好处是利用团体中成员之间的相互信任与每名成员的责任意识,合理地降低了个人借贷所产生的违约风险。这样一来,农村金融机构既可以提供更大金额的贷款满足农民的需求,也可以保证较高的还贷率,从而保证农村金融机构的利益不受损失。

(二)收费权质押贷款

这种贷款方式的关键在于质押,是指贷款人自身具有一定的收费权限,并以该收费权限作为抵押物向农村金融机构申请贷款。当贷款人不能履行债务时,农村金融机构有权依据合同的约定,以转让该收费权所得价款或直接获取收费款项保证自身利益不受损。对于这种贷款方式而言,《中华人民共和国担保法》中有明确的规定,能够有效保障农村金融机构在利益不受损的前提下发放贷款。

(三)股权质押贷款

这种贷款方式与收费权质押贷款方式类似,都是贷款人向农村金融机构抵押自身一定权利来获得贷款。不同的是,这种贷款方式是以借款人持有的公司股份或者责任公司股份为担保,向农村金融机构进行贷款申请。

(四)土地承包经营权抵押贷款

这种贷款方式主要是指贷款人具有土地承包经营权或依法获得了该土地的承包经营权,并以土地的经营权作为抵押向农村金融机构申请贷款。但是,就我国农村现状而言,由于有些地区的土地承包经营权仍未改革,这种贷款方式仍存在很多问题。不过,在土地承包经营权的改革遍及全国后,这种贷款方式可能会发挥巨大的作用。

(五)出口退税质押贷款

这种贷款方式主要是指出口企业以其享受的符合国家政策规定的出口退税应收款作为质押,向农村金融机构申请贷款,以解决企业在资金短缺或者前期经营困难的情况下所面临的贷款问题。

第四章　新农村经济产业的融合发展

第一节　融合发展的机制

农村产业融合的微观主体是由农户、龙头企业、合作社、行业协会等组成，各主体之间通过某种机制组成经济联合体。有的联合形式比较松散，有的联合形式则十分紧密，各主体之间实行"利益共享、风险共担"。在组织体系内得到比较合理的利润，是激励各市场主体或利益主体积极性和创造性的动力，是维系并发展组织体系的基础。农村产业融合发展微观主体之间的利益联结机制，按照利益联结的紧密程度，可划分为合作制、股份制、股份合作制和合同制(订单农业)。近些年来，我国各类利益联结机制渐趋完善和多样化。不同产品、产业，不同的发展阶段，各有不同；在一个产业化经营组织中，有的以一种形式为主，有的多种形式并存。

一、合作制

合作制就是生产者联合劳动的制度。合作制是指农户通过组建合作社、专业协会或其他合作组织，以团体的形式参与农业产业化经营，从而达到提高自身谈判地位和增强市场影响力的目的。相比较而言，合作社的内部联系一般比较紧密，章程的约束力也比较强；而专业协会的内部组织一般较为松散，章程的约束力也较弱。当前，我国的合作经济组织整体上仍处于初创阶段，普遍存在规模小、组织化程度不高、运作不规范、影响力不大等问题。

合作社在农村产业融合中担任两种角色：一种是充当龙头组织，实行产销或产加销一体化经营。有的合作社对社员生产的鲜活农产品实行"四统一"，即统一提供化肥、农药，统一技术培训，统一防虫治病，统一销售产品；有的合作社还负责对社员的产品实行统一包装，加贴统一品牌；有的合作社还兴办农产品加工企业，并将加工品销到市场或者转卖给龙头企业。另一种是充当中介组织，一是代表社员的利益与龙头企业进行谈判并签订农产品产销或初加工合同；二是在合作社内部监督社员按照合同完成各自的生产任务。

合作制的优点在于：一是合作社能够充分代表社员的利益，通过产业化经营把农户与企业或市场连接起来，既保持了家庭经营的独立性，又提高了农户经营的规模效益；二是合作主体通过生产、分配、交换、消费各个环节的合作，降低了中间交易成本，并把由此节省的交易费用保留在合作社内部，有利于积累机制的形成和合作社的进一步发展壮大；三是社员间的合作显示了集体的力量,提高了农户在市场上的谈判能力,有利于保护农户利益。

合作方式的不足之处在于,合作过程较为缓慢,合作组织的组建成本和监管成本较高。

二、股份制

股份制亦称"股份经济",是指以入股方式把分散的、属于不同人所有的生产要素集中起来,统一使用,合理经营,自负盈亏,按股分红的一种经济组织形式。股份制的基本特征是生产要素的所有权与使用权分离,在保持所有权不变的前提下,把分散的使用权转化为集中的使用权。

近期,农民通过以土地承包经营权入股农业产业化,参与农村一、二、三产业融合发展最为典型。在具体操作中,允许入股载体的多种形式。多元化的载体(股份组织),包括土地经营权入股的企业、合作社,可以是农民以土地经营权直接入股企业,或者先入股到合作社、合作社再入股企业,也可以是农民以土地经营权、企业和个人以其他要素入股到合作社,等等,让资本、土地、劳动、技术等各种要素优化配置,实现一、二、三产业融合发展。

（一）土地承包经营权入股农业龙头企业

1. 南海模式——入股到村集体设立的农业公司

为应对改革开放大量外企涌入后城市土地的紧张,20世纪90年代,广东省南海市政府率先开始在全市推广以土地为中心的股份合作制。其改革的基本思路是,将集体的土地、生产工具等重要财产或只以土地折价入股组建股份合作制经济组织,土地统一由股份合作组织发包给专业队或少数中标的农户进行规模经营,或由集体统一开发和使用,农民依据土地股份分享经营的权益。如今南海几乎每个村和村民小组均采用了土地经营权入股成立集团公司或股份合作社的方式进行现代化农业生产经营,大大提高了南海市农业的生产力和经济效益。

然而随着时间的推移,南海模式的问题也日益凸显——村民分红太少,存在擅自卖地等严重的经营和管理问题,农民要求分田退股的现象日渐突出。这集中反映出集团公司或股份合作社的体制弊病:集团公司或股份合作社仍是政社合一,无法完全代表农户的利益,难以防止自身的腐败;"股东大会""股东代表大会""董事会""监事会"形同虚设;农民的股权只是分红的依据,不能自由流动、转让,也不能抵押给农村土地股份合作社。

2. 雁南飞模式——以股田租赁给农业公司

20世纪90年代,广东省梅州市长教村村民、宝丽华集团有限公司总经理叶华能投资决策的宝丽华集团有限公司成立控股子公司——梅县雁南飞茶田有限公司(以下简称"雁南飞"),租赁长教村大部分农地以发展茶叶生产和农业生态旅游。该模式的主要内容有:首先,将村民现有耕地质化折股,每亩为一股,核发股权证书予以确认,由村委集中管理,实行"生不增、死不减"和"迁入不增,迁出不减"的原则,可继承但不能转让、抵押、赠送和退出。

然后，长教村把入股的水田、旱地租赁给公司发展茶叶生产；将入股的山坡地租赁给公司，用于茶叶种植和旅游开发，林权归长教村，公司不得私自砍伐。公司统一规划、提供种苗、技术、肥料以及技术培训，小组协调生产，分户承包管理，公司以收取田间管理费的方式承包给村民。同等条件下，公司优先招聘村民从事茶叶加工和旅游服务，缓解村民就业问题。最后，由村组织收取和分发租赁费，以事先确定的水、旱田标准，按当年市场价上浮10%，用现金按股权发给村民。山林收益用于公共开支，剩余部分按股权分配。股田制租赁使得长教村由贫困村发展为广东省新农村建设样板村、国家5A级旅游景区、农业旅游示范点和"三高"农业标准化示范区等，取得了良好的社会、经济和生态效益。长教村的实践证实了科斯的说法——财产权制度决定经济效益，不同的财产权制度产生不同的激励，而不同的激励会导致不同的资源配置效率。不过，以村委会为中介的雁南飞模式仍然存在着制度问题，主要是：村委会政社合一的问题；相对投资主体的优势地位，对公司经营、剩余分配等问题缺乏协商能力的农户不满自己的有限权利，消极怠工，影响租赁关系的稳定；公司、村委会、农户的利益不一致，限制了公司的市场竞争力。在"股田制"基础上核算股份的现有资本价值，将村民的土地承包经营权直接入股到雁南飞，真正实现纵向一体化，更有利于在村民和公司之间实现利益共享和权责利一致。

（二）土地承包经营权入股合作社

为充分实现农村土地资源的资产收益，在所有权、承包权及经营权三者分离的基础上，我国农村土地承包法及其流转管理办法等相关法律制度，规定承包方可以将土地承包经营权评估量化为股权，入股农业合作社。具体是在坚持农村土地集体所有、农业用途不变的基础上，依法取得经营权的承包方，以承包土地或林地经营权的生产性能、数量、承包年限、当地土地流转价格水平为考虑要素，作价出资并入股组建农民专业合作社的行为。农地承包经营权入股合作社对于实现农地资源的资本化，保障农户承包经营土地收益多元化具有重要意义。农民土地承包经营权入股合作社的典型形式是土地股份合作社。所谓土地股份合作社是指按照农户入社自愿、退社自由和利益共享、风险共担的原则，引导不愿意种田或不想种田的农户自愿将承包土地经营权折股加入土地股份合作社，由土地股份合作社统一种植水稻、油菜等粮油作物或经济作物。农民入社只参与土地经营决策，参与合作社分红。股份合作社土地的经营管理由合作社选聘的农业职业经理人负责。

三、股份合作制

股份合作制是以合作制为基础，吸收股份制的一些做法。它将资本联合与劳动联合统一起来，农民既参加劳动，又集资入股，实行按劳分配和按股分红相结合的方式。这种利益联结方式，使农户与龙头企业之间真正形成了"风险共担、利益共享"的关系。

股份合作制既保留了合作制劳动联合的特点，又发挥了股份公司产权明晰的优势，使企业与农户结合成互利互惠、兴衰与共的经济实体。在这种利益联结方式中,龙头企业一般演化为股份合作制法人实体,而入股农户则成为企业的股东和企业的"车间"。农民既以劳动者的身份获得工资报酬,又以股东身份分享加工、销售环节的利润,企业与农民由彼此独立的甚至是相互对立的利益主体变为统一的利益主体。

这种组织形式最大的好处是能够实现规模经济。股份合作制企业的大规模生产加工,可以使用更先进的机器设备进行专业化生产,综合利用副产品,生产要素的大批量采购和产品供给的垄断地位也可以提高龙头企业在讨价还价中的谈判力量,农业资源和生产要素得以集中有效地使用,生产的社会化、组织化、规模化、标准化、产业化程度最高,农户的风险降低,收入稳定。同时,较之农户分散经营,农业企业具有创新的优势,因为它有进行研究与开发的资本实力,实验室、专业化的研究人员可以实现研究与开发的规模经济,而且农业企业具备快速把研究成果转化为产业竞争优势的能力,创新收益的内部化程度高,创新动力大。

四、合同制(订单农业)

合同制是农村产业融合发展组织内部各利益主体按照合同条款行使其权利并承担相应义务的一种利益联结方式,其核心是价格形成机制。常见的价格机制有三类:一类是预设价格,即企业参照上年(季)市场价格,在年初确定或与农户商定一个当年的收购价格;另一类是准市场价格,即企业随行就市或参照当时的市场价格确定一个略高于市场价的收购价格;还有一类是保护价,即企业结合农户的生产成本确定一个最低保护价,在市场价高于保护价时按市场价收购,在市场价低于保护价时按保护价收购。相比较而言,预设价格有助于生产者形成一个稳定的预期,从而便于安排生产,但预设价格是一个相对固定的价格,合同双方的履约率较低;准市场价格比较灵活,但具有很大的不确定性,购销双方均需承担一定的市场风险,生产的波动性较大;保护价既可以确保生产者获得一个最起码的收益,又可以在市场价高涨时让生产者获得一个溢价收益,但企业要承担较大的市场风险。

除价格约束外,合同方式往往还涉及一些其他的利益关系。比如"优惠服务",即龙头企业除按合同价格收购农户的产品外,还免费或以优惠价提供种子、技术、信息等服务项目。龙头企业通过开展服务,对农户利益进行补偿。农户得到龙头企业在资金、物力、技术等方面的扶持后,生产成本和经营风险会大大降低。这种联结方式使农户与龙头企业之间的关系趋于稳定化、长期化。再如"利润返还",即龙头企业根据经营状况,从加工、流通环节利润中拿出一部分返还给农户。这种利益联结方式可以使双方建立起紧密的联系,农户开始关心龙头企业的经营业绩,并在农产品生产、储藏、销售等环节对龙头企业高度负责。这种利益分配机制充分调动了农民的积极性。不过,在农户分享部分利润的同时,龙头企业的组织费用和经营成本增加了。

从政策导向看,政府鼓励龙头企业通过开展定向投入、定向服务、定向收购等方式,为农户提供种养技术、市场信息、生产资料和产品销售等多种服务;鼓励龙头企业大力发展订单农业,规范合同内容,明确权利责任,提高订单履约率;鼓励龙头企业设立风险资金,采取保护价收购、利润返还等多种形式,与农户建立紧密、合理的利益联结机制。同时,政府也鼓励农民以土地承包经营权、资金、技术、劳动力等生产要素入股,实行多种形式的联合与合作,与龙头企业结成利益共享、风险共担的利益共同体。

合同方式的优点是合同形式灵活多样,既可以是单纯的"买卖合同",也可以是附加企业若干义务的"服务式合同",还可以是共享流通、加工环节增值利润的"返利式合同"。其缺点是,在市场不景气、产品销售不畅时,农户的利益往往得不到保障;而当产品需求旺盛、供不应求时,公司的原料往往又无法保证。这种松散的联合不够稳定,容易受短期利益影响,制约了产业化经营组织的健康、可持续发展。

第二节 融合发展的服务支撑

推进农村一、二、三产业融合发展是主动适应经济发展新常态的重大战略举措,也是加快转变农业发展方式的重大创新思维。要搭建公共服务平台,创新农村金融服务,强化人才和科技支撑,改善农业农村基础设施条件,支持贫困地区农村产业融合发展,完善多渠道农村产业融合服务。

一、人才服务

(一)目前现状

1. 职业教育逐渐萎缩,但近年来得到重视和加强

大力培育新型职业农民是立足我国农村劳动力结构和职业教育的新变化、着眼现代农业发展的新需求,是加快培育现代农业生产经营主体的战略决策。从学校数量、在校生数量、毕业生和专业教师数量等指标可以看出,进入 21 世纪以来我国农民职业教育和培训的发展状况。

近年来,国家高度重视农民职业教育和培训的发展,制定和出台了相应的宏观政策,经费投入也在逐年加大,理论研究得到加强。目前,我国已初步建立起了从高等教育到中等职业教育再到职业技术培训和劳动力转移培训协调发展的"立交桥",基本形成了以高等农业职业教育为龙头、中等农业职业教育为龙身、农业技术培训与劳动力转移培训为龙尾的大农业职业教育格局。农业广播电视教育在改革开放中应运而生,农民科技教育培训中心在各级农业广播电视学校中的建立,从中央到地方已经形成了一套完整的网络体系,成为农业职业教育培训工作的主要阵地和常规机构。农业技术推广机构既承担着农业技术推广任务,又承担着面向千百万农民开展短期技术普及培训的任务,目前从中央到乡镇都形成了完善

的网络体系。此外,近年来伴随着农业与农村经济结构的调整与优化,加之政府的各种激励政策,使得一些龙头农业企业、农业行业组织、农民专业协会也逐渐参与到农业职业教育培训的行列中来。这些社会力量,对于促进农业生产经营方式转变,引导和带动农户延伸农业产业链,实现企业、合作社、农户共赢局面具有积极的作用。除此之外,随着农村劳动力非农转移职业教育培训需求迅速增长,一些民办职业教育培训机构获得新的发展。目前,在我国农业职业教育培训市场中,不同主体参与,不同类型教育培训机构分工协作的系统已初步形成。除此之外,要积极推进县级职教中心、农民科技书屋的建设工作,为农民在家门口学习科技文化知识创造条件。同时,新媒体网络平台在农业职业教育培训中发挥着越来越重要的作用。

但当前职业教育还不能完全适应经济社会发展的需要,存在经费投入不足、师资力量匮乏、教学内容滞后、办学条件薄弱、质量有待提高、体制机制不畅等问题。

2. 农村实用人才总量不足、结构不合理和后继乏人

农村实用人才队伍无论在数量、综合素质还是专业结构等方面,都落后于现代农业建设的要求。随着我国城镇化建设的加快,大量农村劳动力转移到城镇就业,留在农村从事农业的高质量劳动力就相当少了。特别是能够带动农民致富的农村实用人才严重缺乏,问题相当突出。青年农村实用人才数量较少,大部分农村实用人才年纪在 40 岁以上。从文化知识结构来看,大部分农村实用人才只有初中文化程度,且大多数农村实用人才没有接受过系统的职业技术技能教育,整体文化素质不高,尤其是高技能、高层次人才紧缺。

随着城镇化、工业化进程的加快,不少农村青年不满足于农村的生产生活方式,离开农村到城市谋求发展。留在农村从事农业生产的基本上是年龄较大、文化素质较低、能力较弱的人,这些人受自身条件的局限,难以成长为实用人才,而那些靠经验积累成长起来的农村实用人才年龄逐渐老化,造成农村实用人才后继乏人。

3. 农产品加工人才培养已启动

近年来,随着我国农产品加工业的快速发展,人才需求快速增长与供给不足的矛盾日益凸显,农产品加工业人才队伍总体规模偏小、结构不合理、综合素质不高、创业创新能力不强,尤其是领军人才、尖子人才不足等问题,已经成为制约农产品加工业转型升级的重要因素。农业农村部办公厅《关于进一步加强农产品加工业人才队伍建设的意见》明确指出,要以促进农产品加工业创新驱动转型升级发展为目标,以提高农产品加工业自主创新能力和市场竞争力为核心,以培养科技创新与推广人才、经营管理人才、职业技能人才、企业家及创新创业带头人为重点,进一步加大政策支持力度,创新体制机制,优化发展环境,加快建设一支规模宏大、结构合理、素质优良、善于实战的农产品加工业人才队伍。

推进农产品加工业人才队伍建设要坚持以下原则:一是坚持人才优先与服务产业相结合。紧紧围绕促进农产品加工业持续健康发展,以提高人才队伍素质为重点,以用好用活人

才、提高人才效能为目标,努力破除一切束缚人才发展的思想观念和体制机制障碍,加快形成关注人才、发现人才、培养人才、使用人才、爱护人才的良好社会氛围。二是坚持突出重点与全面提升相结合。紧紧围绕提升农产品加工业重点领域、重点行业发展水平,统筹推进不同层次、不同区域、不同领域人才队伍建设协调发展和结构优化,全面提升农产品加工业人才队伍素质和能力。三是坚持政府主导与社会广泛参与相结合。充分发挥各级管理部门组织引领作用,更好地发挥和调动广大科研单位、大专院校、企业及社会服务机构的积极性、主动性,逐步形成政府主导、企业主体、科研教学和社会机构广泛参与的人才培养工作新格局。

近年来,农产品加工业人才队伍建设取得积极进展,人才规模进一步扩大,结构进一步优化,素质能力进一步提高,人才培养体制机制更加完善,人才服务体系更加健全,重视人才工作、支持人才发展、人尽其才、才尽其用的发展氛围更加浓厚。

(二)未来支持重点

农业农村部办公厅《关于进一步加强农产品加工业人才队伍建设的意见》明确指出,要从三个方面强化措施保障。

一是加强政策落实创设。全面落实国家人才队伍建设政策措施,积极争取财政、税收、金融、政府采购、知识产权保护等政策,形成政策支持合力。加强政策创设,把人才队伍建设同落实重点项目、推进重点工作结合起来,加大科技项目、财政项目和强农惠农富农政策支持力度,不断完善农产品加工业人才队伍建设政策体系。

二是加强人才平台建设。加强以农产品加工科研院所、大专院校和领军企业为重点的科技创新平台建设,进一步完善科企合作、校企合作机制,为科技创新人才发展创造条件。加强各级乡镇企业培训中心能力建设,发挥农村实用人才培训基地优势,建立一批企业经营管理人才和创新创业人才培训基地。选择一批基础设施完善、服务功能齐全、社会影响力大、示范带动作用强的农产品加工园区和领军企业,建设一批创业基地和见习基地,为农民创业创新提供专业化、特色化、个性化服务。加强人才信息服务平台建设,逐步建立覆盖面广、优势互补、资源共享的人才信息服务系统,促进人才信息交流,提高人才管理科学化、信息化水平。健全人才评价使用机制,完善以能力、业绩为主要内容的人才评价标准,探索第三方或专业中介机构开展人才评价,推动人才评价的科学化和社会化。

三是加强公共服务。各级农产品加工业和乡镇企业服务机构要立足服务产业发展,进一步履行公共服务职责,把服务农产品加工业人才队伍建设作为重要任务,加强队伍建设,强化职业理想、职业道德和职业纪律意识教育,拓展服务功能,创新服务方式,提高服务能力,更好地发挥服务新业态、新模式和新主体发展的重要保障作用。充分调动科研、教学、行业协会和社会中介组织的积极性,整合资源,聚焦聚力,为农产品加工业人才队伍建设提供积极有效的服务。

二、科技服务

科技服务是现代服务业的新型业态,是科技创新体系的重要组成部分,是推动创新驱动、经济发展方式转变、产业价值链升级和产业融合发展的强大动力。农业产业结构调整、农业发展方式转变和农村一、二、三产业融合等重任,需要科技服务业提供强有力的科技创新资源支撑。目前,我国农业科技服务机构主要分为行政型和非行政型组织,行政型组织主要是农业推广体系和农业科研院所;非行政型组织主要是合作社、龙头企业、行业协会等组织。

（一）目前现状

1. 基层农技推广体系改革与建设不断推进

近年来,我国不断深化基层农技推广体系改革,通过健全机构、明确职责、理顺体制、稳定队伍、创新机制、优化模式、强化管理等一系列措施,推动基层农技推广体系健康发展。各省不断加强对县级农业农村部门的指导和管理,紧紧围绕本县农业农村经济工作重点,强化公共服务职能,细化农技推广服务目标任务,及时下达到各级农技推广服务机构,分工到岗,责任到人,并通过严格的绩效考评,强化对补助资金和农技人员的管理,切实做到奖惩分明,提高服务效能。

2. 服务模式不断巩固和创新

基层推广体系不断完善并巩固以"专家定点联系到县、农技人员包村联户"为主要形式的工作机制和"专家＋试验示范基地＋农技推广人员＋科技示范户＋辐射带动户"的技术服务模式,建立健全县、乡、村农业科技试验示范基地网络。基层推广组织还广泛采用好的技术服务模式、集成轻简适用的农业技术以及科学高效的运行管理机制,积极利用基于移动互联的农技推广服务云平台、农业科技网络书屋等信息化服务手段推广农业技术,推进农业科技进村入户,努力提高技术到位率。

3. 不断加强农技人员队伍建设

在做好基层农技人员岗位教育和知识更新工作的前提下,根据不同需求,采取异地研修、集中办班和现场实训等方式,大力开展农技推广骨干人才培养工作,探索建立农技人员"跟踪科研、学习技术、快速应用"的长效机制。各地结合"特岗计划",鼓励高校涉农专业毕业生到乡镇从事农技推广服务工作,改善农技推广队伍结构,提升推广服务水平。

4. 社会经营性组织参与科技服务的积极性越来越高

在"政府购买农业公益性服务"的指导下,我国经营性服务体系快速发展并初具规模。据统计,目前包括病虫害防治专业合作社、动物诊疗机构、渔民合作社、畜牧合作社、农机作业服务组织、农机维修厂及维修点、农机经销点、农机供油点、沼气服务站、各类中介服务组织、专业服务公司、专业市场和农业产业化龙头企业（含农产品加工企业），以及各类农产品市场、信息服务平台等，组织总数超过 428 万个，人才总计约 2 338 万人。开展的服务主要包括 6 大类，一是病虫害统防统治，"一喷三防"；二是农机深耕深松，水稻集中育秧和机械插秧，玉米、油菜、棉花、甘蔗机械化收获，秸秆、尾菜等农业废弃物回收和处置，农膜回收与利用，配方施肥和增施有机肥，粮食烘干等；三是小麦、大豆、常规水稻、甘蔗、新疆棉花等作物统一供种；四是畜禽粪便污水、病死畜禽和不合格农业投入品无害化处理，基层动物防疫，水产养殖病害防治等；五是农业面源污染防治，农产品产地安全质量提升；六是 12316 热线咨询服务，农业云租赁。

（二）未来支持重点

《农业部关于大力推进农产品加工科技创新与推广工作的通知》明确指出，要以农产品加工业科技创新与推广为核心，促进科技创新与经济发展紧密结合，为推动农产品加工业持续稳定健康发展提供坚强的科技和人才支撑。一是不断增强农产品加工重大共性关键技术创新能力。加强企业技术需求征集，组织科研单位、大专院校与企业协同攻关，提高科技创新的针对性和时效性。进一步强化企业创新主体地位，全面落实企业技术开发费用所得税前扣除、技术改造国产设备投资抵免所得税和企业技术创新、引进、推广资金等扶持政策，鼓励企业增加创新投入，激发企业创新活力，在科技创新基础上，全面推进管理创新、产品创新和市场模式创新。坚持"引进来"与"走出去"相结合，用好国际国内两种创新资源、两个科技市场，加强国外先进技术引进吸收消化再创新，不断提高自主创新能力。二是加快提升农产品产地初加工技术装备水平。要加强粮食、果蔬等大宗农产品烘干贮藏保鲜共性关键技术创新和推广，开发新型农产品初加工设施装备，不断降低农产品产后损失水平。要以实施农产品产地初加工补助政策为重点，充分利用农机购置补贴等强农、惠农、富农政策，加强农产品分级、清洗、打蜡、包装、贮藏、运输等环节技术、工艺和设施集成配套，实现"一库多用、一窖多用、一房多用"目标。加强适用技术先行先试，熟化推广一批特色农产品加工技术，提高特色农产品加工水平。三是大力促进农产品加工科技成果转化推广应用。要坚持成熟技术筛选、技术配套集成与推广一体化设计、产业化推进，开展成熟技术筛选推广，发布行业重大科技成果，培育科企合作先进典型，引导科研更好地为产业服务。要加强科技成果推广转化平台建设，在办好全国农产品加工科技创新与推广活动和区域性科企对接活动的基础上，加快推进互联网与科技成果转化结合，探索建立线上线下紧密结合的科技成果转化电子商务平台，集中展示最新技术、工艺、装备和产品，为科研单位和加工企业更广泛对接创造良好的条件，有条件的地区要积极建立农产品加工科技成果转化交易中心。全面落实国家科技成果转化扶持政策，完善科技成果转化和收益分配机制，不断激发和调动企业、科研院校的创新积极性，推动科技成果高效转化应用。

三、信息服务

(一)目前现状

当今世界,信息化的迅速发展为产业融合提供了新的引擎和催化剂,加速了产业融合的进程。农业信息服务业也为农村一、二、三产业融合发展提供了新的动力和黏合剂。

1. 农业信息化基础设施建设加快

根据工信部数据显示,全国实现99.8%的行政村和93.3%的20户以上自然村通电话,96%的乡镇通宽带,91%的行政村能上网。同时,信息下乡活动进展迅速,建成了一批乡镇信息服务站、行政村信息服务点、乡镇涉农信息库、村级网上信息栏等。

2. 农业信息化网络平台初具规模

我国农业信息技术应用研究起步较晚,但发展较快。目前,已在农业、畜牧业、渔业、农垦、农机、农业科技教育、农产品市场等领域建立了一批政府、科研机构、农业院校、企业和社会团体等网站,农业信息网络有了一定的规模和数量,农业信息资源得到了一定程度的开发利用。

3. 农业信息服务模式多样化

常见的农业信息服务模式有中国移动推出的农信通系统、县乡村三级信息服务站及信息连锁超市、各种类型的农业专业协会、农民之家服务场所及三电合一基建项目等。利用农业信息服务站,制作大量农业技术视频,通过机顶盒和电视机为农民提供远程点播;开通市、县两级三农热线。通过广播、电视、手机短信、固定电话、农业信息快报等方式实现与互联网的有机结合,极大地拓宽了信息的传播途径。

4. 信息化技术渗透到整个农业产业,对建设现代农业的贡献凸显,如农业信息监测、灾害预防和精准农业

农业信息监测是掌握和分析农业生产环境和条件的有效手段,是利用计算机技术、遥感技术(卫星遥感、航空遥感)、地面接收和分析网络技术所构成的技术系统,是将网络技术和数据库技术运用于农业生产的现代农业生产趋势,是大规模、高效率发展现代农业的技术依据。信息化应用于灾害预防包括两个方面,一是建立地理信息系统(AGIS),将3S技术——地理信息系统(GIS)、全球定位系统(GPS)、遥感技术(RS)应用于灾害研究和预防;二是开发利用地理信息系统软件,分析建立灾害技术模型。

(二)主要政策措施

一是加强组织领导与协调。在各级政府的统一领导下,各级农业农村部门要明确推进农业和农村信息化的组织协调机构,研究解决农业和农村信息化建设中出现的问题,加强部门间的协作配合,引导社会力量合力推进农业和农村信息化。

二是建立健全法规与标准。加快研究制定农业和农村信息化建设相关法律法规,建立健全相关工作制度,推动农业和农村信息化建设规范化和制度化。研究制定相关软硬件技术标准、数据标准、信息采集和处理标准等,重点制定信息采集、存储、加工、处理标准和信息服务规范,加快制定农业信息分类和编码标准。

三是加快信息资源整合与技术研发。完善信息共享机制,建设标准统一、实用性强的信息共享平台和公共数据库,推动农业各行业和其他涉农部门资源整合。积极鼓励科研部门、院校和企业研究开发低价位、易推广、简单实用的信息技术产品,为农业和农村信息化提供有力的技术支持。

四是创新投入机制与运营机制。加强农业和农村信息化建设,是政府部门强化公共服务职能的重要任务,必须多渠道增加投入。要建立社会力量广泛参与的信息化投融资机制,建立农业与涉农部门之间、系统上下之间有效的组织协调机制,建立与电信运营、IT企业、民间组织、农民之间的密切协作机制,为农业和农村信息化建设不断注入新的活力。

(三)未来支持重点

一是建设新型农村日用消费品流通网络。适应农村产业组织变化趋势,充分利用"万村千乡"、信息进村入户、交通、邮政、供销合作社和商贸企业等现有农村渠道资源,与电子商务平台实现优势互补,加强服务资源整合,推动传统生产、经营主体转型升级,创新商业模式,促进业务流程和组织结构的优化重组,增强产、供、销协同能力,实现线上线下融合发展,支持电子商务企业渠道下沉。加强县级电子商务运营中心、乡镇商贸中心和配送中心建设,鼓励"万村千乡"等企业向村级店提供B2B(Business-to-Business,企业与企业)网上商品批发和配送服务。鼓励将具备条件的村级农家店、供销合作社基层网点、农村邮政局所、村邮站、快递网点、信息进村入户村级信息服务站等改造为农村电子商务服务点,加强与农村基层综合公共服务平台的共享共用,推动建立覆盖县、乡、村的电子商务运营网络。

二是加快推进农村产品电子商务。以农产品、农村制品等为重点。通过加强对互联网和大数据的应用,提升商品质量和服务水平,培育农村产品品牌,提高商品化率和电子商务交易比例,带动农民增收。与农村和农民特点相结合,研究发展休闲农业和乡村旅游等个性化、体验式的农村电子商务。指导和支持种养大户、家庭农场、农民专业合作社、农业产业化龙头企业等新型农业经营主体和供销合作社、扶贫龙头企业、涉农残疾人扶贫基地等,对接电商平台,重点推动电商平台开设农业电商专区、降低平台使用费用和提供互联网金融服务等,实现"三品一标""名特优新""一村一品"农产品上网销售。鼓励有条件的农产品批发和零售市场进行网上分销,构建与实体市场互为支撑的电子商务平台,对标准化程度较高的农产品探索开展网上批发交易。鼓励新型农业经营主体与城市邮政局所、快递网点和社区直接对接,开展生鲜农产品"基地+社区直供"电子商务业务。从大型生产基地和批发商等团体用户入手,发挥互联网和移动终端的优势,在农产品主产区和主销区之间探索形成线上线下高效衔接的农产品交易模式。

三是鼓励发展农业生产资料电子商务。组织相关企业、合作社,依托电商平台和"万村千乡"农资店、供销合作社农资连锁店、农村邮政局所、村邮站、乡村快递网点、信息进村入户村级信息服务站等,提供测土配方施肥服务,并开展化肥、种子、农药等生产资料电子商务,推动放心农资进农家,为农民提供优质、实惠、可追溯的农业生产资料。发挥农资企业和研究机构的技术优势,将农资研发、生产、销售与指导农业生产相结合,通过网络、手机等提供及时、专业、贴心的农业专家服务,与电子商务紧密结合,加强使用技术指导服务体系建设,宣传、应用和推广农业最新科研成果。

四、基础设施

（一）现状

农村饮水安全、农村道路、电网改造、农村沼气、危房改造等农村基础设施建设不断推进。目前,我国农村饮水安全水平已得到较大提高。历经多次农村电网改造和新农村电气化建设,农民基本生产生活用电问题得到了基本解决,农村供电能力、供电质量、服务水平得到根本提升。但是,目前我国农村一、二、三产业融合的基础设施建设还比较落后；农田水利基础设施薄弱；建设标准偏低,老化严重；灌溉技术落后,设施年久失修；发展意识滞后,疏于管理；缺乏新的投入保障机制,管理落后；等等。

（二）主要政策措施

1.财政支持

近年来,国家持续加大农村民生工程投入力度,完善农村水、电、路、气、信等基础设施,加快推动农村饮水安全、农村道路、电网改造、农村沼气、危房改造等方面的建设。

2.信贷支持措施

中国农业发展银行总行下发《关于调整优化农业农村基础设施建设贷款期限等信贷政策的通知》,对现行农业农村基础设施建设贷款担保政策进行适当调整优化,通知规定:一是调整优化农业农村基础设施建设贷款期限,其中水利建设贷款(含农村水电贷款)一般不超过20年,最长不超过30年;农村土地整治贷款一般不超过10年,最长不超过15年,须执行"卖地还贷"要求;农民集中住房(含农村危房改造)贷款最长不超过15年;棚户区改造贷款一般不超过20年,最长不超过25年;农村基础设施建设贷款最长不超过20年;农村路网贷款一般不超过20年,最长不超过30年;农业综合开发贷款一般不超过15年,最长不超过20年;县域城镇建设贷款(含整体城镇化建设项目贷款)最长不超过20年;特许经营项目贷款最长不超30年;参加银团贷款的,可执行牵头行拟定的贷款期限政策。二是调整优化农村路网贷款区域准入政策,采用委托代建、政府授权公司自营模式,还款来源主要为省级以下财政资金的农村路网贷款,其所在区域最新年度本级公共财政预算收入和转移性收入(返还性收入、一般性转移支付收入和可用于项目建设的专项转移支付收入)合计应达到10亿元(含)以上,且本级公共预算收入达到7亿元(含)以上。

(三)未来支持重点

一是加强农村宽带、公路等设施建设。完善电信普遍服务补偿机制,加快农村信息基础设施建设和宽带普及,推进"宽带中国"建设,促进宽带网络提速降费,积极推动5G和移动互联网技术应用。加快农村公路建设,推进城乡客运一体化,推动有条件的地区实施公交化改造。二是提高农村物流配送能力。加强交通运输、商贸流通、农业、供销、邮政各部门和单位及电商、快递企业等相关农村物流服务网络和设施的共享衔接,发挥好邮政点多面广和普遍服务的优势,逐步完善县乡村三级物流节点基础设施网络,鼓励多站合一、资源共享,共同推动农村物流体系建设,打通农村电子商务"最后一公里"。推动第三方配送、共同配送在农村的发展,建立完善农村公共仓储配送体系,重点支持老少边穷地区物流设施建设。

第五章　新农村建设资金配置效率的提升

第一节　完善新农村建设财政资金的整合机制

一、加强整合财政支农资金的组织领导

为明确各类支农资金用途，应建立多个涉农部门支农资金的规划、衔接和信息沟通制度。成立强有力的整合财政支农资金常设办事机制和机构，负责各部门以及部门内部机构之间分配、管理、使用财政支农资金中的工作协调，并规定所有支农项目都必须通过该机构进行申报、审批、实施，引导各部门单位走整合财政支农资金渠道。整合机构从相关涉农部门抽调专业人才组成，由政府分管农业的领导负责，并在财政部门设立办事机构。在维持现有各类支农资金投向相对稳定的前提下，对财政专项支农资金中除救灾资金、有特定用途的资金和给予农户的补助资金以外的其他各类支农资金进行整合，对用途相同或相近的专项支农资金进行整合，对各种社会融资进行整合。做好整合财政支农资金的规划。各部门根据各自不同资金渠道，建立和完善项目库的建设，并制定与之相衔接的专项规划。整合财政支农资金常设机构以项目为依托，根据国家与地方农业建设年度发展规划，明确总体思路、工作目标和重点，建立、完善并及时调整项目库。各部门上报项目经整合机构统一协调和平衡后，列入年度投资计划，实行联合、统一上报，以避免分散、多头投入导致的项目重叠和真空。按照"统一规划、统筹安排；渠道不乱、性质不变；相对集中、配套使用"的原则，由常设机构对各类支农资金进行统筹安排。

在财政支农资金的整合过程中，应充分发挥各级地方政府如省、市、县、乡（镇）新农村建设领导小组、联席会议制度的协调作用。各地在确定支农项目时，应以财政部门牵头，与农业、林业、水利、国土资源、民政、科技等部门联合协商，统筹安排支农项目申报。实行支农资金的合理归并，采取"一揽子"上报、"打捆"下达方式。根据支农资金的内容，可分为：①农业基础设施建设资金。将大型农村基础设施、小型农田水利公益设施、农村道路修缮、环境整治等列入此类，可归并各地农业主管部门、财政主管部门、水利主管部门、环保主管部门的部分资金。②农业生产支持资金。将设施农业建设、扶贫生产、就业补贴、农业综合开发资金等列入此类，可归并各地农业主管部门、科技主管部门、发改委系统、财政主管部门的部分资金。③农村流通支持资金。可归并商务部系统的资金以及良种补贴、农机补贴资金。④农

村教育培训资金。如义务教育(两免一补)、农民工技能培训等,归并教育系统的资金、科技系统和其他部门的培训资金。⑤农村社会保障资金。如农村最低社会保障、新型农村合作医疗等,归并人力资源和社会保障部的部分资金和国家卫健委的部分资金等。加强部门协调,上下联动,改革和规范现行支农项目申报和资金下达方式,加强对支农项目的选项管理。总量把握和结构优化结合,赋予省市一级财政更大的统筹资金权限。支农资金能细化到项目的,做细选项工作,直接将财政支农资金拨付到支农商品和劳务提供者。不能具体到项目的,上级财政可总量下达,根据情况由省市或区县统筹安排使用。正本清源,设计一套保持资金分配的公平、透明和信息对称的制度,从源头上对支农资金的多头分配进行改革。

二、加强财政支农资金的全口径预算管理

进一步完善政府预算体系,健全预算决策机制,加大统筹力度,继续细化一般预算、基金预算。扩大整合范围,对财政专项支农资金、事业经费进行整合和集成。建立部分重大项目支出预算事前评估机制,提高转移支付资金分配因素和权重的合理性,增强资金分配的科学性。推动政策信息库、滚动项目库和基础数据库的建设,细化项目分类,以预算编制的准确性增进预算执行的高效率。加强财政支出绩效评价工作,完善绩效目标管理体系,建立绩效评价结果通报制度,强化各部门"花钱讲效益"的绩效理念。进一步理清各省市与区县事权范围与支出责任,健全"权、责、利"相对等的运行机制,完善制度,强化责任,促进财力划转与省(市、自治区)对下级区县宏观调控、政策引导的有机结合,提高体制运行效率。取消各相关部门对财政资金"二次分配"权力,将用于下级政府的财政资金从行业主管部门的部门预算中剥离出来,以项目转移支付的形式整合"打包"下达到县、乡(镇)。引入竞争性分配机制,建立健全财政支农资金支出责任的激励机制。同时,对现行不切实际的地方配套、专款专用的规定进行调整,发挥资金的综合效益。为取得更好的整合效果,整合过程中应该以财政支农资金为平台,把其他涉农的信贷资金、股权资金等吸引过来,统筹规划财政资金、政策性银行资金、各类商业金融机构资金,发挥整体综合效益。坚持各级财政资金和政策性金融机构重点投入我国农村基础设施和公共服务领域,农业银行、农村商业银行、邮政储蓄银行等商业性金融机构主要支持农业龙头企业、乡镇企业和高新技术企业,村镇银行、小额贷款公司等补充性金融机构服务传统农业与农户。对于农村小型灌溉工程等有直接受益人的项目,在坚持群众自愿、民主决策的基础上,可以采取财政补贴和私人投资相结合的方式,由直接受益人投入一部分资金以拓展资金来源,让有限的财政资金发挥出更大的效益。对主导产业选得准、财政资金带动力强、绩效突出的地方,给予重点支持。对主导产业项目实施效果不明显、带动作用不强的地方,应及时总结原因,进行合理调整。通过一整套的制度安排、政策支持与市场化运作,实现资源的有效配置,形成我国农村经济可持续发展的内源性机制。

三、建立规范的政府财政支农资金管理制度

支农项目的选择、立项、实施、竣工、后续管理等整个资金运行过程,都应有相应的管理措施。严格执行各项已有的财政支农资金管理制度,各地财政部门、农业企事业单位编制上报财政支农资金预算,要求真务实,不可弄虚作假,必须坚持收支统管、零基预算的原则,按照个人部分按标准、公用部分按定额、专项经费按财力和事业需要的原则逐项核定支出,要建立专项资金滚动发展的项目库。财政支农资金应按法定范围和专门用途开支,任何单位和个人不得擅自挤占、截留、挪用和虚报冒领,保证财政支农资金及时足额到位和专款专用。应根据支农资金的用途,扩大专户直拨的范围,如小水电资金、扶贫资金、农业社会化服务体系建设资金等。以逐步实现中央、省(自治区、直辖市)财政预算安排或县乡(镇)本级安排的支农专项资金专户存储、核拨,保证支农资金及时到位。各级财政部门和农口企事业单位财务部门是财政支农资金的管理部门,所有财政支农资金必须纳入财政和财务管理范围,接受财政、财务部门的监督。省(自治区、直辖市)级财政部门负责本级支农资金预算编制、执行和监督、检查工作。其核拨给下级各部门的财政支农资金管理、使用和监督检查的责任由省(自治区、直辖市)一级农口各单位财务部门负责;核拨给各市、县、区财政支农资金的管理、使用和监督检查的责任由市、县、区财政部门负责。省(自治区、直辖市)农口企事业单位要根据《企业财务规则》《事业财务规则》和《会计准则》等国家有关财政财务法规,建立和健全本部门、本单位的财务制度和会计制度,并报上级财政部门备案。同时,督促指导本部门、本单位下属企事业单位和市、县、区本行业各单位的财务制度和会计制度的制定和管理工作。有条件的单位要同上级财政部门一道推行会计委派制,从体制上保证财会人员依法履行财会监督职责,提高会计信息质量,为领导决策保驾护航。市、县、区财政部门也要按照上级财政部门的规定要求所属的企事业单位制定财务制度和会计制度。在目前财政、审计、监察、人大、中介机构等整体监督合力还远远没有发挥出来之前,财政部门自身的监督就显得尤其重要。各级财政部门应在财政支农资金的运行过程中担当监督重任,通过日常监管,发现带有普遍性和倾向性问题,促进体制机制的改革和完善。同时,转变工作方式,提升监管手段。适应信息化、网络化发展需要,对支农资金的基础信息进行及时整理并动态更新,使之处于常态监督之下。

为使支农资金达到预期的绩效,还应制定操作性强的绩效评价指标体系,完善村务公开与民主监督制度。每一项资金的投入,都有确定的政策目标,其绩效评价指标体系在各种项目可行性论证中应该已有体现。比如乡村公路的建设,建设时间、招标制度与流程、工程进度、材料标准等,需要确立社会效益、财务效益等指标并进行细化。强化资金监管,从区到村,都应建立支农资金专项账户,从资金的下拨到使用过程,进行逐笔审计。对乡镇、村以实物形式投入的各项物资,也要分别建立台账,完善出入库手续,加强对实物的监管。对重点

工程要实行预决算制度和施工监理制度,凡列入政府采购目录的应实施政府采购,符合招投标条件的应严格按程序运作,并加强对招投标背景的监管,防止串标或其他幕后交易的发生。对不符合招投标条件的项目,也要按照公开、公平的原则确定施工队伍。在普遍监管的基础上,选择重点项目追踪检查,及时发现问题并采取相应的处理措施。建立互相制约的部门追究制度,如国土、国资、建设、环保、审计等部门从不同角度对支农项目进行审核与问责,对提供虚假申报材料套取政府资金者应记入诚信档案,给予当事人警告、罚款或在一定期限内禁止其申报的资格。对不遵守法律法规造成重大损失或投资效益达不到预期目标者,追究行政或法律责任。各级地方政府应及时将编制并论证通过的新农村建设规划向相关村民和社会公众公布,为实施监督提供可靠依据。保障群众的知情权和参与权,既是保障农民权利、也是预防腐败发生的有效手段。对新农村建设的规划、大额资金的使用或某项具体项目的确定,都应集体讨论决定,对各种建设项目的进展情况、施工形式、资金使用进度等,应通过村民代表会或其他适当的信息渠道向村民公开并接受监督。完善信访举报制度,为群众监督创造更多的有利条件。建立并完善财政内部监督、审计监督与社会舆论监督相结合的财政支农资金监管体系,加强财政支农资金监管的立法监督,使其早日进入法制轨道。借助社会中介力量,提高支农资金的监督效果。防止我国新农村建设中出现急功近利、资源浪费和各种随意行为的发生。

第二节 加强专业合作社与新农村培训建设

促进农民持续增收,培养推进发展的新型农民是社会主义新农村建设的重要目标之一,而加大对农民专业合作社的扶持力度,加强对农民的培训是实现这一目标的重要手段。

一、加大对农民专业合作社的扶持力度

农民专业合作社是在农村家庭承包经营基础上,同类农产品的生产经营者或同类农业生产经营服务的提供者、利用者,自愿联合、民主管理的互助性经济组织。构建与发展农民专业合作社,在我国新农村建设中,具有以下意义:一是有利于强化农民的市场地位,增加农民收入。面对变化多端的市场和越来越激烈的竞争,在家庭承包责任制下,农民以户为生产单位,经济实力有限,专业化水平低,信息不灵,完全依靠自身的力量闯市场存在诸多不利因素。近年来,各地农民因信息失误大量种植某些供过于求的商品而造成重大损失的事件频频曝光,农产品售卖难、农民增收困难成为社会各界尤其是地方政府普遍关注的问题。国内外的实践证明,专业合作组织是解决这一问题的有效办法。它直接介入农产品生产、加工和流通的整个过程,较好地克服了家庭承包责任制中经营规模小、竞争力差等缺点。借助于合作社这个纽带,把众多农户组织起来,可以从事单个家庭不敢干或难以形成规模的经营活

动,由合作社根据市场需求安排生产,代替农户参与市场,可以减少中间环节,节省交易费用,提高农民在商品买卖中的谈判地位、利益保护能力以及竞争能力,争取更有利于自己的成交条件,并因此而增加农民收入,拓宽致富渠道。二是有利于推动农村组织化进程,提高农民素质。农民专业合作社作为一个互助性组织,其主要业务是以成员为服务对象,提供生产资料的购买、农产品的销售、加工、运输、贮藏以及与农业生产经营有关的技术、信息服务。每一位社员均享有表决权、选举权与被选举权,参加社内活动、分享盈余。这对培养社员的民主管理意识、推动农村组织化进程具有显而易见的作用。农民通过加入合作社,开阔了视野,增强了在现代市场环境下生存和发展的能力,并促使他们自觉地适应市场,调整产品结构,并进而带动农业和农村经济结构的调整。过去,在分散的家庭承包责任制下,农民没有必要掌握现代企业管理理论,也不需要具备相应的管理知识。但是,专业合作社一经成立,其运作机制与现代企业并无二致,为增强凝聚力,促进合作社的可持续发展,合作社领导层需要联系政府、联系市场,指导社员有计划地安排生产、组织购销,实现统一的大市场与分散的农户有机地对接。这就迫使他们不得不在市场营销、分工协作、对外联络、科技推广等方面进行锻炼,也促使基层政府通过有效的培训方式,从土生土长的农民中培养出一批能胜任合作社管理的人才队伍,而这正是提高整个农村人口素质最见成效的途径之一。三是有利于促进农业分工,改善生产效率。任何一个专业合作社必将在某一方面体现出专业性,无论是种植合作社还是养殖合作社,无论是加工、运输合作社还是劳务、信息合作社,都将促使社员在该领域深入钻研,探索门路,形成自己独有的优势,促进生产效率的提高以及农业分工的深化。同时,专业合作社缩短了生产与技术、政府与农民之间的沟通距离,一方面更有条件采用先进技术与生产加工设备,有助于农业新技术成果的推广运用;另一方面便于政府开展各种有针对性的培训,为支持一些基础较好的合作社进行技术改造、体制创新和产业升级提供更具操作性的平台。而且,专业合作社的建立,还可创造一定的新增岗位,促使一部分农民从第一产业转移到第二、三产业,为农村剩余劳动力开辟更有发展前景的出路。

针对我国专业合作社的发展现状,强化以下几个方面的工作可取得较好的效果:①加强组织领导,完善专业合作社管理体制。可考虑将农民专业合作社的发展纳入农村地方政府工作考核的重要内容,要求各地根据自身的情况及时制定农民专业合作社的发展规划和实施方案,明确一段时期内本地农民专业合作社的发展方向、目标和任务。同时,通过多种形式的宣传让农民了解专业合作社的重要意义、合作原则与参与办法,增强农民的合作意识。在深入调查研究的基础上,选择一批种植、养殖、加工等不同类型的合作社,通过重点扶植、规范运作,培养一批有示范作用的典型,增强对观望者的说服力与号召力。对于已经建立起来的农民专业合作社,应完善其内部管理体制,为其可持续发展创造组织条件。按现行法律规定,农民专业合作社实行会员制,设理事会、执行监事或监事会,社员入社自愿、退社自由。这种开放式的社员资格,虽然有利于吸引农户加入,但一旦市场有变,过多的退出难免会打乱合作社已有的经营计划,增加管理层的压力。因此,基层政府应协助合作社建立健全内部治理体系,对管理人员的选举与聘用、社员大会的召开、经营信息披露、风险监控等做出制度性安排,既要对相关人员形成有效的激励以推动合作社的发展壮大,也要避免可能出现的内部人控制、道德风险与逆向选择问题。②注重专业合作社品牌建设,提高市场竞争能力。当价格和服务都不足以形成差异化时,品牌作为一种建立对外信誉的标识,具有独到的作用。好品牌可以形成强烈的信号识别功能,提供一种有保证的产品质量信息,降低了消费者的信息搜寻成本,从而培养一批对某一品牌有消费偏好的忠诚顾客,夯实产品的市场基础。对我国的农民专业合作社而言,要为自己的产品、服务或合作社本身创建有持续市场竞争力的品牌来,需要采取一系列的策略并付出长期艰苦的努力。如改善经营管理,优化生产过程,提升产品或服务的标准化程度。尽可能降低经营成本,在保证质量的基础上有能力以较低的价格来拓展品牌的利润空间。同时强化品牌标记。统一商标、统一包装、统一价格、统一运销,并在合作社内部建立价格保护、风险调节机制。另外还需加强品牌推介。在合作社内部设立专门的部门或人员负责品牌申报、产品包装、广告宣传等工作,务求专业而有序。借助于展销会、博览会以及多种媒体的运用,提升品牌的知名度、认知度和美誉度。③采取多种扶持手段,促进专业合作社健康发展。首先,在专业合作社的构建上,基层政府应提供积极主动的服务,尽可能简化某些审批环节,协调农业、财税、工商、民政等部门,最大限度地压缩设立的行政成本。利用农业产业化、农业综合开发、农产品基地建设、农村扶贫等项目扶持专业合作社的发展,努力把一些有条件的合作社培育成某一领域的龙头企业。借鉴意大利国有能源部门农业用油价格低于城市,农业用电价格比非农业用电低的做法,向农民专业合作社提供优惠的能源费用,以降低其经营成本。其次,针对农民专业合作社不同的资金需要,采取有区别的金融支持措施。对于大多数纯公共产品和部分外部性较强的准公共用品,如农村电力、公路、信息服务等,应由财政全额投资,以改善农民专业合作社的外部经营环境。对于农民专业合作社的教育培训、技术推广、畜牧业良种繁育、大型农机具购置等,可以考虑采用财政补贴的方式。对于农民专业合作社用于市场开拓、特色农产品开发、营销网络购建与市场推广等经营性资金需要,则主要以银行贷款的方式解决,必要时辅之以一定比例的财政贴息,通过还本付息的信用约束,形成农民专业合作社可持续发展的内源性机制。

二、抓好新农村建设培训工作

根据目前学术界的探讨,新农村建设的基本取向有二:一是农村本位,二是农民本位。他们认为以塑造现代新农民为宗旨的是农民本位的农村建设,以农村发展、合作组织、协会等为宗旨的是农村本位。事实上,即使是农村本位,也必须以农民为主体和动力,新农村建设的根本目的和落脚点必须是农民自身的进步、发展和提高。因此,先进的农业生产力和高素质的农民在新农村建设中具有至高无上的重要性,加大我国新农村建设中对农民的全方位培训十分迫切。

　　一是完善培训内容与培训方式。根据农村、农业、农民生产、生活需要以及农村劳动力向城镇转移、外出打工的需要,筛选实用对路的种植业知识、养殖业知识、手工业知识、农机与农药的使用知识、农业综合开发知识、地理交通知识、建筑安全常识、素质礼仪知识等,使参加培训的农民真正有所收获。二是提高培训师资的质量。按照一定的标准对现有的培训师资进行全面考核,对不合格者根据情况或学习深造或解除聘用合同,同时规范培训机构对编外教师的聘用程序,保证其真正承担起提高农民素质教育和技能教育水平的责任。在培训方式上,要以就业为导向,围绕市场需求,开展与农民接受水平相适应且能提高其择业竞争能力的培训。加强与大企业、大公司的联系,开展针对性强、就业岗位有保障的定向培训、订单式培训。围绕农业现代化、产业化开展农村科技培训、创业培训,提高返乡农民从事农业生产经营的技能与自主创业的能力。对青年农民开展劳动预备制培训,适当延长培训期限,使其至少掌握一项职业技能,提高其就业适应能力。整合各类可供利用的培训资源,组成一个能满足不同培训需要、各具特色的新农村培训体系。充分利用广播、电视、互联网等远程教育渠道,或深入农村开展现场教学,以在农村从事农业生产的农民为培训对象,把农民需要的新技术、新品种、新信息及时转化为农民看得见、学得会、通俗易懂、生动形象的教学资源,提高农民科学种养水平和生产经营能力。

　　二是强化新农村建设培训监管机制。目前,我国新农村建设培训的主要出资人是各级涉农主管部门,按规定,每培训1人,培训机构可得到500~800元的补助。应该说这个标准与管理部门要求的培训目标和培训机构为此付出的人力、设施相比还是大体相当的。但是,由于缺乏科学、严密的市场准入评价机制以及相应的监督约束机制,新农村培训机构的资质认可、培训开班计划的审批、开班后的督查、培训资金的审核拨付等权力均集中在少数人手中,一旦管理失控,难免降低效率并造成一定的负面影响。因此,有必要按照严格的标准,核查现有培训机构的资格,取缔一批不合格或有不良记录的培训机构,净化培训市场。要求各培训机构认真制订并落实培训计划,从培训时间、地点到培训内容、师资以及培训对象、效果等,必须清楚、明了,实实在在;在培训资金的支付上,根据培训项目区别对待。如果是农村科技培训、创业培训、素质培训等,则在乡镇政府协助组织、监督下进行,按计划完成培训后获得拨款,并实行公示制度、台账管理制度。如果是以农民工转移为目的的技能培训,则实行严格的订单制度。培训机构必须先与用人单位签订培训就业订单。对准予参加的农民工可采取提前发放培训券的方式,并赋予其自主选择培训机构的权利。培训结束后,培训机构从受训者处取得培训券和学员登记表,按规定程序获得拨款。为避免培训券被低价转让或有偿收购,可考虑实行村委会担保或村民联保的形式。开展多种形式的检查、监督活动,除了明察,更需要暗访。完善信访举报制度,借助于群众监督,确保新农村培训这一惠民工程真正成为提高农民素质、缩小城乡差距的有效举措。

第三节 优化支农补贴措施,改善政策效果

在我国新农村建设的财政资金投入中,绝大多数是以各种补贴的方式出现的,尤其是粮食、农资、良种、农机4项补贴数额越来越大。补贴涉及千家万户与无数相关经营主体的实际利益,必须进行严格细致的管理,尤其是以下两个方面的管理。

一、及时调整粮食农资良种的补贴对象,优化补贴过程

(一)补贴对象的确定

粮食直补和农资综合补贴的初衷是鼓励农民种粮,补贴应该补给实际种地的农户。而实际操作的情况是,财政部门采用存折(一卡通)的形式,通过农村金融机构直接补贴到农户,谁的地谁领取补贴。而接受转包土地的农户不是土地的户主,虽然实际种粮却无法享受到补贴,这有悖于国家财政补贴政策的初衷。部分农户为追求经济效益,放弃种植粮食作物,改种经济作物,如烟叶、花卉、苗木、药材、蔬菜等。追求经济效益并没有错,但是不种粮食却领取种粮补贴,不能达到通过发放种粮补贴来稳定粮食种植面积的目的,也影响了种粮农户的积极性。虽然明确了土地归国家所有,土地管理职能由国土部门履行,但是耕地面积如何确定,实际耕种面积、种粮面积如何确认,耕地、耕种、种粮的面积增减变化又该如何确认,职能由哪个部门来履行却没有明确。实际上,在县以下,国土、统计、农业管理部门都掌管着耕地面积、耕种面积、种粮面积,多头管理导致数据信息交流不畅,口径不统一。另外新增开荒土地、复耕土地以及黑地也不在补贴之列。黑地即实际在耕种但没有在政府各管理部门备案登记的土地。黑地问题由来已久,其形成原因与农业税遗留问题的形成原因基本相似,都是为了少交或不交税费。针对上述问题,应该及时解决。对于瞒报、漏报耕地和黑地问题,建议国土部门协同乡镇政府核实,把核实的耕地纳入财政补贴范围。针对新增、复耕土地的现象,应该予以鼓励。目前政策规定由当地政府出资补贴新增土地,而乡镇政府受财力限制无法将新增土地纳入补贴范围。建议国土部门协同乡镇政府将核实的新增、复耕土地纳入财政补贴范围。同时,对粮食直补和农资综合补贴面积实行动态管理。国土部门根据各地耕地面积增减变动情况,确定增减财政补贴面积。新增耕地由国土、农业农村部门认定后经财政部门审核并张榜公示,纳入财政补贴范围,并且严格按照国土部门的征地文件核减补贴面积。对于复耕的土地,确定是否只是季节性临时复耕。对季节性复耕土地,可以不予财政补贴,对于因退耕还林验收不合格而退回的土地,应该按照退耕还林政策坚决退耕,返工达到合格标准可以享受退耕还林补贴政策。对于种植经济作物却领取种粮补贴的问题,建议对由种粮改种烟叶、花卉、苗木、药材的耕地停发补贴。对停发的补贴留给乡镇政府掌握,用于补贴种粮大户。但是,对改种蔬菜的耕地继续予以补贴。由于粮食农资良种补

贴是国家政策，地方政府受财权和事权所限难免力不从心，建议国家明确政府部门职责：以国土部门确定各村耕地面积为准，农业农村部门确定种粮面积，村组确定种粮农户。统计部门的耕地面积、种粮面积数据应依照国土、农业农村部门来源为准，避免部门之间数据误差、信息混乱的现象。乡镇政府负责审核数据的准确性，乡镇财政所只负责粮食直补和农资综合补贴的发放。

（二）补贴过程的优化

近年来，国家先后实施了一系列农业补贴项目，具体操作过程中是将所有财政补贴资金笼统地打入农户涉农存折中，各个项目划分不细，资金到位也不统一，什么项目发多少钱，什么时间发钱，群众搞不清楚。有的按月打卡，有的按季打卡，还有的按半年或一年打卡，这么多的项目，连经办人员可能都难以搞清楚，更何况留守在家的农民？上级主管部门没有对每个月要发放的资金提前安排，资金的分配发放往往集中在某一时间段，年底尤为突出，而乡镇财政所一般是收到银行的进账单才开始着手准备。每一项目、每一分钱的发放，财政所从基础资料的搜集，到编报发放清册，再张榜公布，到清册审核，最后打入涉农存折，程序多，工作量大。加上各种临时发放，直接加重了涉农会计的工作量，使部分资金发放滞后。审核难度大，落实惠农政策出现偏差。补贴资金的发放是相关涉农部门负责分配造册，财政部门根据他们上报的分户花名册发放。财政所是资金流出的最后关口，审核关当仁不让地落到了财政部门身上。由于资金发放时间紧、任务重，补贴资金又涵盖了如民政、农业、林业、畜牧、扶贫等多个部门，部分补贴项目涉及千家万户，如综合直补、能繁母猪补贴、公益林、退耕还林补助等，财政干部受政策水平所限不可能面面俱到。虽然多数地方采用了微机化管理，但入户造册数字真实性需要人员核实，资金发放入户花名册需要人员录入。目前乡镇财政所业务人员有限，想要把好审核录入关，难度确实太大。资金分配真实性财政所根本无法核实，容易造成管理上的混乱。补贴以一家一户为单位发放，每户补贴额度多为几十元、几百元不等，许多农民把补贴款只作为一笔意外之财，很少真正用于发展生产。虽然多数乡镇和行政村对财政补贴农民资金都进行了公示，但公示不及时、不到位。有的公示只是张贴在乡村公示栏上，没有深入到组、到户，成了走形式、走过场。有的甚至根本没有公示，导致群众对财政补贴农民资金发放不了解、不清楚。而且，税改后村级集体无收入，但仍然承担着一些公益事业的额外开支，如在农村实施的修路、架桥等基础设施建设中，不少项目需要人力财力，而上级又没有相关资金安排，导致部分财政补贴资金被占用、挪用。因此，在粮食农资良种补贴的发放过程中，应该注重群众参与，健全分配机制。各村应吸收3～5名有责任心、能力强的群众代表，成立补贴资金监督小组且定期轮换，让农民自身全程参与各项财政补贴的分配发放工作。加大公示力度，健全公开机制。公示是保证阳光操作的必要前提。但公示必须全面、及时、到位。即资金流程、分配过程和发放过程要公示，什么时间发什么钱、什么项目多少钱也要公示。要做到资金分配后立即公示，经公示多少天，群众无异议后方可打卡。要保证公示到村、到组,所有公示内容必须经村级财政补贴农民资金监督小组成员签字,广泛接受群众监督。粮食直补、综合补贴、良种补贴等都以计税面积或种植面积为基础,涉及所有农户,可以整合在9月或10月进行一次性发放。增加经常性发放,减少临时性、突击性发放,既可减轻基层人员的工作量,也方便农民一次性取款。县(市)级涉农主管部门应该定期开展补贴资金专项检查,找准补贴资金发放过程中存在的主要问题,增强补贴资金发放的规范性、安全性、有效性,保证国家强农惠农政策不折不扣地落实。以乡镇为单位,对历年来发放的惠农补贴资金进行全面排查,确定良种补贴、农资综合补贴面积是否如实申报、种粮农户是否与申报信息一致。重点检查补贴面积核定、申报和补贴资金兑付情况。弄清各地是否按照粮食播种面积核定农户补贴面积?是否将补贴面积与种粮农户相对应?是否存在一人多次核定补贴面积现象?是否存在虚报农户、夸大补贴面积和多头申报等现象?是否将核定补贴面积在户、村、乡三级公示?乡镇财政所是否对补贴面积等数据进行事前审查?是否严格落实补贴资金专户管理、村级公示?"一卡通"发放是否存在乡、村干部克扣存折、代领补贴现象?是否存在补贴资金不直接兑付至农户存折,采取其他方式间接补贴的现象?等等。发现问题及时采取行政、法律或其他处理手段。

二、完善农机购置补贴方案,提升农业机械化水平

农机购置补贴是中央惠农政策的重要组成部分,与农业、农村、农民甚至农机行业的发展有着重要的关系。为进一步放大政策效应,建议从以下几个方面予以完善。

(一)将行业准入资质列为入围购机补贴目录的基本条件

通过推进行业准入,对大中型拖拉机、联合收割(获)机、种植机械等农机重点行业设定进入门槛,对落后产能产生挤压效应,实现优化行业结构,促进行业有序发展。农业农村部新的农机购置补贴方案不再规定具体生产企业和产品型号,以保障农民有更大的自主选择权。在实际推进过程中,应明确农机购置补贴机具只限定于具备行业准入资质的企业产品,特别要严格主机和大型作业机具生产企业的准入门槛。享受购机补贴的企业,要在产品销售的主要地区建有较为完善的售后服务网络。同时建立产品质量责任事故追查制度,并作为行业准入资质的重要考核依据。借以净化和规范市场,强制淘汰落后产能,促进农机工业组织结构的优化。

(二)本着突出重点和全面提升的原则,确定补贴范围

根据农业机械化发展进程,积极有效地提升农业产业化水平和农业机械化的科技含量,引导农业生产结构调整与农机工业的科技进步。抓住影响关键作物、关键环节、重点商品粮基地促进规模化发展等方面所需的重点产品进行补贴,逐步实现"政府为主导,市场为主体"的运行模式。补贴是政府行为,政府应根据农业、农机化发展的需求,制定补贴的产品目录,确定补贴的范围、补贴的程序,选择补贴产品生产企业等,充分体现国家意志。具体农机购

置则按市场运作规则进行,促使企业合理竞争。缩减购机补贴品目,对传统的中小型农机具不再补贴,向大中型拖拉机、联合收获机、重型高效整地机械、复式作业机具、大型植保机械、大型烘干设备以及用于发展精准农业、设施农业的装备等倾斜;建立新产品补贴制度,对科技含量高的农机产品,特别是农业装备、高效节能惠农工程的农机产品,可优先进入目录,不受进入购机补贴品目时间规定的限制,对市场饱和度较高的产品降低补助力度。同时,要求每年用于农机装备的科研开发资金,应达到购机补贴总额2%。把推进农机产品质量管理、安全技术要求和维修服务方面的规定,作为强制要求体现在相关法律文件中。对准入的农机生产企业、定点的农机销售与维修服务机构,实施免税的优惠政策。在鼓励企业技术创新的同时,逐步实现全面提升产品水平。

(三)科学改进购机补贴资金下拨时间与方式

把当年公布的机具补贴额一览表改为提前在上年10月底前公布,以充分发挥年终农机订货会主渠道的市场机制作用;坚持定额补贴的原则,农机购置补贴资金在参照自主生产的机具划定补贴范围的基础上,同一种类、同一档次农业机械在省域内实行统一的补贴标准;将补贴资金托管到银行或其他第三方金融机构进行具体操作,以降低行政成本。为缩短补贴款结算周期,减轻企业资金垫付压力,可逐步将中央财政补贴的第一批资金提前到上一年末拨付,使补贴资金兑付时间尽量提前。同时加强日常信用建设,减少结算环节,简化结算程序,为农机企业均衡生产创造条件。

第四节　注重特色农业与农村生态保护

我国新农村建设的首要任务和根本目标是全面繁荣农村经济,提高农民的生活水平和环境质量。针对不同地区的自然条件在农业发展上应该具有不同的目标选择。在大中城市周围,主要发展都市型农业与设施农业。在平原、丘陵或边远山区,在注重其传统优势特色农业开拓的同时,加强农村生态涵养区的建设或生态文明建设。

一、注重不同地区特色农业的发展

"都市型农业"是20世纪50~60年代由美国的一些经济学家首先提出的概念,指都市圈中的农地作业,即靠近都市,在城乡边界模糊地区发展起来,可为都市居民提供优良农副产品和优美生态环境的高集约化、多功能的农业。其范围包括都市城市化地区与周边间隙地带的农业,不同于一般城郊型农业。都市型农业的生产、流通和消费、农业的空间布局和结构安排、农业与其他产业的关系等,必须首先服从城市的需要并为此服务。这种由城市需要决定农业的发展,体现了大都市对农业的依赖性,并进而实现相互依存、相互补充、相互促进的关系。不仅是经济功能的开发,还包括生态、社会等功能的开发,其生产经营方式明显表现为高度的集约化。都市型农业可为城市居民提供新鲜、卫生、安全的农产品,农业作为绿色植物产业,是城市生态系统的组织部分,对保护自然生态、涵养水源、净化空气、改善人们生存环境具有重要的作用。农业活动能够提供市民与农民之间的社会交往机会,可以丰富双方的精神文化生活需要。而且,都市型农业具有"窗口农业"的作用,由于其现代化程度较高,可以高科技农业园和农业教育园的形式,为城市居民进行农业知识教育,并提升其他类型农业的发展,目前已经得到了我国多个大中小城市的重视。

(一)都市型农业的类型

发展都市型农业,根据不同城市以及周围农村的具体情况,可有选择地发展以下几种类型:一是观光休闲农业。如特色观光农艺园、农家乐、农业节会、乡村风情游等项目。开放成熟的果园、菜园、花圃等,让游客入内采果、拔菜、赏花,享受田园乐趣。以此促进特色农业旅游产品的开发,促进特色农产品向特色旅游产品的转化。二是精细蔬菜产业。以市民的消费偏好为导向,优化蔬菜产业布局和品种结构,实现生产基地规模化、生产流程规范化、产品标准化、服务社会化,提升产品价值。有条件的地方还可由农民提供农地,让市民参加耕作,体验农作,了解农民生活,享受乡土情趣。三是名优花卉产业。如鲜切花、中高档盆花、花卉种苗业和花卉物流业。四是健康水产业。在保证水产品质量的基础上,强化渔业观景、休闲、度假、垂钓功能。

严格说来,设施农业是都市型农业的一个有机组织部分,但由于其明确的生产流程而自成体系。设施农业是在不适宜生物生长发育的环境条件下,通过建立结构设施,在充分利用自然环境条件的基础上,人为地创造生物生长发育的生境条件,实现高产、高效的现代化农业生产方式。广义的设施农业包括利用农业工程手段,通过现代设施实现部分人工控制环境的种植业和养殖业。狭义的设施农业仅指设施种植业即植物的设施栽培,一般意义上的设施农业以狭义者居多。近年来,发达国家设施农业已向"工厂化农业"过渡。例如,荷兰的计算机自控连栋大型温室、以色列的半自动连栋塑料大棚,以及法国、日本等国家的封闭式循环流水鱼类养殖车间。设施农业的关键作用,就是能解决农业生产中若干必需的气候条件,包括光、温、水、气等在时间和空间匹配上的不理想,为作物生长提供适宜的生长环境,使其在最经济的生长空间内,获得最高的产量、品质和经济效益。实践证明,设施农业不但在改善我国农村产业结构、形成农民增收的长效机制方面具有独特的作用,而且以不断扩展的城镇化为依托,还有着广阔的市场发展空间。近年来,我国设施农业在促进农民增收方面的作用已得到很好的体现。特别是某些地方"百村万户一户一棚"援助型工程的实施,为村民尤其是低收入村民提供了一个很好的致富平台。

(二)设施农业发展措施

下一阶段,设施农业应继续成为我国城市郊区农村建设的重要内容,且从以下几个方面予以加强。

1. 政策方面

各地应根据自己的实际情况,制定适合当地发展的设施农业产业政策,围绕设施农业生产的产前、产中、产后环节,汇集社会资金,为农户提供小额贷款等多种形式,扶持设施农业发展。注重投资渠道与经营模式的多元化。鉴于设施农业前期启动资金较大,继续完善市县财政、农村集体、银行、村民共同出资的多渠道投入机制,并根据不同情况调整出资比例。把外力帮扶与群众自筹挂钩,采取"以奖代补""项目补助"等方式加大对农民投工投劳项目支持力度。引导厂商企业、外资企业投资设施农业,推进产业化进程。积极争取设施农业技术装备、生产机具进入政府补贴目录,加大对农户购买装备机具的补贴力度。设施建成后,注意引导农民采取多种形式经营。一是采取龙头企业和农户签订协议,实行"订单"农业;二是采取农民自己筹建、自己管理;三是村集体建设,然后出租,由村里收取租金;四是由村集体在外村租地建好设施提供或租给农民经营的方式,以解决失地农民的就业问题。

2. 技术方面

充分利用各地农业高校和科研院所在人才、技术方面的优势,研究开发适合我国各地情况的温室(棚)结构及其配套设施,提高机械化作业水平。研究开发用于环境调控具有自主知识产权的各种设备装置及探测头,实现自动化、机械化和智能化生产。研究开发使用期更长的新型高透光、防老化、保温、流滴、防雾多功能多层复合农膜,降低农民生产成本。研究开发温室冬季生产节能技术、增温保温技术、太阳光热资源利用技术,强化农业生态环保意识、无公害绿色食品蔬菜生产意识,在设施生产中建立绿色蔬菜产品生产技术保障体制。加大对环境污染清理和控制装备、农产品冷藏保鲜设备的推广应用。注重设施农业标准化建设。明确各类农产品日光温室、大棚建设类型的具体标准。加强对设施园艺生产作业过程的监测和对设施养殖室(棚)环境建设的监督检查,加大对设施农产品的卫生质量监测,保证食品质量安全。搭建农业科研院所与设施农业基地的对口支援平台,扩大各地设施农业技术服务人员队伍,完善农村科技推广服务体系,根据不同农技人员的特长,对接生产基地,划分责任区,综合开展栽培、植保技术服务。

3. 市场方面

打造特色农产品战略,完善农资配送服务,设立更切合各乡村实际的农资配送网点,确保农民不出村就能买到优质优价的种子、肥料等农用生产资料。建立农商、农企定期沟通机制,兴建地头批发市场,促进产销的流畅和衔接,解决农民的销售难题。开办设施农业电视专栏,及时为农户提供涉农政策、农资市场价格、病虫害防治等各类有效信息。注重发挥农民的主观能动性,通过典型示范,引导农民积极参与,发挥其在设施农业生产、经营、管理的主体作用,有效调动农民发展设施农业的积极性。尊重群众首创精神,引导鼓励村民为发展设施农业建言献策。通过召开村民代表会、群众意见征询会、疑难问题研讨会等形式,广泛听取村民关于发展设施农业的意见及建议。

二、加强农村生态建设，创造宜居的生存环境

生态建设是新农村建设的一个重要组成部分。它包括生态涵养发展区的建设与普及性的农村生态建设。根据权威部门的定义，生态涵养发展区是国家的生态屏障和水源保护地，是环境友好型产业基地，是保证国家可持续发展的支撑区域，也是人民群众休闲游憩的理想空间。目前，许多地方在制定新农村建设规则时，都划定了专门的生态涵养发展区。鉴于生态涵养发展区具有生态质量好、自然资源丰富，但产业发展空间相对较小的特点，新农村建设中，在保护生态涵养发展区特色的基础上推动其经济进步，立足生态资源，发展优势产业，是一个现实而必需的选择。因此，针对生态涵养发展区已有的基础，下一阶段，应该进一步完善涵养区生态补偿制度，加强水源建设补偿制度，制定扶植涵养区发展的经济援助政策，建立"三农"发展的投入与分配机制和全面建立城乡接轨的各项保障制度。应该全额发放水库一级保护区群众生产生活困难补助、大中型水库移民后期扶持资金和山区泥石流易发区及生存条件恶劣地区农民搬迁资金。支持养山、养路、保水、保洁生态公益就业机制建设，落实山区生态林管护、粮食直补等各项资金，落实公益林生态效益补贴政策，加快推进集体林权制度改革。促进人口、资源、环境的协调发展。遵循"比较优势"和"市场需求"两大原则，通过全面提高农产品的质量和技术含量，从根本上促进农业增效、农民增收、农村发展。为山区农民转行增收，大力发展特色种植业、养殖业、旅游业、林果业等富民产业，引导山区农民由"靠山吃山"向"养山就业"转变。制定促进生态涵养发展区循环经济发展的政策，建立产业项目筛选评价指标体系，进行环境保护与资源利用的综合评价，严格限制不合指标的项目进入。以制度创新和技术创新为保障，推进资源综合利用。实施绿色畜牧养殖工程，提高生活垃圾处理率，提高再生资源比重。分层次、分阶段、分步骤地推进深山原始生态系统、浅山农村生态系统和城镇人工生态系统三个子系统的建设，并结合流域治理、矿区生态恢复等重点工程，继续建设生态屏障体系；以保护区域内各种河流和水库为重点，全面启动对河流、湖泊、水库、湿地等水源及流域的综合治理，防止地表植被破坏，防止水土流失，防止污水流入河道和水库。开发节水设施，提高水资源的利用率，发展节水产业；通过植树造林加强山区生态建设，扩大生态林规模。加强空间管制，加大禁牧力度。保护野生动物，防止违规采伐和非法开矿，形成全面的生态林资源的安全保障体系。以农田林网为主要内容加强浅山区生态建设。更替过熟林带，培育新生林带，健全农田林网。以公共绿地为基本内容加强城镇生态建设。继续以公园大型绿地为主体，以街道绿化为骨架，以单位庭院和居住小区为基础，植树种草，增加绿地，美化环境。积极推进生态涵养区农田节水灌溉，建设循环水务村及开展雨洪利用工程。提高垃圾、污水处理能力，促进沟域经济、生态旅游业加快发展，增强生

态涵养区可持续发展能力。

在普及性的农村生态建设中,必须坚持把经济社会发展与生态环境保护建设有机地结合起来,做到既不为发展而牺牲环境,也不为单纯保护环境而放弃发展。遵循自然规律合理开发,创建宜居的生态环境和生活质量,实现资源的有序高效利用。必须坚持规划先行,增强规划实施的严肃性,把生态建设贯穿于新农村发展的过程中。积极培育生态农业和生态旅游业,推动农村经济发展向生态亲和型转变,增长方式向资源节约、生态环保型转变。大力发展农业产业化经营,建立健全清洁农业体系,即无公害农业体系、绿色生态农业体系、有机农业体系。推广农村环保适用技术,加强农民环保教育,指导农民合理使用农药化肥,积极采用生物防治技术,大力推广使用高效低毒低残农药、生物农药和有机肥,努力减少农业农村的化学污染。注重环保基础设施的投入,大力推行清洁生产和节能减排,采用先进适用技术并积极探索发展循环经济。为了实现环境公平,各地政府应该通过制定有利于农村环境保护的经济政策,设立农村环境保护专项基金和农村环境资源的生态补偿机制,推进农村的环境建设。要解决农村环境中的突出问题,从当前比较普遍的情况看,重点是生活污水、生活垃圾和农村种养殖业的面源污染问题。要因地制宜、有计划地推进农村生活污水处理池建设和雨污分离工作。在普及当前村集、镇运、县处理的保洁机制前提下,有计划地推进垃圾源头分类处理和有机垃圾就地消化的工作,想方设法地实施垃圾减量化工程。科学规划种植、养殖业,完善配套。以美丽乡村建设为载体,加强农村环境综合治理。要特别重视农村基层组织建设在生态建设中的重要位置。农村生态最后的落脚点在农村,帮助农村干部转变观念、理清思路,是农村生态建设落到实处的核心。要强化文化保障机制,用文化的理念做好生态县建设的宣传教育工作,加大宣传力度,倡导生态意识,弘扬生态文化。形成保护环境、人人有责的公众参与机制,引导人们生产、生活、消费意识的转变。严格执行环境保护和资源管理的法律法规,严厉打击破坏生态环境的违法犯罪行为。完善农村土地制度,推动农村土地流转改革,建立农村土地承包经营权流转平台,完善流转合同签订和登记备案制度,做好土地确权、土地整治、集体建设用地流转、征地补偿政策完善等工作,规范流转行为,实现农村土地集约化经营。

第五节 健全金融支农体系,多渠道拓展资金来源

我国农业虽然在经济总量中比重呈逐渐下降趋势,但它在生产、生活和生态功能上对整个经济的发展有着十分重要的作用,新农村建设完全依靠政府投入既不现实也不可能。据测算,我国农村资金需求主要来源于以下四个方面:以现代农业为基础的新产业发展、用于改善农村生产生活条件的基础设施建设、农民就业创业资金和传统农业生产和农民生活资

金,现有的资金供应远远不能满足需求,还有很大的资金缺口有待填补。健全金融体系,拓展支农资金来源无疑是一个积极可行的选择。

一、给新型农村金融机构创造更好的经营环境

(一)给我国村镇银行创造更好的经营环境

目前,村镇银行已在我国很多地区开始营运,对健全农村金融体系,加快我国农村经济发展具有不可低估的作用。为了使这一新型金融机构能够在激烈的市场竞争中站稳脚跟,一方面,管理部门应该给予更多的业务指导和政策优惠,鼓励村镇银行以县城或附近区域为经营地址,吸收县域范围的资金流入,满足我国农村资金需求,并在经营起步后拥有更大的发展空间。鼓励有实力、熟悉当地人文经济环境和社会信用情况的企业和个人入股,夯实金融业务基础。对村镇银行发放农业贷款和小额贷款给予一定比例的风险补偿或资金奖励,以发挥财政资金的杠杆作用,调动村镇银行增加农村地区信贷投入的积极性。根据村镇银行支农信贷投放情况,减免营业税、所得税及其他相关税费。降低村镇银行的法定存款准备金比例,提高可用支农资金额度。增加支农再贷款额度并延长再贷款期限,实行有差别的优惠利率,更好地发挥支农再贷款作用,提高使用效率。另一方面,为防止村镇银行可能出现的风险,监管部门应采取有针对性的措施,建立现场与非现场监管制度,密切跟踪村镇银行的经营管理情况和风险状况,督促其完善法人治理结构,健全内部控制程序,依法合规经营,纠正偏离服务"三农"宗旨和超业务范围经营以及超比例发放大额贷款等问题,确保资金真正留在农村,更好地支持新农村建设。要求村镇银行应建立审慎、规范的资产分类制度和资本补充、约束制度,准确划分资产质量,充分计提呆账准备,及时冲销坏账,确保资本充足率在任何时点不低于8%,资产损失准备充足率不低于100%。

(二)协助小额贷款公司逐步扩大业务影响

根据《小额贷款公司试点实施办法》规定,小额贷款公司是指由自然人、企业法人或其他社会组织依法设立,不吸收公众存款、经营小额贷款业务的有限责任公司或股份有限公司。其主要面向我国农业中小企业发放贷款,其优点是最快3天至1周就能拿到资金。按要求,小额贷款公司应坚持小额、分散的原则,着力扩大客户数量和服务面,每年向"三农"发放的贷款额不得低于全年累计放贷金额的70%。为有效配置金融资源,对同一借款人的贷款余额不得超过小额贷款公司资本净额的3%。尽管小额贷款公司不允许向公众吸收存款,但可从不超过两个银行业金融机构融入其资本净额50%及以下的资金,这一方面限制了小额贷款公司因经营风险而对社会可能产生的影响,另一方面也为其他金融机构通过批发贷款的方式间接服务我国农村疏通了渠道。当然,要使小额贷款公司不断发展壮大,还有许多必须面对并解决的难题。长期以来,农村小额信贷大都有"少、快、急"的特点,通常几千甚至几百

元就可解燃眉之急,在这种情况下,很少有人会想从银行贷款,即使需要弥补几万元的生产资金缺口,也习惯性地倾向于选择民间借贷。由于农民收入来源不稳定,对到期还款信心不足,担心因延期而产生额外的利息负担,这也从另一方面限制了其申请贷款的意愿。显然,如何在控制风险的情况下培育有效的金融需求主体,还需要小额贷款公司做一些创新性的探索。加强农村金融知识宣传,建立小额贷款风险与激励机制,在严格落实新增贷款责任追究制的同时,辅之有吸引力的奖励政策,鼓励信贷人员主动与农民联系,积极推行上门入户现场发放贷款制和柜台直接办理制,减少信贷人员为减少责任和损失,宁可少放或不放贷款的现象。

二、建立农村金融政策扶持的长效机制

我国现代农村金融体系的健全,没有政府的推动是不可能完成的。不管是商业性金融、政策性金融,或者是合作性金融,都离不开政府与相关部门的努力。对于商业性金融机构,政府需要通过减税、费用补贴等政策,引导其回归农村市场,鼓励其开发适合农户和农村中小企业的微型金融服务产品。政策性金融机构本身就是由政府发起,贯彻和配合实施国家对农业的扶持和保护政策。实现农村土地资产的资本化和融资功能,让农民在自己的土地上富裕起来,迫切需要政府进行政策创新,完善农村相关资产的登记、颁证、抵押等法律和制度建设。以农村资金互助社为代表的合作金融机构一般是自发形成的,从其萌芽、发展到注册成为正规金融机构,都需要农村集体管理部门的支持。因此,相关管理部门应加强财税政策与农村金融政策的有效衔接,建立合理的金融机构支农绩效评价机制,从涉农贷款余额、增量以及支农金融业务品种等方面考察,作为其获得政策扶持的依据。规范政策投融资平台的管理和运作,充分发挥其资金集聚和风险熨平作用。落实和完善涉农贷款优惠、定向费用补贴、增量奖励政策,引导更多信贷资金投向"三农"领域。建立银政互动机制,联手加大不良贷款的催收和金融案件的审判执行力度,不断完善社会中介服务功能。建立农村金融发展政策性补助基金,用于化解可能出现的潜在风险。

三、优化我国农村金融服务网络布局

中国农业发展银行、国家开发银行的各地分支机构需明确定位,突出传统政策性金融业务的优势。各商业银行应稳固已有的业务范围,不断丰富农村金融产品。新型农村金融组织应及时补位,突出小、快、灵的特点。推广农户小额信用贷款和农户联保贷款,探索以订单和保单为载体的金融工具,探索中小型涉农企业集合债券发行的管理办法。金融管理部门要通过政策引导银行业机构履行社会责任,科学制订网点建设和经营管理计划,调整市场准入政策,鼓励商业银行到农村地区新设营业机构,鼓励新增营业网点尽量设置到郊区乡镇和

人口较多的村庄。利用农业投资公司、农业担保公司、农业产业投资基金等农业投融资平台,积极协助相关部门制定金融支农意见,引导更多信贷资金投向我国"三农"领域。支持农村金融改革试验区建设,扩大政策性农业保险覆盖面。建立更加完善的农村信用制度和评价体系。继续推进"三信"工程建设,建立覆盖面更广的农村信用信息基础数据库,扩大信息采集范围,吸纳工商税务和司法系统向该数据库申报借款人信用信息,引导金融机构建立、健全农户、农民合作社和涉农企业的电子信用档案,优化和规范信用评级体系,推动建立农村信用信息共享机制。不断改善和创新农村金融服务方式,通过设立农村金融服务信息员、代办员等方式,使所有农民都能享受到基础金融服务。

第六章　新农村经济发展中电子商务的建设与应用

第一节　新农村电子商务建设的内涵与外延

一、电子商务与新农村建设

(一)新农村电子商务的概念

新农村电子商务的概念目前还是比较新颖的,到目前为止,国家还没有对其进行明确的定义。对于新农村电子商务的含义,可以从传统电子商务和我国新农村建设的背景和意义去理解。电子商务从被人提出以来,就没有一个统一的定义,不同研究者和组织从各自的角度提出了对电子商务的定义和认识,这些不同的定义与认识与电子商务应用环境有关。

电子商务是信息技术和经济发展的必然产物。电子商务是指买卖双方之间利用网络按一定标准进行的各类商业活动。而农村电子商务的本质上也是一种交易活动,不同于一般的商业电子商务,它是以农产品的交易为基础的,通过现代化信息技术和通信技术的支持,借助相应的网下物流的帮助,使得农产品可以快速到达消费者手上的过程。即以发展运用电子商务技术来推动农业的发展,提高农村居民收入,改善农民生活水平,以整体提高我国的经济发展水平。农村电子商务通过将传统的交易流程搬到网上进行,从而节约交易成本,实现买卖双方的共赢。因此,可以对新农村电子商务给出如下定义:

新农村电子商务就是以我国新农村建设为背景,借助网络信息技术来搭建一个统一的信息平台,通过网络平台的嫁接和拓展,将农村的各项农务工作进行集成,其中主要内容包括改造传统效率较低下的农业生产经营方式的交易信息平台、保证电子商务良好建设的安全控制措施、推动农业电子商务快速发展的组织模式,通过对安全控制和组织模式的研究来保证农业商务平台的构建顺利进行,协同建设各个平台把传统农村建设成为现代化、高度信息化的社会主义新农村。

新农村电子商务的实施与应用是依托一个完善的农产品网络信息系统的,因此,新农村电子商务的构建是现代农务研究的基础,是提高我国农业经济的又一方法,对促进我国农业经济的发展和研究都有非常重大的意义。

(二)新农村电子商务的特点

新农村电子商务是以我国新农村建设为背景,依托与农村电子商务基础设施建设水平的不断提升,可以有效地整合城市与农村的产品市场。相对于传统的农产品市场,新农村电子商务具有以下特点。

1. 突破了农产品交易时空限制

由于互联网的技术不断发展,为新农村电子商务应用创造了非常巨大的空间。新农村电子商务是依托于农产品市场网络信息化的发展而发展的,电子商务作为农产品的主要营销手段,网上交易、供求信息匹配肯定会成为农产品交易的主要形式。而以无时空约束的网络为依托的农产品网络营销,突破了传统交易的空间、时间、地域,甚至是国籍限制,在进行市场拓展时减少了市场壁垒和市场扩展的障碍。目前,企业借助新农村电子商务可以全天候直接面向全球提供产品营销服务。农产品在电子商务平台上交易的最大特点就是具有互动性,通过网络能让消费者真正参与到营销活动中。双向电子商务平台可以促进买卖双方的一对一交流,并且这种交互式的交流是以消费者为主导的,它使企业与消费者间的沟通变得更直接、方便、迅速和有效。农产品消费者可以在网上选择所需的农产品,或者提出自己的未来需求。而企业也可以根据消费者提出的需求信息,定制、改进或开发新产品来把握未来市场的走向。新农村电子商务的交易平台是一种以消费者为主导,强调个性化的营销方式。因而,农产品电子商务的交易平台,让消费者可根据自己的个性特点和要求,在平台上选购自己所需要的产品,而企业则可以从每一个消费者的消费信息中去摸索消费者的习惯,为其产品创新提供客户支持,准确把握市场走向。

2. 参与主体的广泛性

从上面的新农村电子商务的概念,我们可以认识到新农村电子商务所包含内容的广泛性。新农村电子商务参与的主体除了传统的农业生产者,还包括了农资产品生产者、政府和超市等。与传统农村电子商务相比,新农村电子商务具有更加广泛的参与者。

对于农产品的经营者来说,通过新农村电子商务平台可以弄清楚消费者的个性化的要求,可以逐步地提高客户的忠实度。传统的农产品电子商务网站主要是以信息发布为主,没有进一步对网站的管理,得不到有效的客户和交易。这里提出的农产品电子商务的个性化需求主要是指跟踪用户浏览的路径,挖掘用户行为模式,进而发掘用户的兴趣爱好,成功地引导顾客进行消费。

对于广大的农户和客户来说,通过新农村电子商务平台可以及时有效地获取农业生产的相关信息,农户、客户可以通过电子商务的交易信息平台进行商务洽谈,平台还可以聘请农业技术专家对农民的生产进行技术指导。与传统的农业信息网不同,新农村电子商务平台不仅可以使买卖双方发布供应信息和求购信息,也能提供一个网上交易的场所,同时可以根据用户提交的供求信息主动为顾客进行供求信息的匹配,方便买卖双方快速对接,当然用户也可以直接去浏览、查找相关信息。

3. 农产品及农资产品交易的高效性

借助新农村电子商务平台开展的农产品交易市场作为一种全新的农产品交易方式,和传统交易方式相比具有明显的优势。与传统的农村电子商务相比,新农村电子商务提出通过双向供求匹配系统来加速供求双方信息的快速匹配,保证交易的效率和速度。农产品在电子商务平台上可以加快农产品信息传播的速度,同时可以实现农产品企业与消费者直接沟通,避免了大部分中间环节,从而降低了交易成本。在新农村电子商务的交易平台中,消费者以出厂价直接从农产品企业购买产品,实现了消费者和企业的共赢。直接将新鲜的特色农产品快速上架,加快了农产品的市场流通。由于我国农产品存在着"买卖双难"的问题,网上交易可以扩大交易范围,增加交易机会,节约交易成本,从而提高交易效率,使我国农业的原有优势得到相应的发挥,而且使其原有的劣势逐步改善,也极大地增强了我国的农产品在世界市场上的竞争力。

4. 经济性

新农村电子商务的交易信息平台可以缩减农产品在供应链中各环节的协调成本,在保证交易进行的同时,能够使得买卖双方联系得更加紧密。平台为消费者提供了信用安全保证,避免了交易过程中错误的发生。

通过新农村电子商务平台,消费者可以有效地降低信息的搜索成本。与传统的交易模式相比,平台可以直接给予用户、供应商及其产品的相关信息,大量节省了客户的信息收集时间和成本。同时,由于新农村电子商务平台给予了供应商和消费者一个交流平台,买卖双方可以直接进行交流,从而越过了多层次的批发和零售环节,节约了大量的交易中间成本,最终让利给消费者和供应商。相对消费者而言,扩大了客户对供应商的选择范围,大大地提高了市场交易的成功率。

新农村电子商务平台通过网下的物流集成平台,可以有效地降低农产品配送的成本。通过集成和配送路径的优化选择,越过多个批发零售环节,可以有效地进行农产品配送。通过电子商务的交易平台,买卖双方可以选择合适的交易对象,进行直接交流,从而加快交易的发生。

在新农村电子商务平台上,所有供应商的信息、产品价格、供求信息和市场动态等信息都会在相应模块进行查询公布,打破了买卖双方的信息公开程度不对称的状态,促使供应商以产品质量、优质服务和产品价格来提升自身竞争力,吸引更多消费者。

(三)我国农业电子商务应用模式

电子商务应用模式最常见的是按交易主体类型进行划分,主要有三类:B2B(Business-to-Business),即企业与企业之间的电子商务;B2C(Business-to-Customer),即企业与客户之间的电子商务;C2C(Customer-to-Customer),即客户与客户之间的电子商务。在传统的农产品交易模式中可以找到类似的模式,我们暂且将传统交易模式与电子商务交易模式的这种对应关系称为传统农产品交易模式向农业电子商务环境下的平移。大型农产品批发市场类似于B2B,农产品专营店如农资、化肥、种子专营店类似于B2C,而农产品集贸市场则类似于C2C。

近几年,随着电子商务行业竞争日益激烈,电子商务行业的应用模式在竞争中不断创新,出现了B2B2C(Business-to-Business-to-Customer)、C2B(Customer-to-Business)或者O2O(Online To Offline,线上线下)等新型电子商务应用模式。但从交易主体上来看,电子商务乃至商务的主体,依然是企业或组织。就如前文所言,农业电子商务的核心是从事农业商务的组织和个人。

(四)农村电子商务的发展优势

1. 经营成本低

零售企业开店投入的资金中,相当一部分花在地皮上。在大城市,寸土寸金,一些繁华地带的地租动辄每平方米上万元,这样的高成本投入,使得我国零售企业很难拥有价格优势。而农村市场开发程度低,地价也大大低于城市,大大节约了企业的资金,降低了经营成本。另外,农村地区劳动力成本也大大低于城市。大城市人口密度大,消费水平高,劳动力工资水平自然也水涨船高;中小城市、农村地区,收入水平与大城市整体相差悬殊。

2. 竞争阻力小

相对于大城市的惨烈商战,中小城市和农村存在着明显的竞争不足。目前,占据这些地区商业领域的主要是一些地方的中小型商业企业以及为数众多的零散经营个体零售业者,普遍存在着规模小、布局混乱、组织化程度低、商品质量差等诸多问题。因此,我国商业零售企业正好可以充分利用自身在品牌、资金、管理等方面的优势轻松占领市场。除了直接投资开店之外,还可通过收购、兼并、嫁接、加盟等形式的资产重组吸纳那些当地不景气的商场、市场,实现低成本、大规模的扩张。

3. 市场潜力大

我国是一个农村人口占绝大多数的国家,14亿人口中70%以上分布在农村地区,从这个意义上说,只有占领了农村市场才是真正占领了我国市场。尽管现在农民的购买力相对比较低,但农村丰富的人口资源在一定程度上弥补了购买力的不足。从长远来看,我国要建设小康社会,农村经济的发展、农民收入的提高是关键,因此农民购买力的提高是一个必然趋势,农村市场的潜力是无限的。随着中国加入世界贸易组织,国际零售巨头加快了进入我国的步伐,大城市市场竞争空间日益狭小,外资零售企业进军我国农村市场是迟早的事。

(五)农业电子商务的发展阶段

1. 农业电子商务必经发展阶段

政府为主体、从"无"到"有"的启动建设阶段。此阶段以政府为主导,以面向农民提供农业信息服务为主,兼顾涉农企业。

企业为主体、政府补贴的媒体平台阶段。该阶段的赢利模式有3种:一是向农用生产资料企业收取广告费。由于在很多农村地区还未能解决"最后一公里"(即进入农家)问题,广告受众有限,所以广告收费难以维持公司的正常运营。二是政府提供项目经费支持。如在实施农业信息化建设项目、农村信息扶贫项目过程中,通过购买公司开发的手持终端机等方式,对公司给予财政上的支持。三是开展农业电子商务的公司,通过承包政府农业信息化项目建设,如软件开发、为政府提供技术支持等,获得财政上的支持。该阶段也有政府牵头、企业赞助的模式。不过,考虑到经济效益,企业赞助的区域范围及其所赞助的设备和技术是有限的。

以企业为主体,搭建 B2B 商务平台。农民对市场信息的需求超越了简单的供求信息发布之后,就想通过更广阔的平台收获更大的经济效益,农产品电子商务将成为核心之一。

2. 农业电子商务的开展方式

(1)没有农业企业网站的电子商务。

很多人认为农业企业要开展电子商务必须建立自己的网站,其实,如果自身资源有限,可以不必建立独立的网站。目前,一些著名的大型电子商务网站,他们为企业或个人提供了很好的电子商务平台,企业只需要在上面注册自己的网上商店,刊登自己的供求信息,就可以很好地推广自己,这样,企业就可以花少量的投资甚至免费来实现初级电子商务。

(2)拥有农业企业网站的电子商务。

由于网站的级别不同,各个农业企业开展的电子商务方式也不相同。比如有的企业网站上面仅仅是提供企业名称,一些简单的产品介绍,联系方式,这种企业仅仅借助于网站,在互联网平台上介绍自己,好比一张名片,实际的商务活动实现仍然是传统的方式;而有的企业网站里面已经实现了在线购物,甚至在线付款等功能,他们完全可以利用互联网平台销售自己的产品和服务。农业企业选择什么样的网站形式,要根据自身实际来决定。

二、新农村电子商务的探索与实践

(一)绿色农产品的布局

绿色经济是人类文明的全球共识与发展方向。发展绿色农业就是探索农业新的发展模式和新的经营理念,从而促进农业现代化,提高农产品竞争力,探索如何实现农业的可持续发展和生态系统平衡与良性循环。

淘宝生态农业频道在推进绿色农产品的经营模式上进行了有益尝试。他们定位于做安全健康放心的食物社区。引入敢于承诺"拒绝农药、化肥、转基因"的绿色农场,在产品页面上公开产地、生产者、生产过程和生产环境的信息,以及种子来源、如何锄草等,结合淘宝评价体系及 SNS 传播方式,尝试建立起了一套绿色农产品的参与式保障体系。

(二)食品安全溯源机制

在食品安全危机频发的当下,如何解决农产品的安全问题,是发展农产品电子商务不可逾越的一道门槛。淘宝网与天猫食品类目联合国家市场监督管理总局进行的电子台账建设,则是对食品安全溯源机制的一次有益尝试。淘宝网和天猫对卖家发布平台进行优化,要求食品类目下新发布的包装商品,卖家必须填写资料中的生产许可证编号以及品名、厂名、厂址、联系方式、保质期、生产日期、进货日期、数量、供货商、规格、包装方式、产地、配料表、食品添加剂 14 个字段,从而完善食品追溯体制,将商品信息更全面地还原给消费者。

建立网络食品安全追溯制度后,"三无"产品得到了有效控制,出现食品安全问题,可以追根溯源。而对于消费者而言,商品信息变得更为透明,特别是消费者最关心的食品保质期、产地等,一目了然。

(三)资金链问题的尝试

对农产品进行生产或加工,资金也一直是困扰众多涉农企业、农业合作社及零散农户的难题,支付宝平台则在这个问题上进行了大胆尝试。支付宝在成立新农村事业部后,将搭建融资平台作为他们的一项主要工作,帮助涉农企业实现贷款或供应链融资。支付宝将上游的授信机构与下游的涉农企业链接起来,在中间做一个贷款发放和还款的资金通道,帮助他们实现涉农贷款。

三、新农村电子商务的发展趋势

随着我国信息化和城镇化进程的加快,农村电子商务技术不断更新,影响范围不断扩大,对农村经济社会的渗透不断深入,呈现以下四个趋势。

(一)由传统电商向新型电商转变

这一转变是信息技术不断发展的结果,初期的农村电子商务主要是农业企业、农民专业合作社和农业生产大户通过互联网平台发布农产品供求信息,实现农产品购销,其模式是:农产品网站+电话+货运公司,即先通过网站发布农产品供求信息,再通过电话进行商务洽谈,最后签订购销合同,由卖方或买方组织货运完成交易。这种模式在很大程度上挣脱了地理位置的束缚,拓展了农产品交易市场。随着互联网、电商平台、网络支付、社会信用、商业保险等软环境的发育成熟,更多的农业经济组织和个人走向了即时线上交易平台,并跟随信息产业的成长一路发展了 B2B、B2C、C2C、B2B2C 等电子商务交易模式。这种"本地产品+电商平台+网络支付+专业物流"的模式大大提高了交易的效率,降低了双方的交易成本。甚至在"互联网+"的推动下,农家乐经营户、民宿业主、观光农场也实现了线上交易、线下现场消费体验的 O2O 电商模式。

(二)从单向电商向双向电商转变

这一转变则得益于部分农村地区仓储、交通、物流、信息设施等硬件设施的逐步完善。与到实体店购物相比,网络购物不仅可挑选范围大、送货上门,而且价格便宜,对远离大城市的农村地区有莫大的吸引力。在农村消费品电商发展的同时,电子商务配套产业不断发展成熟,专业物流企业农产品仓储物流的触角逐渐延伸到广大农村地区,农村的小生产也逐渐地与更大的市场实现了对接。只要有一台电脑、一根网线,甚至只需要一部智能手机,农户就可以在淘宝网、微店等电商平台零成本开店经营。这让农村电子商务不再是农业企业的"专利",一些受教育程度较高的农村青年从中发现商机,开始把本地特产甚至家具、服装等商品放到网店出售,一大批农民网商涌现。这让农村电商实现了农产品从田间到消费者的极简模式,农村电子商务的信息流、物流不再是单向的消费品购买,而是形成了与不同分工的行业和地区互通有无的双向电商。

(三)从经济发展向改善民生转变

这一转变离不开政府的推动。电子商务向农村地区的延伸无疑是经济利益驱动的结果,一方面是生产、生活消费品向农村开拓消费市场,另一方面是农产品、乡村旅游资源对外营销增收。但从政府角度来看,在农村地区发展电子商务不仅可以发展农村经济、带动农民增收,还是优化社会管理、改善农村公共服务、缩小城乡差距、让农民共享发展成果的民生工程,比如政府机构、事业单位和国有企业依托电商平台开展的特色办证、公开拍卖、网络售票等。特别是政府推动的"农村信息化示范工程"重在建设"集农产品综合服务、农产品交易、全网代购"于一体的农村电商综合平台,构建农产品信息服务、检测、仓储配送中心,实现农产品生产与营销的全程服务。

(四)从个体电商向区域电商发展转变

这一趋势主要体现在:一是遍地开花的农民网商,通过产业集聚自发形成了淘宝村、淘宝镇等区域化农村电商;二是以阿里巴巴、京东、苏宁为代表的电商企业,纷纷启动了电商下乡的步伐。

在提出"互联网+"战略方针后,互联网就向各行各业渗透、融合,帮助各行业升级转型。"互联网+"农业也在这个大背景中诞生,而构建农村电子商务是其中最受瞩目的模式,国家明确提出发展农业电子商务是作为推动经济的新动力之一。国家政策的大力支持,让农村电商的前景变得更为广阔。国家已经发布了一系列关于农业政策的文件,囊括了农村电子商务、农垦改革、农村深化改革等各个方面,其中发展农村电商被视为重点。国内经济面临下滑压力,扩大内需、振兴经济无疑是今后经济工作重点之一,而且农村市场的需求一直因实体店少而受到压制,因此释放农村市场需求对于扩大内需、振兴经济有着重要作用,所以国家对农村电商的支持是毋庸置疑的。不过目前农村电商发展仍面临诸多难题,如物流问题、人才问题、产业链信息不对称、农产品标准化程度低等。但随着国家投入的力度加大,这些难题未来几年内都将得到突破性的解决,如即将实施的"实现村村直接通邮"项目,让农村电商发展最后一公里的物流配送难题取得了实质性突破,预计政府在农村电商的物流方面还将加大投入,物流难题最终也将迎刃而解。农村电商的出现顺应了互联网发展趋势,并能极大地满足农村市场的需求。随着农民收入持续增长,越来越不满足于目前农村商业体系的现状,对生活品质提出了更高的要求。同时互联网向农村市场的渗透,给互联网+农业市场带来了巨大的想象空间。综上所述,农村电商未来发展不会一帆风顺,必定会有诸多难题,从业者需解决各类痛点,才能在巨大的市场空间中分得一杯羹。

第二节 以区域为核心的农村电子商务模式

一、发展较好的区域性农村电子商务发展模式

(一)A2A 农村电子商务模式

A2A 农村电子商务模式实质上是区域对区域的电子商务发展模式,该模式主要是将分散的小农户所生产出来的小宗农产品用各种交通运输工具汇聚到城市,然后将产品分销给广大的消费者,而且该发展模式需要依赖完善的销售网络体系的支持。

A2A 农村电子商务模式的具体运作为分散的农户利用先进的互联网技术,将产品信息发布在网络上,并且实时调查掌握市场信息、行业信息等,及时调整销售方案,及时回馈消费者的信息。另外在物流配送上,在每个村构建一个信息站,并且配置多名配送员,进行短程的集中配送,用综合信息平台对配送情况进行督导,完成一系列的配送任务。

(二)A2B 农村电子商务模式

A2B 农村电子商务模式实质上是区域对商家的电子商务发展模式,目前,该模式在新农村建设上发挥着重要作用。在新农村建设中"一村一品"农产品深层次加工现象逐渐突出,这无疑打破了传统的发展模式对电子商务营销范围、规模效应的限制,利用专业的合作社,在先进的互联网技术的支持下,农产品的营销与配送均由专业人员负责,从而降低运行风险。另外,A2B 农村电子商务发展模式能够将一个区域内的类似农产品信息利用互联网凝聚起来,形成更加规范的期货信息,在网上进行实时的发布与更新,从而实现网上农产品交易,如竞拍、合约、期货、网上洽谈等项目的开展,降低网上交易风险,而且在物流上建立一个虚拟的专业市场,从而全面提升农民的经济利益,服务于新农村建设,产生强大的社会效益。

(三)B2A 农村电子商务模式

B2A(Business-to-Administrations)农村电子商务模式实质上是商家对区域的电子商务发展模式。该模式下,农村电子商务商家将各种农资,如农产品、化肥、农药等通过信息员从农民手中统一采购,标价发布在网上,并且在网上加强产品的宣传,吸引消费者的注意力,在一个区域内进行一系列的采购、销售、管理,缩短中间流通环节,从而降低价格,实现商家、农民、消费者的经济利益共赢。

二、农村电子商务对区域的影响

(一)农村电子商务对个人的影响

最近几年电子商务的发展速度超出了常人的想象,它波及的范围越来越广,电子商务已经不是城市的代名词,它在农村也生根发芽,农村参与电子商务的各个环节也享受着它的便捷。农村的消费者要想搭上便捷的快车,还必须对自己提出严格的要求,不仅要了解有关这一新的经济的基础知识,而且还要熟悉交易平台的规则,实现无障碍购物。所以消费者只有不断地学习和更新知识,才能满足时代的发展。农村的消费者也可以实现足不出户,多层次地获取相关的信息,在家中轻松完成购物,并利用网络快速地完成交易环节,无形当中使消费者对服务的满意程度大大提高。

(二)农村电子商务对企业的影响

农村电子商务的应用对企业最大的影响就是决策更加规范,使之前一些不规范的决策由电子商务系统完全取代。借助电子商务系统,管理者的决策也发生了前所未有的变化,管理者更多地倾向于非结构化决策,这种决策能给消费者带来很多的好处,管理幅度与管理层次都发生了显著的变化,最终实现企业想要的效果,管理的最优化呈现在了管理者面前。在今天如火如荼的农村电子商务市场上,网络成为农村企业内部信息交流的主要工具,也是外部信息交流的一个窗口,信息的主流模式也发生了变化,由之前的"一对一、一对多"转化成了"多对多",一份业务报告可以同时实现多个上级和多个部门的协同,业务的范围也会更加广泛,由之前的区域转变成了跨区域、跨国家等特点,对从事农村电子商务的企业也提出了更大的挑战。农村电子商务企业所面临的是顾客需要和购买行为的全新变化。企业要转化之前的思路,更多地依据现实客户的变化而变化,重新设计和优化消费者的购物流程,改变之前针对消费者的传统经营运作方式。

(三)农村电子商务对产业的影响

农村电子商务的发展是农村急需拓展产业的产物,在区域的信息产业迅速发展的今天,产业的服务信息显得尤为重要,这样对区域的产业提出了更高的要求,小到影响一个区域的产业布局,大到影响一个国家的经济结构的调整。我国的农村市场上农产品的种类多,地域分布广,每个地区都有类似的区域特色,时而会出现产品滞销的问题。在没有互联网之前,农户处于信息流的弱势,不能实现有效的信息对称,销售困难,农产品滞销。随着农村电子商务在农村的推广,农户可以足不出户利用互联网的工具了解市场的最新需求,获取自己想得到的相关服务信息以及在线技术支持。这样就可以将之前松散型的、低效能的组织转变成为新型的农村电子商务组织,这个组织包含了生产、加工、储存、运输、销售等的功能。农村电子商务发展对新时代的农民提出了更高的要求,农民对接受知识的内容、形式、手段都有了不同的认识,这种鲜明的变化所带来的是农民的转型,也会促使在公共服务行业上的高效统一。

(四)农村电子商务对政府的影响

农村电子商务的发展对政府职能部门也提出了更大的考验,考验着政府职能部门,对其相应的管理行为也提出了新的挑战。参与农村电子商务的已经不是简单的交易双方,它涉及农村电子商务的各个环节,农村电子商务的发展仅靠政府其中一个部门是远远不够的,而是需要多部门联动,这就需要有政府部门来主导此事,需要有法律来做依托,需要政策框架的强有力的综合协调。农村电子商务的发展对政府管理带来了新的挑战,政府要从宏观和微观上双重把握,根据农村电商环境的变化适时调整管理策略,使农村的经济发展实现跨越式的发展。

三、区域环境下农村电子商务应用

(一)内容分析

1. 区域环境下"多维嵌套"式农村电子商务应用现状与可行性调研

主要包括农村电子商务应用基础设施建设现状;农村电子商务第三方网络平台现状;农村电子商务物流平台现状;农村电子商务金融平台现状;农村电子商务人才现状;区域环境下农村电子商务应用可行性。

2. 区域环境下"多维嵌套"式农村电子商务需求分析

主要包括农业生产对电子商务的需求分析,农业生活对电子商务的需求分析,农村劳动力市场对电子商务的需求分析,新农村建设对电子商务的需求分析。

3. 区域环境下"多维嵌套"式农村电子商务应用思路与步骤

主要包括解决农村电子商务应用困境的"上下联动、内外结合、大小结合、跨区域合作、村校合作、村企合作、村专合作"建设思路,以及基于该思路下的规划、分析、设计、实现、保障的建设步骤。

4. 区域环境下"多维嵌套"式农村电子商务应用特性研究

主要包括农村电子商务构建的区域性,农村电子商务构建的合作性,农村电子商务构建的层次性,农村电子商务构建的服务性,农村电子商务构建的支撑性。

5. 区域环境下"多维嵌套"式构建对策研究

构建对策概括为:一个环境、一批人才、两个区域、两种机制。一个环境是指营造农村电子商务的硬件环境,一批人才是指培育本地化电子商务人才,两个区域是指建立农村网商创业园区和培育农村电子商务示范区,两种机制是指农村电子商务工作运行机制和农村电子商务发展专项扶持机制。

(二)方案设计

"资源与资源支持匮乏型区域。"对农村现有资源进行分析,适用于现有资源较匮乏、行政资源接入较少区域。使用已有的成熟的市场化的电子商务平台,采用"农户＋网络＋公司"模式,让农户成为网商直接对接市场,依靠"典型网商"销售模式进行裂变、复制、扩张。这种模式具有简单、灵活、易操作、易传播的特点。但同时也有它的局限性,例如,分散、缺乏规范等。

"资源优势明显型区域。"适用于自身已形成较为成熟的优势资源,利用网络平台进行辅助销售。采用"农产品连锁企业＋农户＋多网络＋公司"模式。该模式利用已经形成的自身优势资源,例如,特色产品超市、连锁店等,将优质产品带进城市,为农户提供可销售的实体网络。同时利用虚拟网络平台建立基于区域特色产品的电子商务平台,结合分散的农民网商,形成实体网络、专业农产品平台、分散农民网商相结合的多网络产供销体系。促进农业发展,提高农民自身水平。这种模式具有分散整合、保证传播、平台共享、资源共享、虚实结合等特点。

"行政资源支持丰富区域。"适用于自身就具有较为丰富的资金、行政支持区域。可开展自建或合作建立区域自己的特色电子商务网络平台、农村信息社区、农村电子政务。采用"政府＋企业＋农户＋多网络＋公司"模式。该模式充分利用自身丰富的资金和政府有力的行政支持,将农村电子商务、农村信息社区和农村电子政务联系起来。搭建线上与线下、政府与企业、企业与农户、农户与公司、虚拟与现实的多角色多网络的交易环境,将区域、资金、政府优势充分融合,开拓农村电子商务更新更高的局面。这种模式具有多项整合、政企联合、农企联合、多平台、高度共享等特点。

四、区域为核心的农村电子商务模式发展

(一)相关政策的支持

我国农村电子商务的发展离不开政府的支持是众所周知的事实,而政府该如何发挥作用是研究的重点。经实践发现,基于区域为核心的农村电子商务模式战略发展中的相关政策的支持,需要从政府的扶植意识和能力上抓起,在扶植的过程中,政府要严格地落实"不缺位、不越位",不能越俎代庖,为农村电子商务的发展环境提供良好的因素,不能越过农民的意愿和市场的需要进行不必要的干涉,应根据市场调查结果,制定出详细而科学的政策,指导农村电子商务发展。另外,政府要相信农民和市场都具有自我调节的能力,政府只负责支持和监督。但是对于那些市场失灵,农民不能自主解决的问题,政府则要严加干预,发挥政府职能,发挥政府强大的调节能力,帮助农民解决问题,推动新农村建设,维护广大农民的切身利益,为我国的农村电子商务发展提供公共服务,促进我国区域性农村电子商务健康、可

持续发展。

(二)"播神火"和"接地气"——体现农村电子商务强大的包容性

为了有效地体现出农村电子商务强大的包容性,需要"播神火"和"接地气"。其中"播神火"是指政府鼓励和促进、大力传播自下而上的农村电子商务发展模式,旨在为我国的农村电子商务的发展营造良好的学习氛围和政策环境,以便促进我国农村电子商务的健康、可持续发展,而且农民在电子商务过程中,政府帮助农民解决自身难以解决的问题,保障农民的切身利益,维护市场稳定;"接地气"是指政府的辅助作用在农民自主实现电子商务发展中起到促进作用,将亿万农民的切身利益落到实处。

(三)创新区域性农村电子商务发展模式且全面提升相关工作人员的综合素质

创新是发展的不竭动力。因此,要根据现代社会的发展特征,积极地创新农村电子商务发展模式。另外,长期以来,由于我国农民的科学文化素质还比较落后,导致农民对电子商务的认识存在一定的偏差,往往使得农民在从事电子商务的过程中出现许多问题,大多农民不敢轻易尝试,致使我国农村的电子商务发展相对滞后。因此,需要通过各种各样的方式全面地提升相关工作人员的综合素质,纠正他们的认识偏差,使得农民可以借鉴成功的案例,端正自己的人生态度,并且增强他们的社会责任感,从而为推动农村电子商务健康、可持续发展保驾护航,从而帮助更多的农民走上农村电子商务的创业致富之路。

(四)构建完善的电子商务市场化网络平台

利用了多媒体技术、互联网技术、现代管理技术、云计算技术等优势,构建完善的电子商务市场化网络平台,促使农民自发在市场化的交易平台进行产品交易,减少中间流通环节,实现网络平台的开放性。根据市场变化,及时地调整相应的信息,而且任何人都可以在这种市场交易平台上开店,进行销售、交易等,基本上满足消费者的所有需要,拓展农产品的营销范围。另外,可以自动生成信用机制,交易双方都需遵守支付安全体系并有安全支付绑定。重要的是,网络市场化平台产生了空前的人气凝聚,交易双方、服务等都归纳在一个庞大的体系之中,简化了农产品营销流程,农民可以根据人气指数调整产品的销售方式和销售价格,促进交易额的上升,从而全面提升农民的经济收益,且能够有效地帮助解决"三农"问题。我国现有的基于区域为核心的农村电子商务模式有 A2A 农村电子商务模式、A2B 农村电子商务模式、B2A 农村电子商务模式,而且 ABC 农村电子商务发展模式是我国区域性农村电子商务未来发展的必然趋势。与此同时,只有不断加强相关政策的支持"播神火"和"接地气"——体现农村电子商务强大的包容性、创新区域性农村电子商务发展模式且全面地提升相关工作人员的综合素质、构建完善的电子商务市场化网络平台,才能有效推动我国农村电子商务的健康、可持续发展。

第三节　电子商务与现代农村经济社会转型

一、经济社会转型视角下的我国农村电子商务

(一)农村经济社会转型与新农村建设

1. 农村经济社会转型

我国正处于经济社会转型过程中。简而言之,经济转型一般指的是我国经济资源配置方式由计划经济向社会主义市场经济转变、经济发展方式由粗放型向集约型转变(或简称"两个根本转变")的过程;而社会转型指的是中国社会由传统社会向现代社会的转化过程。

必须强调指出,对于中国经济社会的现代化转型,我们的认识经历了由传统工业化向新型工业化的转变。

有研究者曾将我国社会转型的内容归纳表述为:"从传统社会向现代社会、从农业社会向工业社会、从封闭性社会向开放性社会的社会变迁和发展",或表述为"从农业的、乡村的、封闭半封闭的传统社会,向工业的、城镇的、开放的现代社会的转型。这种转型包含了社会结构的转型、社会运行机制的转型和社会价值观念的转型三个方面的内容"。在以上观点中,工业化、城镇化以及改革开放带来的市场化、国际化,成为实现中国社会现代化转型的必经之路。

然而,中国社会的现代化转型与发达国家不同,我们是在工业化任务尚未完成的情况下,便已经置身于全球信息革命的时代。如何理解信息化的历史要求,如何处理信息化与上述"四化"、特别是与工业化的关系,是我们不可回避的战略性问题。在信息革命时代,信息通信技术在中国经济社会转型中,也必将发挥越来越重要的作用。信息化不仅涉及手段,而且关涉目标。国家业已提出"五化并举""两化融合"和"两化深度融合"的战略方针,这是我们在当今信息化的时代,推进中国经济社会转型的必然选择。

"五化并举""两化融合"更是农村经济社会转型的任务,作为覆盖国家发展全局的战略任务,当然也适用于农村。不仅如此,从城镇化、工业化的某种角度上看,"五化并举""两化融合"更是农村经济社会转型的任务。农村的经济社会转型是整个中国经济社会转型的基础和主体。

2. 农村转型与新农村建设

涉及"三农"的信息化,本身包含了非常丰富的内容。涉农电子商务也会从多层面、多角度发挥助力农村经济社会转型的作用。虽然人们对涉农信息化,包括对涉农电子商务与农村经济社会转型之间关系的研究刚刚开始,还有待深入,但从理论界到实践者,相关研究成

果已开始出现。

（二）我国涉农电子商务新发展阶段的特点

进入 21 世纪，国家对解决"三农"问题更加重视，不断加大对"三农"发展的支持力度，包括对农业农村信息化建设的资源投入力度，全社会对"三农"发展的关注度也在不断提高。特别是近年，有越来越多的迹象表明，我国涉农电子商务在总体上已开始进入一个新的发展阶段。其主要表现在以下 3 个方面。

1. 由以往政府主导向多元主体联合驱动发展

从总体上观察我国涉农电子商务的发展，一方面，政府各涉农主管部门仍一如既往或更加大力推动涉农电子商务；另一方面，特别在近些年，有更多的企业，包括通信运营商、电子商务平台服务商、信息技术解决方案提供商和其他非政府机构、组织，在涉农电子商务，尤其是自下而上的涉农电子商务发展中，正在发挥越来越明显的作用。

2. 由长期徘徊于信息服务向交易服务深化拓展

涉农电子商务交易的实现，不能离开信息流，但也不能仅靠信息流，除信息流外，它还受到交易产品本身特性、成本、利润、批量、物流、支付等诸多因素的影响。由于种种主客观条件的制约，多年以来由政府主导的涉农电子商务一直主要徘徊于信息服务，很难进入和完成实际交易过程。

然而，近些年在农村大量实地调研中发现，随着涉农电子商务条件逐步趋好，各地从事涉农电子商务交易服务的探索也日见增多。不仅依托市场化第三方平台，涉农电子商务的在线交易越来越多，而且，包括一些原来长期从事农村电子商务信息服务的主体，也开始探索向在线交易进军。

3. 由原来侧重涉农电子商务的经济意义转向助力农村经济社会的全面转型

涉农电子商务在实践中有着多种不同形式的发展，其主要的驱动主体、发展起点、条件组合、演进路径有所不同。在更多地方的实际发展中，涉农电子商务的起步最初主要是为了满足驱动主体的经济诉求，驱动主体之所以从事电子商务，看中的是它能为自己带来的经济效益。但在其后的发展中，特别在那些发展较为成功的地方，电子商务不仅让这些驱动主体、相关的从业者增加了经济收入，而且还全面改善了他们的社会地位，推动了当地农村经济社会发生了多方面的变化。

4. 涉农电子商务进入新阶段的主要驱动力

涉农电子商务进入新的发展阶段，在其背后，主要有如下 3 种驱动力联合发挥了重要作用。

一是国家政策。国家确立并持续实施新农村建设战略，贯彻实行了"城市反哺农村"、城乡统筹发展的方针政策。从而，涉农电子商务的发展获得了更多的支持，特别是开展涉农电子商务所需的信息基础设施、交通物流条件等进一步得到改善。

二是市场环境。近年来,社会化、市场化的各类电子商务平台的发展日趋成熟,电子商务服务业有了长足的进步。

三是用户拓展。中国的互联网和电子商务应用发展到了从城市向农村自然拓展的阶段。通过要素在城乡间的流动,电子商务应用由城市向农村蔓延已成为必然趋势,农村中蕴藏的电子商务潜能也必然越来越多地被激发出来。农村网商中的成功者,为身边乡亲们利用网络脱贫致富,提供了看得见、学得会的示范,如同燎原的星火,正以点带面地吸引着更多农民投身到农村电子商务中来。

(三)我国涉农电子商务的新进展

近年来,我国涉农电子商务主要在以下方面取得了程度不同的进展。

1. 涉农电子商务的能力建设取得明显进步

政府、企业和其他各类主体以及越来越多的用户,在信息网络设施、信息终端普及、信息资源开发、信息技术手段和应用系统建设、信息队伍建设等方面,持续不断地投入资源。其中,包括国家采取"村村通"工程、"家电下乡""信息支农"等各类形式进行能力建设,明显改善了包括涉农电子商务在内的涉农信息化的能力。

尽管现阶段我国城乡数字鸿沟仍然存在,但农业农村信息化能力的进步,为涉农电子商务的发展提供了必要的条件。

2. 涉农信息服务成绩显著

在涉农信息化应用中,包括农产品供求和价格信息、市场预警、农业生产资料市场信息和监管信息等在内的,与涉农电子商务,特别是与农业电子商务密切相关的信息服务,在政府的大力倡导和支持下率先发展起来。其中,农业农村部相继建设了农业政策法规、农村经济统计、农业科技与人才、农产品价格等60多个行业数据库。

这些涉农信息资源的开发和信息服务,对涉农电子商务的开展,以至于大量的线下交易,都具有积极的促进作用。

3. 涉农电子商务的在线交易有实质推进

在先行启动大宗农产品期货和现货的电子交易的基础上,近年来,越来越多的涉农经营主体开始利用各种电子商务平台和渠道,开展小宗的农产品和非农产品的交易活动,难以标准化经营的生鲜类农产品的在线交易,也在引起市场主体越来越大的兴趣。特别值得关注的是,越来越多的草根农民也开始以不同方式接入某种,甚至是同时接入某几种电子商务平台,在线直接销售或促销当地的农副产品与非农产品;也有越来越多的农民以电子商务的方式采购所需的生产资料和生活资料,通过电子支付的方式实现交易。

(四)涉农电子商务与农村经济社会转型

随着涉农电子商务进入新的发展阶段,一方面,涉农电子商务自身在发展中会出现越来越多的新气象;另一方面,它在推动农村经济社会转型方面的作用,也必将越来越多、越来越明显地表现出来。然而,就目前现实情况看,涉农电子商务与农村经济社会转型尽管客观上存在关联,但人们对它的认识尚不充分,在相关政策的安排上也有值得改进之处。

加强对涉农电子商务与农村经济社会转型关系的研究,探索和揭示两者间的规律,立足亿万农民追求美好生活的内在需求,调整和改进相关政策,对于以信息化助力新农村建设,加快我国农村经济社会的转型,是非常必要的。

二、农村电子商务在农村经济社会转型中的作用

在新农村建设的过程中大力发展涉农电子商务,不仅在提高农民收入、促进农村的"两化深度融合"上具有重大的经济意义,而且对于破解"三农"难题,推动农村社会转型,助力社会主义新农村建设目标的实现,也具有十分明显的社会价值。

当然,需要指出,农村经济社会转型是诸多因素共同作用的结果,而电子商务只是其中的一个因素。电子商务助力农村经济社会转型,在不同地方、不同案例中也有不同程度的表现,因此不能一概而论。

尽管农村经济社会转型的原因相当复杂,然而,电子商务推进农村经济社会转型中的作用依然是可以观察到的。这里,我们从以下几方面,归纳讨论电子商务助力农村经济社会转型的作用。

(一)改变农村从业者传统的社会身份

通过在网上开店持续从事电子商务经营,越来越多的村民放弃了几千年来"面向黄土背朝天"的劳动方式,改变了他们原来"日出而作,日落而息"的生活方式。他们用鼠标、键盘代替了锄头,按用户网络购物的时间调整自己的作息表,足不出户地在网上做生意,以网上订单组织生产和销售活动。从而,通过经营活动的变化,改变了他们传统的社会身份。

(二)提高从业者和相关农户的经济收入

涉农电子商务取得了实质发展,明显提高了当地从业者的收入水平,让自己和相关参与者的经济生活发生了巨大的变化。

(三)提高农民组织化水平

农村电子商务的开展,有助于改善当地农民和农业生产组织的状况。涉农电子商务的经营者们,担负着组织和汇聚农民原本分散的买卖需求的重任。他们利用各种不同的经营方式组织农民,或直接、或间接地通过电子商务平台对接市场,从而让原本分散的农民提高了组织化水平。

一是发展了乡镇,尤其是村级的信息点和信息员。农村从业者将自己的经营模式命名为 A2A,即区域对区域。其立意就是为突破农民的分散性和低素质限制,用根植村级的加盟信息点和信息员,聚合农民分散的需求,开展涉农电子商务。调研表明,遍布村镇的原有

商业、科技、文化、组织等网点,经过必要改造,可以成为发展农村电子商务的有力支点。

二是发展了草根物流。由于自然条件和经济条件的限制,在许多农村地区,物流快递都难以深入覆盖到村。农民分散的需求,使市场化的物流快递经营者拓展其网络覆盖无利可图。不过,一旦电子商务营业规模发展起来,物流快递状况便会逐步改善。

三是有助于发展农民专业合作组织。这主要是通过专业合作社和协会等方式实现的。电子商务大大提升了专业合作社的营销、生产和管理水平。一些电子商务公司更是专门为农民合作社开辟网上专栏、展开培训,甚至搭建起农超对接、农校对接的平台;电子商务协会起到了组织网商、进而组织农民,支持农户特别是青年人网络创业的积极作用。

(四)助力农民返乡创业与就近就业

在我们了解的许多自下而上式涉农电子商务的案例中,各地农村从事电子商务的领军人物和中坚力量多为有较高文化、较多阅历的"农二代",他们或在外地接受过较高学历的教育,或有过在大城市、大企业打工的经历,或有过创业和管理的经验。当他们选择返乡通过电子商务创业并初见成效后,便引起周围乡亲们纷纷仿效,从而产生一种"滚雪球"的效应,带动更多的人返乡创业和就近就业。农村电子商务的这样一种普及效应,显然得益于农村"熟人社会"特有的有利于知识和技术传播的社会土壤。

农民返乡创业和就近就业,带动了当地经济和社会的发展,使传统的农村显现出小城镇的雏形。其中,服务业的发展扮演了重要的角色。除了返乡人员带回新的劳动方式和生活方式成为服务业发展的动力外,外来人口的进入和落户更是对当地服务业的发展起到直接推动作用。为了满足农民网商外聘和留住高端技术人才和管理人才的需要,当地政府已将公寓式房地产建设项目纳入电子商务园区规划之中。大量农村打工者返乡创业和就近就业,对于农村富余劳动力就地转化,对于我国探索新的城镇化道路提供了新的启发。

(五)改善农民家庭生活质量和农村社会面貌

由外出打工到返乡创业的农村人口,大都是农村中年龄结构、文化结构处于最佳阶段的人群。他们返乡创业和就近就业,不用再背井离乡进城打工,直接给他们家庭生活质量带来明显改善。

农村当地网商有将近一半的农民外出打工,这给当地造成明显的"空巢家庭""空巢村"现象,老人没人管,孩子没人问,夫妻长期分居,带来了很多社会问题。

现在,随着大量外出务工者返乡从事电子商务,使"空巢家庭""空巢村"带来的很多社会问题迎刃而解。村民家庭生活发生了巨大变化,一家人在一起一边努力为自己的事业打拼,一边享受着天伦之乐。村镇面貌也因此焕然一新,治安状态大为改善,村民们有正事干,就不再无事生非。这不仅有利于和睦家庭、和睦乡里,而且也造福整个社会。外出打工者的回归,还为当地农村社会管理和公共事务注入了蓬勃生机。

(六)提升农民网商的素质和幸福感

农民开展电子商务,需要克服文化知识、劳动方式乃至思想方式上的限制。越来越多的成功案例,纠正了人们关于农民文化水平低不适于从事电子商务的偏见,而且显示出涉农电子商务包容性发展的特征,让越来越多的农民体会到实现人生价值的幸福感。

（七）农村经济社会的"转基因工程"

总之,涉农电子商务助力农村经济社会转型的作用,可归结为改变了结构,赋能于"细胞",转变着"基因"。也就是说,电子商务助力农村经济社会转型的作用,已不仅限于农村经济社会活动的表层,而是改变了其深层结构,并且作用于和体现在农村经济社会的"细胞"和"基因"上。

改变了结构：自农村实行分田到户家庭联产承包制度以来,农民一家一户分散的小生产如何对接大市场,一直存在着结构性的不足。农户要么直接对接市场,要么在"统分结合、双层经营"的"公司＋农户"机制下,通过"公司"的中介去对接市场。以上两种农户对接市场的方式,都存在着明显的信息不对称问题,农户因其信息劣势带来经济和社会地位的弱势是明显的事实。本来"公司＋农户"是为了解决农户直接对接市场时的困难提出来的,在实践中,"公司＋农户"的结构事实上并没有真正解决农户市场对接的问题。不仅如此,本应作为农户对接市场中介的公司,却利用自己的市场地位牵着农户的鼻子走,与农户争利。

涉农电子商务的发展,通过"网络"的介入,打破了"公司＋农户"信息不对称的结构,为农户了解和把握市场变化、克服信息弱势,提供了一种新的可能和现实手段。他们既可以不通过传统公司的中介而直接对接大市场,也可以因掌握了更多的信息,在与中介公司打交道时有了更多的话语权。

赋能于"细胞"：电子商务的赋能,对于作为农村经济社会"细胞"的农民网商来说,已不再是一个外生的因素,不再是政府或IT公司推送给他们的可有可无的东西,而已经成为他们根据自己内在的需求主动选择所形成的劳动方式和生活方式。电子商务与他们这些农村经济社会的新"细胞"已经不可分离。

转变着"基因"：电子商务的赋能影响之深,正在转变着农村经济社会发展的"基因"。它让农民网商及身边越来越多的乡亲们收获到其祖辈从未有过的信息化所带来的感悟和自信。他们的感悟和自信,代表着信息时代我国农民新的发展观、资源观和价值观。

第四节　新农村建设中电子商务的具体应用

一、电子商务在新农村建设中的应用手段

开展农业电子商务,必须充分考虑我国农业生产的特点和农民自身状况。在应用电子商务手段时应多方面考虑,找到影响我国农业电子商务应用的瓶颈因素,抓住问题的关键,建立能够促进我国农业发展的综合电子商务体系。

(一)电子商务平台建设

利用电子商务加快新农村建设的步伐,首要的是加快基础设施建设。

首先,提高农村家庭电脑拥有量。设计功能符合农民需求,价格能为农民承受的电脑产品是一条可行之路。其次,尝试在有条件的农村建立"村村通"的网络体系,实现每村至少有一台联网电脑。对于互联网的利用可综合农村现有资源,比如把学校对互联网的需求和农村电子商务需求结合在一起,综合利用现有资源,实现网络资源的优化利用。总之,强化基础设施建设是提高农村信息化水平,增进农村电子商务应用的保证。

(二)加强网络营销的应用

针对农产品的生产经营规模和农村经济状况,我国电子商务的开展可采用多种手段相结合的综合方案。

建立专门的电子商务网站作为网络营销的基地。电子商务网站是电子商务系统的载体,构建网站是提高农业电子商务应用的重要步骤,也是农业行业实现电子商务的基础。同时我们也要看到,农产品企业绝大多数是中小企业,分布在城市边缘或广大的乡村,信息闭塞,无法及时掌握供求方面的信息;另外,我国农业生产存在规模小、销售渠道不畅,甚至有些地方农产品存在卖不出去的问题,这些都决定了现在我们还不具备建立完善的电子商务系统的经济和技术条件。因此农产品电子商务网站的建立可逐步完善从搭建"信息一站通式"的信息发布平台开始。农业网站必须成为供需双方之间的一个信息桥梁,让农产品能够迅速找到买家,让农产品加工和贸易企业也能迅速找到所需的农产品,这样才能赢得企业、农民对农业农村部市场信息司的依赖,在此基础上进一步发展网上贸易。

通过无站点的网络营销模式实现农产品的"电子商务"。首先,建立农业博客营销模式。博客营销是指利用博客的方式,通过向用户传递有价值的信息而最终实现营销信息的传播。网络营销是电子商务技术与传统营销理论的结合,在农业的信息化建设中综合利用网络营销工具和方法,可以提高农民对电子商务的直观认识,推动电子商务的建设,增加信息化的效益。

根据我国农业发展的现实状况,大力发展农业信息化建设,通过农业电子商务可以加快我国农村产业化建设的步伐,同时这也是一项系统工程。电子商务体系建设必须与传统农业产业链建设相结合,才能有效利用电子商务技术的价值,真正建设产业化的现代农业。

(三)政府引导发展农产品电子商务示范体系

先进国家的经验表明,没有政府的参与和大力支持,农产品电子商务是难以顺利推进的。电子农务建设必须以政府部门为主体,搞活经营性服务,推进服务模式多元化,使电子农务的推广具有针对性。政府要为基层农业网站、县以下基层农业技术推广组织、农村信息服务企业、农民专业技术协会和中介组织等提供各方面的支持,使他们可以上联网络,下联百姓。要加强政府扶持力度,向广大农民提供公共信息产品服务,提供财政金融政策支持,规范信息服务市场的秩序。

(四)采取各种措施培养新一代"电农"

农民的素质,是实现我国农业现代化的关键,也是农产品电子商务发展的重要因素。要从实现农业现代化的长远目标出发,制定详细的规划,采取具体措施,有步骤、分阶段,踏踏实实地提高农民的文化知识水平和农业技术水平。

(五)确定电子农务示范点,为全面推进农村信息化提供示范效应

由于地方财政有限,在推进电子农务建设的时候不可能大规模地开展。因此,地方政府在推进信息化建设的时候,可以先确定建设示范点,在小范围内进行建设。把龙头企业、农产品合作组织、种养大户,作为信息化建设重点。在示范点应采取高标准高质量、低投入快速应用的思路,并且要采用统一方案、统一标准、统一集成、分级实施的办法,积累建设经验。这对于农村信息化建设非常重要,有利于减少盲目投资和节约资源,并且可以找到农村居民在信息上的真正需求。

(六)建立农村市场服务系统

以现有的农产品市场信息采集渠道和采集点为基础,统一规范各类农产品以及农资物品的市场供求与价格的信息采集系统(包括化肥、农药、农膜等农资市场信息,粮食、蔬菜、畜产品、水产品等农副产品市场信息)。在数据采集系统的基础上,集成现有的信息传播媒体,进行实时信息发布,即除了在互联网上实时发布信息外,通过 E-mail、手机短信等方式进行信息自动发布。加工、整理和综合分析信息资源,分析预测农产品主要品种国际、国内的市场行情、产销形势。利用 Web 提供的通信手段在网上实现交易双方的信息互递,交易接洽程式化系统;采取网上竞拍方式作为交易联络的主要模式,并通过 E-mail、手机短信的方式进行智能化的信息互递。建立一种进行网上农产品交易的信息服务平台,实现网上实时商议交易条件。

二、新农村建设中的电子商务——林果花卉产品

(一)林业企业开展电子商务的对策

1.林业企业电子商务的基本要求

(1)消除观念误区。

一方面,林业企业不应把电子商务看成神秘的高新技术过程,不能把它当作纯粹的技术解决方案,更不要等到单证传递与电子支付的安全性得到保证、所有的标准已经统一以后,才考虑林业的发展战略,那样将远远落后于先行者,可能失去大好机遇。另一方面,林业企业发展电子商务的时机也并非越早越好,它取决于林业企业的业务需求、人员素质、投资能力以及技术市场状况等诸多因素。既不能观望等待,坐失良机,又不能急于求成,盲目投入。

(2)做好目标市场定位。

把握最佳时机,目标市场就是林业企业要服务的顾客群。只有确定了服务对象和服务的区域范围,企业才能决定要生产销售何种产品、以何种手段进行促销及网页设计要突出哪些特点等。网络销售和单向营销的传统模式不同,它是双向的营销方式,所以定位目标市场必须了解自己的产品是否适应上网用户的各种情况。

(3)建立高效信息收集系统,优化资源配置。

林业企业要成功地实行电子商务,一定要建立一个高效的信息收集系统,加强网站的设计与推广,建立良好的企业形象。通过网站的设计,建立一个良好的数据库,收集信息,分析信息,了解市场的需求动向及林业企业自身的经营情况,林业企业在网上受欢迎的程度等。从而优化自身的资源配置,最大地降低成本,提高经营效益。

(4)提供优质服务系统,建立稳定的顾客群。

现代顾客需要的是个性化服务,网络服务系统为顾客提供了全新的工具:全天候、即时、互动、了解信息、释疑解难等。这些性质迎合了现代顾客个性化的需求特征。

2.林业企业电子商务的发展阶段

根据电子商务的功能和林业开展电子商务的自然发展过程两个角度,可以对林业企业电子商务应用阶段做如下划分。

(1)尝试阶段。

尝试阶段也可称起步阶段,这个阶段既有林业企业因业务拓展而产生的主动应用,也有在大量第三方电子商务服务机构的营销作用下而产生的被动应用。两者的共性是通过各类免费平台或收费平台发布供求信息,但由于这种意识层的应用并没有纳入林业企业的宏观战略和绩效考评,因此,缺乏对发布信息的及时更新和有效跟踪,电子商务的效能没有完全得到发挥。

(2)整合阶段。

这个阶段是在林业企业初步尝到了电子商务的甜头后,开始把电子商务与林业企业的各个业务环节整合应用,逐步渗透到林业企业的情报挖掘、信息发布、客户资源管理、营销等领域。这个阶段往往容易出现企业缺乏电子商务整体战略规划,而导致各个单项应用出现信息孤岛,协作性差,整体效能不明显,还容易出现林业企业的业务流程和管理流程不协调。

(3)战略阶段。

战略阶段是林业企业电子商务应用的最高阶段,也是一个理想阶段。林业企业把业务与电子商务应用战略整合,通过科学的流程再造后,使林业企业的传统业务与电子业务能够完美配合,提升林业企业整体竞争能力。

3.林业企业发展电子商务的优势

林业企业一般主要经营木材,符合网络营销的特点。同时,林业企业由于在人员管理上要比其他企业简单得多,便于调整、管理,便于较快贯彻新的营销观念而不受原有的林业企业文化束缚,可以较快地以更新的经营观念适应时代的潮流。再加上电子商务的技术基础、现实基础以及其巨大的经济效益。因此,林业企业都跃跃欲试或者已经开始尝试。

电子商务的发展前景深远,人类将进入更加完善的信息网络时代。虚拟空间、虚拟社会已在建立,随着新一代的成长,网络消费观念将会成为一种必然。电子商务是一个全新的不断变化的领域,随着新技术的飞跃发展,林业企业应该不断制定相应的战略和策略,以适应形势发展。

当前全国林业系统正在开展林权制度改革,这将有力地推动林业产业的快速发展,也会给林业企业应用电子商务带来千载难逢的机遇。

4. 林业企业开展电子商务的对策

林业企业电子商务的开展需循序渐进地进行,要在对市场的充分认识、对其他行业竞争要素的充分分析、对林业自身现状的充分了解和对发展战略的明确规划下,结合林业企业自身特点、行业特点以及区域经济特点的情况下稳步进行。同时,要对电子商务应用的投资回报评价标准、回报率和回报期有科学的认识。从交易额所占比例来看,第三方电子商务平台已经成为林业企业实施电子商务应用的最主要途径,但从发展趋势来看,自建平台的站点设计和其他业务的整合将更加紧密、更具个性化、更有助于业务持续性运作、更适应商业的快速变化和业务多元化,并加强在线零售的供给。而第三方平台对业务的细分将更加明确、更具国际性和区域性并向融合化方向发展。

林业企业电子商务应用是一个很值得研究的课题。林业企业应该关注自身业务特点,在电子商务应用的尝试阶段,可采用服务好、功能全、便于跟踪的第三方平台开展电子商务活动。

(二) 水果产业电子商务

近年来,我国水果产业发展迅猛,而电子商务异军突起,已显示出旺盛的生命力和时代特征,两者的结合,混业发展,将呈现广阔的发展前景。

1. 电子商务在果品行业开始起步

(1) 电子商务在果品行业中的应用。

主要是以互联网及网络技术为支持,借助水果行业网站和企业网站,实现双向的信息流,即水果的生产、流通、加工等。企业和果农通过网络及时、形象地发布和获取相关的果品供求及服务信息。在此基础上,以由企业对企业为主要形式,实现网上营销、洽谈,网下成交、支付。目前,在信用体系和网上支付手段不健全的环境下,这种形式的风险小,也适合果品内在质量千差万别,必须用感官加以确定的特点。

(2) 果品行业专业网站。

果品企业是应用电子商务的主体,主要是大中城市的果品龙头企业和大型批发、集贸市场。目前,水果产地县、镇的一些运销大户、专业合作社,也创建了网站,电子商务正在起步和发展。从整体看,果品行业的电子商务还远未开展起来,极具发展潜力。

2. 电子商务促进果品产业的发展

(1)发展电子商务是突破果品产业发展瓶颈的需要。

我国果品产业总量的发展已有可观的规模,而且生产能力还可以进一步扩大。同时,从消费水平发展看,市场潜力巨大。但近年来,许多水果品种出现售卖困难现象,阶段性买方市场明显。其原因是多方面的,而信息不灵、渠道不宽、流通不畅是主要原因。果品行业发展电子商务可以扩大市场的时空范围,未来的发展可以加快、加大果品市场的信息流、商流、资金流和物流,在一定程度上突破销售不畅造成的行业发展瓶颈。

(2)发展电子商务是扩大出口的需要。

目前我国水果出口连年大幅增长,进出口贸易顺差超过 10 亿美元。未来几年,国际水果市场发展潜力大,特别是我国水果出口价格竞争力强,发展电子商务,就可以更好地实现国内和国际市场对接,促进果品行业的整体发展。

(3)发展电子商务可以节约交易成本,扩大经营规模,促进企业增效和提高企业管理水平。

果品生产企业开展电子商务,建立企业网站,可以树立企业形象,推广果品,网上洽谈,从而改变了以往盲目跑市场的情况,节约了成本,增加了订单,扩大了经营规模。

3. 果品行业发展电子商务的难点

目前,制约果品行业发展电子商务的难点主要是:

(1)水果是鲜活农产品,保鲜比较困难。

(2)外观和内在质量、口感、风味差别大,标准体系缺失。

(3)果品生产的组织化程度低,仍然是以千家万户分散的方式为主,农村电脑拥有率低。

(4)企业对发展电子商务认识不够,在资金、技术、人员等方面存在实际困难,畏难情绪普遍。

4. 果品行业发展电子商务的对策

从果品行业发展电子商务的实际情况出发,主要对策是:

(1)加快制定果品相关标准,推动绿色果品认证、HACCP(危害分析与关键控制点)认证,促进标准化生产和实施品牌战略,主要品种逐步实现从果品到包装的标准化,着力改善实行电子商务的环境。

(2)重点加强果品企业开展电子商务工作,仍以网上营销洽谈、网下成交支付为主要形式,行业组织要推广相关经验和加强交流,务实、稳步发展果品企业电子商务。有条件的企业都可以尝试以电子商务促果品配送、"订单果业"的实现。

(3)果品行业发展电子商务可以与网络 IT 业混业发展,弥补技术和投入等方面的不足。

网络经济经历了泡沫破灭,正在与传统产业结合,务实发展。果品行业利用自身优势、发展规模和巨大潜力,把有价值的信息带给网络公司,增加其点击率和版面收益。同时,果品企业可以实现"订单果业"和信息的发布、获取,实现双赢。果品行业还要特别注意与各级政府的农业信息网联系,借助其比较发达成熟的网络发展电子商务。

(4)果品行业发展电子商务,农村和广大果农不应成为被遗忘的角落。应重视和发挥供销社、果品专业合作组织、协会和果品经纪人的作用,通过培训满足他们自身的学习、应用的需要,并通过他们把电子商务活动扩大和辐射到广大果农,使果品产业得到更大的发展。

(三)花卉电子商务发展的途径

1. 花卉企业独自建立花卉电子商务网站

为减少中间环节,花卉苗木企业可通过 B2B、B2C 模式进行电子交易。然而开展电子商务必须解决两大难题。首先是要实现花卉苗木生产的标准化。由于客户是网上交易,不能面对实物,对产品品质和外观各方面无直观感受,因而容易对所购产品产生疑虑,而一个公认标准的建立有利于网上交易。其次是花卉苗木的运输流通。花卉苗木很容易在运输途中损坏,怎样将花卉苗木及时安全地送到客户所在地是一个难题。

不过对于运输流通困难带来的困惑,花卉企业可以暂时舒口气。随着我国花卉产业的发展,中国邮政也从前几年的仅参与花卉配送,拓展到近年来充当着花卉经销商的角色。

目前大多数花卉企业都建立了自己的网站,但美中不足的是这些网站还没有在线交易这一平台,而仅仅将其作为展示平台。

2. 花卉企业联合建立花卉电子商务平台

企业独自建立自己的网站,虽然一定程度上展示了企业的形象,起到了很好的宣传效果,但是,随着花卉企业网站的增多,一定程度上使得花卉企业在互联网上被搜索到的概率变小了。要想在互联网上最早被发现,排在搜索网站的前列很重要。然而要想排在搜索网站前列,就要通过竞价排名的方式为搜索网站支付高额费用,这无疑增加了花卉企业的网站运营成本。

为此,许多企业纷纷联合起来,成立或加入综合的大型网站。这种网站,其内容更加侧重于某一个领域,并且更加侧重于产品的区域性合作,盈利方式主要是广告费和会员费,以及企业建站费用等。

利用综合性网站来销售花卉不仅大大提高了花卉销售量,还可以统计分析花卉的消费趋势。而对于消费者来说,他们不必亲临花卉消费市场去进行选择,而只需要在网上货比三家就可以了。

3. 实体花店可在淘宝网上开设网上花店

通常绝大多数实体花店都开设在人口集中、地理位置较为优越的地方,因此其租金成本高,所以经营风险也大。况且鲜切花卉的销售量大多伴随着节日行情而起伏不定,如何让非节日行情期间的花卉销售量也能提高呢？

这类散户花商，经营规模很小，经济实力也有限，因此并不具备自己建立花卉电子商务网站或与别人联合建立电子商务网站的条件，但可以利用电商网站，将花卉商品通过电子交易、快递公司送达的方式，交付到消费者手中，以此希望能够转变花卉节日行情的消费模式，实现从集中消费向日常化消费转变，降低花农、花商的经营风险。

4. 花卉企业利用网站发布电子商务信息

花卉企业发展花卉电子商务的途径，就是利用各类花卉行业网站发布电子商务信息，从而达到广泛宣传企业花卉品种的目的。花卉企业可以安排专人选择在花卉行业的优秀电子商务网站上经常发布产品供求信息，在花卉论坛上经常发表花卉专业文章，在众多的花卉网站上做友情链接和广告窗口等。实践证明，利用花卉行业网站发布电子商务信息，是最方便、最经济、最有效，也是最实惠的一种电子商务方式。

三、新农村建设中的电子商务——渔业产品

（一）渔业与电子商务

1. 水产业网站的发展概况

信息传播具有多种形式，电视、广播、电话、报纸、杂志等都是其中的一种。但基于互联网信息网络具有独特的魅力，并以"无所不包的内容，无所不有的功能，无所不在的影响"，在短短的几年间得到迅速发展普及。

互联网络除了方便快捷、有效全面、海量存储、随时随地等特点之外，最具魅力的是它的及时性和互动性。网络的及时性一方面体现在信息发布的及时、方便，可以随时扩充、扩展信息；另一方面还表现在用户可以根据自己的时间安排，随时查阅检索，获取信息的历史和背景资料，而不像电视广播媒体那样需要根据它们的播放时间收看收听。信息网络的互动性使得用户不仅成为信息的受众，被动地听取信息发布者的一家之言，同时也可以成为信息的提供者，能随时参与讨论发表观点，了解其他受众对信息事件的看法，可以及时咨询求助，答疑解惑等。

水产网站是我国水产业信息化的一个重要组成部分，其发展与其他行业的网站一样，始终处于动态变化过程中。网站的关停并转和沉浮起伏不断，同时，由于内容、形态、创建者和创建目的等不同，网站也呈现多样性。

2. 国内外水产网站的类型

（1）以创办者分类。

网站的持续发展离不开与市场的结合，从创办者的性质和是否适合市场，从事网络增值服务的角度出发，可以把水产网站分为以下5种类型。

①政府创办的水产网站。这类网站的优势是拥有许多独特的、权威的政府统计数据、政

策法规、授权信息和遍布全国的行政组织机构,可以通过发文、行政指令等来组织网络信息,因此,用户可以从这类网站获取大量行业资讯和政务信息。但这类网站作为政府渔业主管部门的网络窗口,更多的是行使电子政务、行业服务等社会职能,同时过分依赖行政指令,惰性大,具体做事的人手少,并不适合市场需要,其主要从事网络增值服务。

②行业协会和水产机构等创办的水产网站。这类网站的优势是主办者本身拥有众多的协会会员和全国性的组织体系,拥有某方面的垄断信息资源,并承担一定的行业服务职能,本来就开展许多会员服务,收取会费,利用网络可以增加服务内容和功能,提升服务水平和质量。其不足之处是市场化运作功能弱,网站技术力量和研发运行队伍相对较弱。

③教育科研机构创办的水产网站。这类网站依托教育科研机构,科研力量较强,拥有明显的人才、学科和信息资源优势,发布的信息具有一定的权威性。但离市场远,市场运作能力差,加上教育体制改革,科研机构转制,面临人员变动和运行费用减少双重压力。作为教育科研单位,提供公益性的信息服务比较容易,要面对水产企业,开展综合性的网站增值服务难度不小,与电子商务距离甚远。

④企业和民间组织创办的水产网站。这类网站在水产网站中占有相当大的比重,已成为渔业电子商务网站的主力军。主要是作为企业本身的网络窗口,宣传企业产品。这类网站的优势是企业有自己的产品,熟悉市场和经营,机制灵活。缺点是缺少行业科技人员和信息资源支持,服务功能弱,局限性大,容易产生短期行为。一旦成本支出和网站收入不能同步增长,必然影响网站的持续经营。

⑤个人创办的水产专题网站。个人创办的水产网站为数不少。大多是因为爱好,或是与从事工作相关而创办的水产主题网站,如观赏鱼、中华鳖、河蟹等。这类网站规模不大,但专业性强,信息有深度、有特色,比较受业内人士的欢迎,一旦获得某种支持,容易直接面对市场服务。其不足之处是由于网站是个人经营,受个人的兴趣爱好和责任心影响较大,随意性强,抗风险能力和稳定性都相对较差。

(2)以网站功能分类。

在现有的1 200多家水产网站中,有的以基础数据全面著称,有的以市场信息及时准确而见长,有的则是强调企业信息的传播或社会的服务能力等。其中,70%左右是水产企业网站,主要功能较多地局限在宣传企业形象及其产品上。以提供综合性水产信息和网络服务为主要目的的综合性水产网站较少。

①综合性水产网站。综合性水产网站是提供水产综合信息、栏目齐全、资源量大、覆盖面广、服务功能多的网站。

②水产机构网站。水产机构网站是由各类水产机构如水产管理机构、大专院校、学会协会、社会团体等建立的网站,主要提供水产政府组织、教育机构、渔业法规、渔业科技动态、渔业政策等信息。

③水产学术网站。水产学术研究性网站具有很强的专业性,是由从事水产科学研究的机构或个人建立起来的,提供研究项目、研究成果及相关资源等信息的网站。

④水产商业网站。水产商业网站是由某些水产企业建立起来的,提供商贸信息等有偿服务,并以赢利为目的的网站。

3. 水产企业电子商务应用

(1)水产业特点与交易流通现状。

电子商务的高速发展,在给水产行业带来商机的同时,也给水产业带来了巨大的竞争压力。水产业是传统而又古老的基础产业之一,水产行业具有自身特有的行业特点:一是水产企事业单位分布较广且分散,大多数单位规模较小、技术力量有限。二是地域特点明显,南北方互补性强。三是生产和交易时间性要求严格,对产品的储藏和运输有较高的要求。

目前,我国水产品交易和流通主要依赖传统方式完成,缺乏有效的信息交流手段。落后的交易方式和传统的物流,严重阻碍了水产业的发展,互联网技术的出现和逐渐普及为彻底改变这种局面提供了可能。

在这样的环境下,我国的水产企业应根据自身的行业特点,改变传统的营销方式,利用互联网技术,大力发展电子商务,快速实现跨越式的发展。

(2)电子商务改造传统水产企业。

目前,我国的水产电子商务尚处于启蒙阶段。水产企业规模小,生产经营分散,交易工具及手段相对落后,从业人员对信息技术的生疏,都降低了其对电子商务的敏感度。但在网络经济时代,不可能存在经营方式、生存方式上的"孤岛"。电子商务在水产领域的应用是必然的趋势,其发展速度也将出乎人们的想象。

①电子商务的开展可使水产企业客户和供应商重新整合,使供应商绕过中介渠道而直接与客户接触,产品的销售周期缩短,使经营效率提高,成本降低。

②水产企业可利用互联网在短时间内收集到大量同行业竞争者的各方面信息,可有针对性地调整本企业的营销策略,使市场占有率提高,竞争能力增强。

③电子商务的开展可使水产企业以信息流代替物流、资金流,通过信息流动更有效地配置资源,最大限度地克服时间和空间对物流的阻滞,使企业可以快捷地面对用户进行交互沟通。

④水产企业通过开展电子商务可以了解客户的各项最新信息,跟踪国际市场和国内水产行业产业结构的变化,掌握最新国内外市场动态,收集顾客的需求信息和对产品的意见反馈。

⑤水产企业开展电子商务可提高企业形象,寻找最佳的国际分工合作伙伴,便于国际名牌效应的产生、海外市场的开拓和国际竞争力的提高,建立领先同行业的战略优势。

同时,我国的水产行业销售额与利润额的增长势头均十分强劲,跨国跨地区水产贸易日趋活跃,使得水产企业对电子商务的需求逐渐增强,这都为水产电子商务的发展提供了良好的契机。目前我国大多数水产网站只是表面形式,没有发挥真正商业作用;综合性水产网站如中国渔业政府网、全国水产技术推广网、中国水产网、中国水产咨询网等,虽然信息量大,但影响力还不是很大。

4. 水产企业电子商务模式选择

B2B模式应作为水产企业的首要选择。所谓B2B模式是指企业与企业之间进行的电子商务。仅以鲜活水产品为例,就有着产量不确定、产品保鲜时间短、运输难度大等特点。实现网上交易可以及时发布渔获物品种、规格,扩大贸易区域,寻找直接买家,缩短交易时间,降低交易成本。水产企业之所以选择该模式,是因为这属于企业过去商务关系和商务活动的延续,交易双方身份比较明确,而且有较高的信息基础,每一单的交易额较大,有效地突破了或者说最大限度地回避了目前电子商务所面临的三大瓶颈——网上认证、网上支付和配送。

5. 水产企业电子商务实施目的

水产企业实施电子商务的目的是完成交易,但我国的电子商务刚刚起步,所有的交易都通过网上进行还不具备条件,因此需要企业从实际出发,建立一个适合水产企业特点的交易体系。首先,水产企业可通过建立用户网上论坛收集用户信息,为今后进行交易打下基础。其次,在现阶段网上查询、网下交易仍是主流。由于在线支付、货物配送、交易安全等条件还不健全,所以水产企业要完成交易主要是通过主页查询商品信息,并以传真、电话、快运的方式辅助完成交易或双方直接交易。

我国水产企业应抓住发展机遇,快速实现企业的转型,使自己在激烈的市场竞争中立于不败之地。

(二)水产电子商务的发展前景

1. 农业类电子商务发展迅猛

互联网的发展划分为三个阶段:①内容为主的阶段,网站主要以内容来吸引用户的眼球;②综合性电子商务阶段,主要目的是提高在线销售总额;③行业电子商务阶段,未来的网站应该向专业化发展,定位并专注于某一个行业。

行业网站把专业信息、增值内容和商业平台紧密集成,将更加充分发挥互联网在信息服务方面的优势,使行业电子商务真正进入实用阶段。

目前我国的行业网站呈现出许多发展热点,每一类网站都已经初步形成了各自的产业部落。各种类型的行业网站成行成市,初步构成了网络经济的基本框架。

水产行业需要水产网站。行业需要互联网站,企业在寻找利用互联网站拓展经营领域的契机,水产行业也不会例外。

2. 水产业网络经济大势所趋

创办行业网站,搭建电子商务平台,拓展网络商贸领域是当今社会潮流。水产企业要在网络经济时代立于不败之地,也必然要借助互联网络,因为只有当企业把业务都转移到网络上来,当网络经营成为企业的主流经营方式时,才能走入真正的网络经济时代。

3. 水产业电子商务市场巨大

我国水产消费市场巨大,水产行业极具发展前景。但是由于我国水产从业者人数多而分散,生产企业规模较小,技术落后,信息闭塞,流通不畅,极大地限制了行业的发展。其他水产相关企业,如水产品冷冻加工、渔具渔机生产、水产食品、水产贸易企业等,信息来源也相对匮乏,影响了业务的拓展。水产业的发展对水产信息资源有着巨大的需求,而创建水产网站为快速便捷地提供水产信息打开了通道。

4. 水产业需要全新经济模式

水产电子商务需要水产网站提供网络交易平台和一站式服务。网络经济是一种全新的经济模式,它不只是技术上的改变,而且是一种全新的营销模式的改变,更是一种思维模式的改变。从某种意义上来讲,网络经济的本质是服务经济。鲜活水产品有着产量不确定、产品保存时间短、易腐、运输难度大等特点,通过水产网站提供的电子商务平台,实现网上交易,可以及时发布渔获物品种、规格,扩大贸易区域,寻找直接买家,缩短交易时间,降低交易成本。因此,发展水产网站具有明显的社会效益和潜在的经济效益。

(三) 网上渔市电子商务平台应用

1. 网上渔市电子商务的意义

水产行业有其自身的行业特点,如其主要原料和产品为鲜活水产品,商业活动中要求库存快速周转,即时经销、即时服务。传统水产贸易中生产者、购买者和销售者完全隔离,很难直接寻找和沟通;同时,交易各方缺乏全面的市场信息,不能及时掌握市场上水产品的供应量、质量和价格等。而借助水产电子商务平台,可以使水产品交易个性化、透明化、动态化,从而极大地刺激水产行业的迅速发展。

基于因特网技术的网上渔市是为买家、卖家提供第三方服务的整合平台,它使买卖双方在网上沟通、洽谈,同时为可能达成的贸易合同提供整套的一站式服务。网上渔市是虚拟的水产品交易市场,通过模拟有形交易市场的交易程序,缩短交易中间环节,降低交易成本,提高交易速度,实现企业间 B2B 模式的电子商务。但虚拟市场也容易带来虚假信息。此外,网上渔市还需要有一系列的货品配送体系做配套。这些只是开展网上渔市的支流问题,随着我国电子商务信用体系和现代物流体系的建立和逐步完善,这些问题都可以迎刃而解。

网上渔市电子商务具有以下意义:

(1) 有利于提升水产行业的科技水平,形成有形市场与无形市场联动、大市场、大流通格局。

(2) 可以减少有形市场对土地资源的浪费,减轻噪声、污水、污物等环境污染。

(3) 实现跨国跨地区、随时随地交易,提高水产企业在国际贸易中的竞争力。

(4)网上渔市能够同时实现现货采购、网上竞拍、反向拍卖等多种交易模式,主要由水产品交易区、交易讨论区、渔市服务区等组成。

水产品分级评估和交易信用保障是制约网上渔市成功运营的两大重要因素。

提出创办网上渔市,搭建水产交易平台,利用因特网技术为水产企业的买家和卖家提供第三方一站式服务,是推动水产电子商务发展的有效途径之一。近些年来,随着全球电子商务的发展,水产网站与水产电子商务有了很大的变化,对网上渔市也有了更进一步的认识,我国渔业比较发达的地区,也开始创办网上渔市。

2. 网上渔市电子商务的风险

网上渔市的风险主要来自系统风险、环境风险和市场风险。

(1)网上渔市对因特网和计算机技术依赖性较大,网络及计算机的安全性容易受软硬件和其他人为因素影响,存在着许多未知的不确定性,将在很大程度上影响系统的运行与水产电子商务的开展。因此,在网上渔市的创建和运营过程中,除了在软件和硬件方面需要加强安全防范之外,还要做到规范管理、严格监控,做好交易数据多途径异地备份和提高应急反应能力,以化解风险。在可能出现的攻击和破坏之前,将损失减少到最低程度。

(2)我国通过因特网开展网上交易尚处于初级阶段,还不是交易形式的主流,有待于进一步发展。开展网上交易的基础设施和政策环境,包括网络的普及与带宽的拓展、计算机的普及与应用、金融卡的普及与信用制度的完善、认证体系与安全措施的完备、社会配送体系的健全以及法律法规等都有待于进一步完善,会在不同程度上影响网上渔市的顺利实施。但政府对利用因特网等信息技术提升传统行业科技水平的支持力度越来越大,网络及计算机技术飞速发展,拓展带宽、降低网络费用、改善基础设施等措施越来越得力,都对网上渔市构成了有力的支持。

(3)网上渔市的运营成功与否和企业的认知程度息息相关。与西方国家相比,我国企业的总体信息化水平还处于初级阶段,电子商务在中小企业中的认知率较低。水产电子商务需要有一个宣传推广和普及的过程。但在大中城市,如上海,水产从业人员相对文化程度较高,对跨国跨地区贸易要求迫切,对新事物的产生、新技术的应用接受能力相对较强,这对网上渔市提供了有利的条件。

(4)网上渔市电子商务的关键问题。在我国,开展网上渔市电子商务有许多阻碍因素,但其中一个关键就是交易的信用问题。信用问题包括网上渔市上发布的信息的真实可靠性,网上交易的支付信用的安全性和网络物流配送的及时性及准确性等。自古以来,人们习惯于一手交钱一手交货,而网上渔市是一个虚拟的市场,既没见到人,又没见到货,就支付货款,当然会让人感觉信用就是最大问题了。作为第三方一站式服务的网上渔市,应该开展会员交易信用保障服务,对在网上渔市中发生的交易行为提供第三方担保,以消除会员之间交易的疑虑。网上渔市在会员注册的时候,应要求会员提供信用资讯材料或交纳信用保证金等,并通过企业社会信用体系确定其信用等级。只有做好信用认证,才能化解交易风险。

3.网上渔市电子商务的总体构架

(1)水产品交易区是网上渔市的核心所在,由水产商店、交易洽谈室、水产拍卖大厅和交易结算中心等部分组成。主要实现水产品的价格和商家信息查询,买卖双方在线商务洽谈、现货采购、网上竞拍、反向拍卖等多种模式的网上交易以及交易结算、货款在线支付等功能。

(2)交易讨论区是一个 Web 交互平台,分为行家坐堂和渔市论坛两个区域。行家坐堂主要是请一些行家、专家,或者是买家、卖家,针对交易中遇到的各种问题进行公开的在线即时解答。渔市论坛是一个非实时的在线讨论系统,主要是供各方人士针对交易、市场、产品等自由发表意见和观点。

(3)渔市服务区主要是网上渔市的运营商或合作伙伴,作为第三方服务商向会员提供配套增值服务的平台,主要服务有定期或不定期地提供水产市场分析报告、渔业发展趋势报告;接受委托对会员企业进行信用认证,提供交易信用保障;接受买卖方委托,提供交易水产品的等级评估;等等。

网上渔市,作为一种全新的水产电子商务模式,有着良好的发展前景。但在操作上,要虚实结合,防止操之过急,避免过于注重技术和形式,而忽略人们的传统交易习惯。在现阶段,切实可行的解决方案是保留传统的购买习惯和买卖之间的直接洽谈,通过网络和计算机代替交易大厅,允许买卖双方在不同的交易方式间进行选择,做到自主、透明、可跟踪。

四、新农村建设中的电子商务——畜牧业产品

(一)畜牧业与电子商务

1.畜牧业电子商务现状

(1)畜牧业电子商务发展现状。

畜牧业是基础产业,我国主要畜产品的产量都位居世界前列。但是,畜产品市场波动频繁,价格大起大落,严重阻碍了我国畜牧业的健康持续发展,如何有效地解决买难卖难、实现产销有效对接一直是畜牧业必须解决的重大课题。电子商务迅速发展,将对畜牧业的流通体系、市场观念、管理方式、组织机构等方面产生巨大影响,为大而分散的我国畜牧业市场提供了一个全新的整合方案。

从总体上来看,我国畜牧业电子商务的发展相对滞后,无论是网站建设,还是电子商务都远远落后于农业的其他产业。因此,加快畜牧业电子商务的发展进程刻不容缓。

当前我国畜牧业对互联网的应用还不太广泛,对畜牧业电子商务市场的培育,还需要较长的时间。与此同时,还应该清醒地认识到,我国畜牧业的产品对农民而言,更多的是生产资料而不是消费资料,因此消费更趋理性,它不是仅靠一张说明书或者一则广告就可以完善并大面积推广使用的。

(2)畜牧业电子商务发展阶段。

第一阶段,畜牧电子邮件阶段。从20世纪70年代开始,平均的通信量以每年几倍的速度增长。

第二阶段,畜牧信息发布阶段。从20世纪90年代,以Web技术为代表的信息发布系统,爆炸式地成长起来,成为目前互联网的主要应用。

第三阶段,畜牧电子商务阶段。之所以把EC(电子商务)列为一个划时代的东西,是因为互联网最终的主要商业用途,就是电子商务。同时反过来也可以很肯定地说,若干年后的商业信息,主要通过互联网传递。互联网即将成为我们这个商业信息社会的神经系统。

第四阶段,畜牧全程电子商务阶段。随着SaaS(Software as a Service)软件服务模式的出现,软件纷纷登录互联网,延长了电子商务链条,形成了当下最新的"全程电子商务"感念模式。

通过发展历程,我们可以认清电子商务的实质。电子商务本身就是从商务资讯发布到产品信息发布再到在线交易,最后实现全程电子商务,所以谈电子商务,我们必须明白,做电子商务不仅是在线交易,还涉及企业的方方面面。

(3)网络推动畜牧业的快速发展。

①互联网打破了畜牧行业交流的界限,成为大家解决问题的重要途径。通过网络,打破了行业界限,也没有了职位之差,使得行业内的沟通更加畅通无阻,这更有利于大家真实地沟通问题,解决问题。

②互联网增加了畜牧业链条上的透明度,使得整个链条上的从业人员都在提升自己的工作质量。从产品效果到产品价格,网民之间很容易进行沟通和了解,这对生产企业和经销商来讲,都是一种新的挑战,面对新变化,只有诚信才是最好的选择。

③提高了新技术、新工艺的推广速度。一项新产品、新工艺或新技术的诞生,常规方式是采用业务员推销加行业报刊的广告方式来推广,需要较长时间才能完成。而互联网技术的兴起,彻底改变了这些传统的传播方式。以行业内人气最旺的"中国畜牧人社区"为例,为方便高端技术人员交流而搭建的专区内,我国最知名的饲料企业技术人员的身影频频出现,而由论坛衍生出来的多个技术人员交流群,则汇聚了几百个活跃群体,他们每天在这些平台里交流新技术、新工艺应用的心得体会,形成了一个有影响力的具有很强辐射能力的群体。

④促进了畜牧行业整体素质的迅速提高,在"中国畜牧人社区"的论坛中,由于有大量的各领域的一线专家为会员实时答疑解难,加上论坛为会员搭建的业内最大实战型文献数据库,使大量会员获益良多,有效提升了自己的综合能力,从而间接地促进了畜牧行业整体素质的提高。

⑤互联网技术对畜牧企业管理创新的贡献。在过去,畜牧企业网站多数是对外宣传的一个窗口。而如今,许多畜牧企业则把互联网作为提升企业管理效率的有效工具。

2.畜牧企业电子商务发展的机遇

(1)畜牧企业发展电子商务的成效。

我国畜牧业作为最传统的行业,能否和互联网这个最年轻的行业更有机地结合呢?就我国目前的情况来看,农民整体素质和文化水平与应用互联网还有一定的距离,而且在兽药、饲料行业中一些企业经营上的不规范,会导致信任问题,而电子商务的迅速发展是建立在信用和信用保证体系的基础上的。但是,电子商务是全球商业发展趋势,这种趋势也是势不可挡的。

目前,在畜牧业的一些细分领域和企业完全可以更大步伐地进行电子商务的尝试,并率先实现电子商务应用,即在一些技术差异性较小、利润率水平差距不大的畜牧产品上,可以率先实现电子商务应用。因为,这些产品的大部分功效和价值已经被使用者熟知,在生产或销售商已经有相应的知名度和美誉度的情况下,是可以大力推动的,完全可以把业务员推广的部分功能给网络,通过电子商务推动畜牧业的快速发展。

(2)畜牧企业发展电子商务的障碍。

一个产品或技术的推广往往需要依靠业务员,而业务员水平的高低会直接影响推广结果。但是,越成熟的产品对业务员的依赖性则越低,成熟产品的销售更多是依靠品牌的积累和信息传递手段。

目前,畜牧业内的许多企业已经开展了电子商务的建设,但发展规模和生产效果显然不理想。许多畜牧企业,包括大型的畜牧企业,仍然沿用传统的思维方式,畜牧产品展示只是在畜牧企业网站上有一个简单功能说明而已,其展示的资料过于简单,不足以使访问者获得满意的效果。

电子商务的最大先进性是它可以无地域、无时间限制地进行展示、沟通和交易,至少从理论上来说,它具有不可比拟的成本优势,可以节省大量的销售成本,如业务员薪水、差旅费等。

(3)畜牧企业发展电子商务的需求。

互联网改变了人类生活。在经历新闻、娱乐阶段之后,互联网迎来了电子商务时代,电子商务受到世界各国的普遍关注,成为21世纪世界经济新的增长点。它引领的企业变革改变了传统意义上的交易方式,展现了信息技术的巨大力量,传统企业纷纷试水电子商务,以紧跟时代的发展。

作为新生的运营方式,电子商务具有得天独厚的优势和市场前景,很多中小企业正蓄势待发,寄希望于找准突破口,实现自我的电子商务化。一个中小企业的壮大与发展不仅仅基于自身产品的出类拔萃,还依靠一个良好的商业结构和一个完整的赢利模式。在未来,互联网商务平台将成为中小企业内部最为敏感的神经系统。可以让中小企业以较低的成本进入全球市场,使其获得同大企业一样的市场资源,提高中小企业的市场竞争力。电子商务破除了时空的壁垒,方便了中小企业的市场行为。

　　作为畜牧业企业,只有充分利用国内外市场,借助网络手段,充分应用金融工具,扩展商业思维,企业才能蒸蒸日上;逃避新鲜事物,固守过去荣誉,企业定会逐渐消沉。事实证明,互联网正在成为企业开拓市场的绝佳途径。传统的商品流通过程是商品从工厂经过批发商层层批发,最后才到零售终端,出售给消费者。消费者为拿到商品,支付了大量的渠道费用。而通过电子商务,工厂可以直接把产品出售给消费者,节省大量中间渠道成本。

　　面对知识经济的时代,企业只有放眼世界,追求变化,充分利用信息化大潮,善于学习,勇于思考,拥有别人不可模仿的核心竞争能力,才能真正立于不败之地。

　　(4)畜牧企业发展电子商务的对策。

　　①企业科研人员。科研人员需要了解市场需求,按需研发新产品和改造现有产品,在研发产品前,必须进行市场调查。传统的调查方式(问卷、访谈、拜访、实验)调查成本高,效率低,周期长。

　　②企业技术专家。包括企业技术顾问、技术总监等人员。技术专家主要负责解决客户的疑问,帮助客户改进生产管理,做好售后服务工作,提高客户的满意度。当前许多企业都是聘请高校教师、畜牧相关协会理事作为企业的顾问,这些人身兼数职,只能在有限的时间内为企业开展客户服务。通过网络,这些专家可以建立博客,把自己的科研成果、技术文章结合企业产品使用方案整理后写出来,或派发送给客户,供大家阅读。

　　③企业营销管理决策者。包括企业老板、营销经理。这些人决定着企业的品牌战略、产品研发战略、市场开发战略。他们必须经常分析观察市场变化,了解基层需求。通过传统的媒体杂志、政府通告获取这些信息,时效性差,往往不精确。通过网络,企业决策者可以实时了解市场需求,低成本高效率与客户沟通。企业信息化建设,就是企业了解市场能力、分析市场能力的提升,最终提高市场应变能力。根据市场需求,重点营销,重点研发新产品。

　　④企业售后服务人员。包括技术员、各级技术经理。售后服务是制造行业的拳头竞争力,兽药是一种特殊的产品,必须在专业人员指导下使用。世界上最好的业务员不是卖产品,而是指导客户如何使用产品。当前,兽药、饲料的售后服务方式单一,通过网络可以向用户提供最新的技术资料,开展远程培训,解决养殖户技术缺乏问题。当前,在线门诊很流行,养殖户有问题都喜欢在线求助,一方面是出于对基层兽医的不信任,另一方面也说明网络的力量不可忽视。

　　⑤业务员。业务员开发市场,工作效率和成本控制是收益的关键点。如果业务员直接拜访客户,行车路程和费用耗费较大,导致工作效率低,业绩不理想。兽药经销商和中小养殖场老板作为农村比较富裕的一族,基本上都配备电脑。业务员通过与他们网络沟通,效率高,成本低。在现实中,业务员经常遇到拒访现象,尤其是养殖场。但是通过网络直接向客户发送企业产品资料,跟客户沟通,客户一般不会拒绝。因此,业务员更应该通过网络进行

客户维护，与客户沟通，快速了解客户需求，及时满足客户的需求。

3. 畜牧饲料企业电子商务的应用

(1) 畜牧饲料企业发展电子商务的优势。

我国饲料工业经过短短 20 多年的快速发展，无论是生产规模的扩大，还是产品质量的改进和完善均已有了明显的进步。但随着国内中小饲料企业的蓬勃发展，国外知名企业的大举进入，市场竞争日趋激烈。价格战、经销商争夺战、广告宣传战此起彼伏，企业各施高招，以期建立自己的竞争优势，在激烈的市场竞争中求生存和发展，这种竞争促进现代饲料企业逐步向集约化、规模化、规范化发展。

21 世纪是一个信息高速发展的世纪，企业的成败兴衰与市场信息的快速获取密不可分，在某种程度上讲，企业商战的竞争是一场信息高新技术的竞争。商务通信是开发商务活动的重要条件。

电子商务采用基于开放式标准上的互联网通信通道，建立了新型的商务通信的方式，与以往传统的商务活动的通信方式相比，其内容和内涵都发生了根本的变化，拥有了一个廉价的双向通信平台。

畜牧饲料企业跨国经营结成跨国联盟是发展的总趋势，电子商务提供了企业虚拟的全球性贸易环境，大大地提高了商务活动的水平和服务质量。

电子商务能够节省大量的开支，如电子邮件、电子发布和电子订单节省了电话、传真、广告和销售的费用，增加企业和客户与供应商之间的直接联系，客户和供应商可以通过公司的主页及时了解有关产品的最新信息，如价格、品种、订单、数量等，免除了多层次的中间环节，降低了销售成本，提高了销售效率。全天候和快捷、方便的服务方式能够为客户提供更为优质的服务。

(2) 畜牧饲料企业电子商务的主要功能。

电子商务完全是一种通过互联网完成的管理和交易服务。因此，饲料企业一旦推行这种服务就可以完成以下的功能。

① 广告宣传。电子商务可凭借企业的 Web 服务器和客户端的浏览，在互联网上发布各类商业信息，客户可借助网上的检索工具迅速地找到所需的商品信息，而商家可利用网上主页和电子邮件在全球范围内做广告宣传，且网上广告成本更为低廉。

② 咨询洽谈。网上的咨询洽谈能超越人们面对面洽谈的限制，提供多种更为简便的异地交谈方式，主要借助非实时的电子邮件、新闻组和实时的讨论组来了解市场和商品信息、洽谈商业事务。

③ 网上订货与网上支付。电子商务可借助 Web 中的邮件交互传送网上的订货，同时客户和商家之间可采用信用卡账号实施支付。

④ 服务传递与意见征询。电子商务能十分方便地采用网页上的表单来实现服务信息传

递和收集客户对销售服务的反馈意见,这样不仅能提高售后服务的水平,更能使企业获得改进产品、发现市场的商业机会。

⑤商业过程管理。涉及人、财、物多个方面,需要企业和企业、企业和客户及企业内部等多方面的协调和监督。电子商务的发展,将会提供一个良好的商业管理网络环境及各种各样的应用服务系统,能保证商业活动的进行。

(3)电子商务促进畜牧饲料企业的变革。

21世纪正处在一个经济大转变的时代,伴随着知识经济的蓬勃兴起,借助于以电子计算机技术、微电子技术和通信技术为核心的现代信息技术,市场营销活动大大突破了时空的限制,步入了一个全新的时代。我国饲料企业经历了价格战、广告宣传战和经销商争夺战后,开始寻求新的营销策略。

电子商务在营销方式的变革方面主要通过管理信息系统、信用卡服务系统、电子数据交换、电子订货系统、商业增值网五大支柱体系将整个商业流通运作有效地沟通起来,使商务活动的每一笔交易都能顺利进行。

(4)畜牧饲料企业发展电子商务的条件。

近些年来,世界各地电子商务迅速发展起来,我国电子商务的兴起和发展已是不可逆转的大趋势。为推动我国饲料企业整体经营和管理素质的提高,保证我国饲料企业电子商务的健康快速发展,外部生存环境和内部发展必须注意以下问题。

①认清形势,面对挑战,加快营销观念的转变。特别是饲料企业管理层人员更要摆脱传统营销方式的束缚,树立起全球营销的新观念。

②大力发展信息产业,打好电子商务的扎实基础;建立相应的能适合电子商务市场运作的信息服务体系;制定信息产业发展规划,加速信息技术的研究和开发。

③抓好电子商务人才队伍的培养与建设,建立先进的电子商务服务中心,为客户提供多功能的服务平台。

④对现有企业管理设备和管理技术重组。由于电子商务有很强的"文化"属性和高科技的社会特征,它需要使用不同的语言、文化、管理体制和业务流程等,这也是影响电子商务应用的重要因素。

⑤建立大规模的商务数据库。目前我国的数据库建设存在的主要问题是结构失衡、容量小、规范性差、重复率高、服务能力弱、时效性和实用性不足等。

⑥建立和完善我国电子商务的法律制度,加强对电子商务的监督机制,确保电子商务的安全运行。总而言之,建设电子商务市场需要投入大量人力、财力、物力,需要坚持国有、集体、民营一起上,推动我国电子商务事业的发展,而不是某一个行业或企业的问题。

4.畜牧业电子商务的发展前景

(1)电子商务在畜牧行业的具体运用。

互联网不仅改变了我们的日常生活方式、娱乐方式和社交方式,而且互联网正在改变企业的营销方式、商务方式。而在传统的畜牧行业,电子商务并未被广泛认同和使用。

对于畜牧业电子商务的概念,普遍认为畜牧业电子商务就是在网上买卖畜牧业产品,其实,畜牧业电子商务是一个很复杂的概念,是一个畜牧业的系统工程。畜牧业电子商务通常是指在全球各地广泛的畜牧业商业贸易活动中,在因特网开放的网络环境下,基于浏览器、服务器应用方式,买卖双方不谋面地进行各种畜牧业商贸活动,实现消费者的网上购物、商户之间的网上交易和在线电子支付以及各种商务活动、交易活动、金融活动和相关的综合服务活动的一种新型的畜牧业商业运营模式。

(2)电子商务是畜牧服务的有效平台。

对于畜牧业电子商务,人们要客观正确地对待,要坚信这是未来的畜牧业的发展趋势,不要害怕渠道冲突、利益冲突。网络是畜牧企业开展营销、建设畜牧业品牌、进行畜牧业服务的高效低价平台。畜牧企业开展电子商务,不仅仅是建立一个畜牧商铺,开通一个畜牧网站,要想真正有所收获,必须整合畜牧企业所有资源,聘请专门电子商务人员和专业的畜牧技术人员联手开展此项工作。

(3)电子商务是畜牧企业发展新动力。

互联网是企业品牌建设的最佳媒体平台。无论是兽药企业、饲料企业,未来的发展趋势都是集团化和产业化联盟。中小企业由于缺乏科研实力,必将逐渐失去市场份额。因此,树立企业品牌,做有品牌的企业,利用品牌效应去开发市场,无疑是当前所有企业的战略规划。

(4)电子商务促进畜牧企业品牌传播。

相对于传统媒体来说,网上信息传播速度更快,互动性更强,形式多种多样,因此传播效果更好。

①广告。品牌建设离不开广告,畜牧行业因为专业性强,用户分布零散,传统广告媒体用户定位精准度低,广告效应差。行业网作为畜牧行业内的专业性网站,浏览用户精准度高,广告效应大大提高,广告费用低,投资回报率高。

②研发。当前,兽药、饲料市场竞争激烈,产品同质化现象严重。科研能力已经成为企业的核心竞争力。对于畜牧行业来说,一个好产品就是一个实用产品,能够切实解决畜牧养殖业中存在的问题,能够提高养殖效益的产品。因此科研专家学者必须经常深入一线,及时与终端客户沟通,才能了解市场需求,按需研发和生产,这样才能研发好产品。

③渠道。渠道是产品从生产商流通到终端消费者的过程。渠道是能够增加产品份额,提高产品销量的各种途径。传统的营销策略重视分销策略,就是通过业务员,开发各级代理商,最终使产品到达消费者手中。此种营销方式,营销成本高,效率低,渠道间利益冲突大。并且企业的已有客户不再是渠道,通过他们不能促使产品的销量增加,不能带来新的客户。而网络这种新型事物可以成为新的渠道。

④服务。没有服务,就没有口碑。工业制造品和原材料商品不像日常消费品,对于前者大家都是理性消费,注重实用性和经济性;后者大家都是感性消费,消费者的个人兴趣、爱好、心理特征在消费决策和品牌选择上起着很大的影响作用。因此,做好畜牧企业的品牌建设,就更应该注重售后服务环节。当前的技术员驻场服务或者帮助经销商跑客户的服务方

式单一,成本高。技术员本身技术水平决定着企业的服务水平,此种服务方式不能满足所有客户尤其是大型养殖场的需求。

(二)畜牧业电子商务网站建设

1.畜牧业网站建设的基本要求

(1)畜牧业网站的总体要求。

在信息化飞速发展的今天,电子商务已经覆盖了所有行业,畜牧业做好电子商务,就是利用互联网传播速度快、传播面广的特点和优势,展示企业形象、企业文化,提升企业的影响力、竞争力,树立企业品牌,使企业永远立于不败之地。

建立畜牧企业网站,首先要满足于展示产品,突出产品的特点、个性以及与同类产品不同的地方,如品质、喂养方法及工艺、质量标准等;其次要展示企业的文化、理念、技术、规模等实力,赢得客户信赖。

(2)畜牧业网站建设的意义。

随着网络技术的不断进步,网络应用已经渗透人类社会的各个角落。作为网络世界支撑点的网站,更是人们关注的热点,政府利用网站宣传自己的施政纲领,网站日益成为政府与民众交流的直通车;企业利用网站宣传自己的形象,挖掘无限商机;个人利用网站展示个性风采,创建彼此沟通的桥梁。越来越多的人希望拥有网站,在网络世界里开辟出属于自己的一片天地。

(3)畜牧业网站建设的定位。

所谓网站,相当于企业在网络世界的一个门面,畜牧企业一旦建立了自己的网站,世界各地的人们都可以访问它。

一般网站可分为企业内部网站与企业外部网站。企业内部网站可以让企业各部门,甚至所有员工在上面搜集或发布信息,增加各部门之间的了解与协调,增加员工对企业的认同感,帮助企业提高管理效率;企业外部网站则可以帮助企业树立形象,宣传企业的产品,增加企业的销售机会,为客户提供服务等。

并不是说所有畜牧企业都应该建立网站特别是建独立的网站,这既取决于畜牧企业业务的类型,也取决于畜牧企业产品的情况,还取决于畜牧企业与其伙伴的合作情况,以及畜牧企业的技术水平等。一般而言,如果企业的业务是直接面向消费者,而且品牌形象对企业的产品销售至为重要;或者,生产的产品主要是企业间交易,但产品介绍信息量大而且经常更新,那么,企业就应该考虑建立一个网站。但是,如果企业的产品是标准化产品,比如饲料的原料、兽药等,那么企业完全可以通过电子交易市场开展电子商务,不一定需要建立自己独立的网站。

(4)畜牧业网站建设的目的。

一个畜牧企业建设网站,首先要明确建网站的目的,如果企业建网站实实在在是为了开展企业的电子商务,那就一定要按照企业电子商务网站的要求来规划设计网站,管理维护网站,只有这样,畜牧企业所建设的网站才能真正发挥电子商务的作用。

2. 畜牧业网站建设的设计思路

(1) 畜牧业网站的主题和名称。

网站的主题也就是网站的题材,是网站设计首先遇到的问题。网站题材千奇百怪,琳琅满目,只要想得到,就可以把它制作出来。

①主题要小而精。定位要小,内容要精。

②题材最好是结合畜牧企业自己擅长或者将来要发展的内容。

③题材不要太滥或者目标太高。"太滥"是指到处可见,人人都有的题材。"目标太高"是指在这一题材上已经有非常优秀、知名度很高的站点。

总的要求:一是名称要正,其实就是要合法、合理、合情。二是名称要易记,最好用中文名称,不要使用英文或者中英文混合型名称。另外,网站名称的字数应该控制在六个字以内,也可以用四字成语。三是名称要有特色,名称平实就可以接受,如果能体现一定的内涵,给浏览者更多的视觉冲击和空间想象力,则为上品。

(2) 畜牧业网站的链接与结构。

网站的链接结构是指页面之间相互链接的拓扑结构。它建立在目录结构基础之上,但可以跨越目录。建立网站的链接结构有两种基本方式。

①树状链接结构。类似 DOS(磁盘操作系统)的目录结构,首页链接指向一级页面,一级页面链接指向二级页面。

②星状链接结构。类似网络服务器的链接,每个页面相互之间都建立有链接。这种链接结构的优点是浏览方便,随时可以到达自己喜欢的页面。缺点是链接太多,容易使浏览者迷路,搞不清自己在什么位置、看了多少内容。

这两种基本结构都只是理想方式,在实际的网站设计中,总是将这两种结构混合起来使用,达到比较理想的效果。比较好的方案是:首页和一级页面之间用星状链接结构,一级和以下各级页面之间用树状链接结构。

(3) 畜牧业网站的形象与风格。

①网站的 CI 形象。所谓 CI,意思是通过视觉来统一企业的形象。一个杰出的网站和实体公司一样,需要整体的形象包装和设计。准确地说,有创意的 CI 设计,对网站的宣传推广有事半功倍的效果。具体的做法如下。

第一,设计网站的标志。如同商标一样,标志是畜牧企业网站特色和内涵的集中体现,看见标志就让人们联想起这个企业的网站。标志的设计创意来自网站的名称和内容:一是网站有代表性的人物、动物、花草等,可以用它们作为设计的蓝本,加以卡通化和艺术;二是网站有专业性,可以以本专业有代表的物品作为标志,畜牧网站属于专业性网站,可以考虑用某个饲养的动物作标志,如中国银行的铜板标志、奔驰汽车的方向盘标志等;三是用自己网站的英文名称作标志,这是最常用也最简单的方式。

第二,设计网站的标准字体。和标准色彩一样,标准字体是指用于标志、标题、主菜单的特有字体。一般网页默认的字体是宋体。为了体现网站的"与众不同"和特有风格,网站可以根据需要选择一些特别字体。

第三,设计网站的宣传标语。这也可以说是网站的精神,网站的目标。宣传标语通常用一句话甚至一个词来高度概括。类似实际生活中的广告金句。

②网站的整体风格。风格是抽象的,是指网站的整体形象给浏览者的综合感受。这个"整体形象"包括CI、版面布局、浏览方式、交互性、文字、语气、内容价值、存在意义、网站荣誉等诸多因素。

风格是独特的,是本网站不同于其他网站的地方。或者色彩,或者技术,或者是交互方式,能让浏览者明确分辨出这是本网站独有的。

风格是有人性的。通过网站的外表、内容、文字、交流可以概括出一个网站的个性、情绪。

参考文献

[1]李雪莲,李虹贤.现代农村经济管理概论[M].昆明:云南大学出版社,2020.

[2]解静.农业产业转型与农村经济结构升级路径研究[M].北京:北京工业大学出版社,2020.

[3]吴俊杰,高静,季峥.农村经济发展的金融支持研究[M].杭州:浙江大学出版社,2020.

[4]徐加明.农村集体经济发展研究[M].长春:吉林大学出版社,2020.

[5]孙永军,尹雪英.农村经济法制概论[M].北京:中国农业科学技术出版社,2020.

[6]肖雁.农村经济分析与政策研究[M].天津:天津科学技术出版社,2020.

[7]李春芝.现代服务业与农村经济[M].长春:吉林出版集团股份有限公司,2020.

[8]高向坤.农村经济发展的金融支持研究[M].长春:吉林大学出版社,2020.

[9]吴雪.多元化视角下农村经济发展策略研究[M].北京:现代出版社,2020.

[10]梅燕,蒋雨清.农村电商产业集群驱动区域经济发展[M].杭州:浙江大学出版社,2020.

[11]吴军,姜晶.脱贫攻坚与壮大农村集体经济[M].北京:中国商务出版社,2020.

[12]杜浩波.新农村经济发展与分析[M].北京:现代出版社,2019.

[13]王天兰.新时代农村经济体制的再改革[M].北京:中央民族大学出版社,2019.

[14]唐小凤.实施乡村振兴战略背景下的中国农村经济发展研究[M].北京:中国原子能出版社,2019.

[15]莫家颖,黎东升.基于农户视角的农村经济实证研究[M].北京:中国农业出版社,2019.

[16]钱文荣.中国农村家庭经济活动[M].杭州:浙江大学出版社,2019.

[17]赵新龙.农村集体经济组织成员权的体系构建及其实现机制研究[M].北京:知识产权出版社,2019.

[18]毛必田,杨建伟,项有英.农村集体经济组织财务管理[M].北京:中国农业科学技术出版社,2019.

[19]黄光明,黄英金.新时代发展新型农村集体经济的江西探索[M].南昌:江西人民出版社,2019.

[20]周进,龚云.中国农村改革与发展研究[M].武汉:华中科技大学出版社,2019.

[21]金伟栋.农村一二三产业融合发展[M].苏州:苏州大学出版社,2019.

[22]付翠莲.乡村振兴战略背景下的农村发展与治理[M].上海:上海交通大学出版社,2019.

[23]伍玉振.制度、技术与农家经济生活变迁[M].长春:吉林大学出版社,2019.

[24]韦夷.乡村生态化旅游与农村经济增长研究[M].长春:吉林出版集团股份有限公司,2018.

[25]李淑卿.农村经济组织会计指南[M].太原:山西科学技术出版社,2018.

[26]李志新,齐玉梅,胡星宇.电子商务营销与农村经济发展[M].北京:中国商务出版社,2018.

[27]汪红梅.社会资本与中国农村经济发展[M].北京:人民出版社,2018.

[28]周兴友.农村集体经济审计实务[M].北京:中国农业科学技术出版社,2018.

[29]丰凤.土地流转与农村集体经济发展关系研究[M].北京:中国社会科学出版社,2018.

[30]张美华.振兴乡村经济背景下农村社区发展研究[M].武汉:华中师范大学出版社,2018.

[31]权哲男.中国农业改革与农村经济发展[M].延吉:延边大学出版社,2018.

[32]刘赛红,陈修谦,朱建.我国农村小型金融机构改革发展研究[M].徐州:中国矿业大学出版社,2018.

[33]李燃,常文韬,闫平.农村生态环境改善适用技术与工程实践[M].天津:天津大学出版社,2018.

[34]赵俊仙,胡阳,郭静安.农业经济发展与区域差异研究[M].长春:吉林出版集团股份有限公司,2018.

[35]吴晓蓉.新农村建设背景下乡村文化体系构建与管理研究[M].北京:中国商务出版社,2018.

[36]梁金浩."互联网+"时代下农业经济发展的探索[M].北京:北京日报出版社,2018.